Dominik Ose

Patientenorientierung im Krankenhaus

Dominik Ose

Patientenorientierung im Krankenhaus

Welchen Beitrag kann ein Patienten-Informations-Zentrum leisten?

VS RESEARCH

Bibliografische Information der Deutschen Nationalbibliothek
Die Deutsche Nationalbibliothek verzeichnet diese Publikation in der
Deutschen Nationalbibliografie; detaillierte bibliografische Daten sind im Internet über
<http://dnb.d-nb.de> abrufbar.

Dissertation an der Universität Bielefeld, 2011

1. Auflage 2011

Alle Rechte vorbehalten
© VS Verlag für Sozialwissenschaften | Springer Fachmedien Wiesbaden GmbH 2011

Lektorat: Dorothee Koch | Marianne Schultheis

VS Verlag für Sozialwissenschaften ist eine Marke von Springer Fachmedien.
Springer Fachmedien ist Teil der Fachverlagsgruppe Springer Science+Business Media.
www.vs-verlag.de

Umschlaggestaltung: KünkelLopka Medienentwicklung, Heidelberg
Gedruckt auf säurefreiem und chlorfrei gebleichtem Papier
Printed in Germany

ISBN 978-3-531-18253-7

Inhalt

Stand der Entwicklung

Empirische Untersuchung

Diskussion und Perspektiven

Abbildungen

Tabellen

1 Hintergrund und Ziele

1.1 Entwicklungslinien

Seit über 30 Jahren dominieren Schlagwörter wie demographischer Wandel, Patientenorientierung, Qualitätssicherung oder Kostendämpfung die Diskussion zur Krankenhausbehandlung. Diese miteinander verbundenen Themen bilden den Rahmen der Auseinandersetzung, in welchem die Weiterentwicklung stationärer Versorgungsstrukturen bis heute in Deutschland diskutiert wird. Ein Ausgangspunkt dieser Entwicklung ist die Feststellung, dass das Akutkrankenhaus mit seiner biomedizinischen Ausrichtung den Bedürfnissen der wachsenden Gruppe chronisch kranker und alter Menschen nicht gerecht wird. Deren Situation ist häufig durch eine hohe Komplexität medizinischer und sozialer Problemlagen und einen individuellen Krankheitsverlauf gekennzeichnet. Angebote zur Unterstützung am Übergang zwischen stationärer und ambulanter Behandlung sowie zur Information, Beratung und Schulung haben entsprechend eine hohe Relevanz.

Informations- und Beratungsangebote haben jedoch nicht nur für chronisch Kranke, sondern zunehmend für alle Patientengruppen eine große Bedeutung. Mit dem seit Anfang der 1990er Jahre diskutierten Rollenwandel haben sich in den letzten Jahren nicht nur die Anforderungen an den Patienten, sondern auch die Forderungen von Patienten verändert. Ausführliche Informationen und die Einbeziehung in den Behandlungsprozess werden heute von vielen Patienten erwartet. Während in Deutschland erst in den letzten Jahren zunehmend über Information und Beratung im Krankenhaus diskutiert wird, haben diese Themen in anderen Ländern eine lange Tradition. So wurden etwa in den USA schon Anfang der 1980er Jahre die ersten „Patient Learning Center" eingerichtet. Deren Ziel ist es, den Informationszugang zu verbessern und hilfebedürftige Menschen bei der Entlassung aus dem Krankenhaus zu unterstützen.

In Adaption des US-amerikanischen Konzepts entstanden in Deutschland die ersten Patienten-Informations-Zentren (PIZ) 1999 in Lippstadt und Lüdenscheid. Ähnliche Einrichtungen wurden in der Folgezeit auch an anderen Krankenhäusern etabliert. Flächendeckend durchsetzen konnten sich diese Angebote bis heute allerdings nicht.

Das Ziel aller Patienten-Informations-Zentren ist es, niederschwellig unterschiedlichen Zielgruppen krankheits- und gesundheitsbezogene Informationen zur Verfügung zu stellen. Dazu werden in speziellen Räumlichkeiten des Krankenhauses Ressourcen (etwa Bücher oder Broschüren) vorgehalten. Krankenhausinterne Strukturen der Patienteninformation (etwa zur Erstellung oder Distribution) werden demgegenüber weniger in den Blick genommen.

Mit dem PIZ am Klinikum Bielefeld wurde ein anderer Weg gegangen. Neben der „Mediothek" (gewährleistet den Zugang zu Informationen) wurde auch eine „Informations-Agentur" als Bestandteil des PIZ etabliert. Aufgabe dieses Angebotes ist es, die Entwicklung schriftlicher Patienteninformationen zu unterstützen und einen Beitrag zur Weiterentwicklung von Strukturen und Prozessen der Patienteninformation zu leisten.

1.2   Vorgehensweise

In der gesundheitswissenschaftlichen Debatte wird die Bedeutung von Patienteninformation eng verknüpft mit der Umsetzung von Konzepten zur Patientenorientierung diskutiert. Eine konzeptionelle Einordnung von Patienteninformation im Kontext der Krankenhausbehandlung ist allerdings schwierig. Ursächlich dafür ist auch, dass in der Literatur keine klare Linie erkennbar ist. Aspekte der Patienteninformation werden nicht nur im Zusammenhang mit Patientenorientierung, sondern auch im Kontext der Gesundheitsversorgung als Dienstleistung oder mit der Übertragung von Marketingkonzepten thematisiert.

Ausgehend von dieser Situation werden im Abschnitt „Theoretischer Bezugsrahmen" Merkmale der Krankenhausbehandlung und die Bedeutung von Informationen analysiert. Dazu wird der theoretische Entwicklungsstand der *Dienstleistungserstellung*, der *Kundenorientierung im Relationship Marketing* und der *Patientenorientierung im Gesundheitswesen* betrachtet. Das Ziel dieser Analyse ist es, konzeptionelle Gemeinsamkeiten und Unterschiede herauszuarbeiten und ableitend die Bedeutung von Patienteninformation im Verlauf der Krankenhausbehandlung zu konkretisieren.

Im Abschnitt „Stand der Entwicklung" wird darauf aufbauend die aktuelle Situation zur *Patienteninformation im Krankenhaus* skizziert und Herausforderungen dargestellt. Mit dem Kapitel *Internationale Erfahrungen* werden Ansätze zur Patienteninformation aus US-amerikanischen Krankenhäusern vorgestellt und anschließend der Entwicklungsstand von *Patienten-Informations-Zentren in Deutschland* analysiert. Insgesamt ist das Ziel des Abschnittes, Potenziale und Perspektiven der Patienteninformation aufzuzeigen.

Die Umsetzung des Patienten-Informations-Zentrums im Klinikum Bielefeld wird im Abschnitt „Empirische Untersuchung" analysiert. Die Arbeitsbereiche *Mediothek* (entspricht dem deutschen PIZ-Konzept) und *Informations-Agentur* (erweitert das Konzept) werden jeweils individuell betrachtet. Dabei wird mit der Analyse zur Arbeit der Mediothek das Ziel verfolgt, die Inanspruchnahme durch Patienten, Angehörige und Bürger strukturiert zu betrachten. Insbesondere soll der Frage nachgegangen werden, welche Angebote genutzt werden und ob Unterschiede zwischen den Besuchergruppen bestehen. Zudem sollen Erkenntnisse gewonnen werden, inwieweit die Mediothek als Bestandteil des Behandlungsprozesses von Patienten und Mitarbeitern angenommen wird.

Mit der Analyse der Arbeit der Informations-Agentur soll speziell betrachtet werden, ob diese einen Beitrag zur Struktur- und Prozessentwicklung im Bereich Patienteninformation leisten kann. Ausgehend von der Betrachtung der aktuellen Situation wird dazu analysiert, inwieweit die Angebote der Informations-Agentur angenommen und welche Aufgaben im Projektzeitraum bearbeitet wurden.

Im Anschluss an die empirische Untersuchung werden im letzten Abschnitt „Diskussion und Perspektiven" wesentliche Ergebnisse der Arbeit zusammengefasst und diskutiert. Speziell die konzeptionelle Einordnung von Patientenorientierung im Krankenhaus soll dabei näher in den Blick genommen werden.

2 Grundlagen der Dienstleistungserstellung

2.1 Ansätze und Definition

In der Literatur finden sich zahlreiche Ansätze zur Definition des Dienstleistungsbegriffs. Während etwa enumerative Definitionen den Dienstleistungsbegriff über die Aufzählung von Beispielen eingrenzen, werden bei Negativdefinitionen alle Objekte, die keine Sachgüter sind, unter dem Begriff Dienstleistungen zusammengefasst.[1] Zur inhaltlichen Analyse werden in der Literatur jedoch häufig Ansätze verwendet, welche Dienstleistungen mit Hilfe konstitutiver (wesentlicher) Merkmale charakterisieren. Deren Ziel ist es, Dienstleistungen anhand spezifischer Merkmale zu charakterisieren. Dabei stehen bei potenzialorientierten Ansätzen die Möglichkeiten des Dienstleisters, bei prozessorientierten Ansätzen der Prozesscharakter und bei ergebnisorientierten Ansätzen die Immaterialität des Dienstleistungsergebnisses im Vordergrund.[1]

Gegenstand einer potenzialorientierten Betrachtungsweise ist die Interpretation von Dienstleistungen als die Leistungsfähigkeit des Anbieters, am Nachfrager oder an dessen Verfügungsobjekt eine gewollte Änderung oder die Erhaltung eines Zustandes zu bewirken. Nach diesem Verständnis ist die Leistungsfähigkeit des Anbieters das eigentliche Absatzobjekt der Dienstleistung. Folgt man diesem Verständnis, kann eine Dienstleistung als Leistungsversprechen des Anbieters gegenüber dem Nachfrager gesehen werden. Immanent sind damit Dienstleistungen für den Nachfrager mit einem hohen Kaufrisiko und individueller Unsicherheit verbunden, da er nicht sicher sein kann, dass das Leistungsversprechen auch tatsächlich eingehalten wird.[1]

Prozessorientierte Dienstleistungsdefinitionen erweitern diese Perspektive um den Aspekt der Zeitraumraumbezogenheit. Dienstleistungen sind in diesem Verständnis der Bedarfsdeckung dienende Prozesse, deren Inanspruchnahme einen synchronen Kontakt zwischen Anbieter und Nachfrager erfordert. Entsprechend betonen prozessorientierte Ansätze, dass bei Dienstleistungen nicht nur das Potenzial des Anbieters, sondern auch die Integrationsfähigkeit des Nachfragers eine entscheidende Rolle spielt.[1]

---

1 Corsten, Gössinger 2007:21ff

Ergebnisorientierte Ansätze sehen Dienstleistungen wiederum als imma-
terielles Ergebnis einer dienstleistenden Tätigkeit, deren Wirkungen an Personen
oder Objekten sichtbar werden. Entsprechend setzen diese Ansätze am Nutzen
bzw. den Wirkungen von Dienstleistungen an. Wird etwa eine Dienstleistung
an einer Person erbracht, besteht die Aufgabe dieser Dienstleistung darin, die
persönlichen Eigenschaften der Person zu erhalten oder zu verbessern. Das
Ergebnis dieser personenbezogenen Dienstleistung ist abhängig vom qualitativen
und quantitativen Eigenbeitrag des Nachfragers.[2]

Zur kombinierten Betrachtung der beschriebenen Ansätze bietet sich eine
phasenbezogene Integration von prozess-, ergebnis- und potenzialorientierten
Dienstleistungsansätzen an. Aus dieser Perspektive kann der Charakter einer
Dienstleistung nur erfasst werden, wenn mit jeder Phase ein spezielles Merkmal
von Dienstleistungen verbunden ist. So kann eine Dienstleistung nur erbracht
werden, wenn der Anbieter über die Fähigkeiten verfügt (Potenzialorientierung),
die Integration des externen Faktors durch den Nachfrager als prozessauslösendes
und -begleitendes Element gegeben ist (Prozessorientierung) und mit der Dienstleistung ein Ergebnis verbunden ist (Ergebnisorientierung)[3] (vgl. Abb. 1).

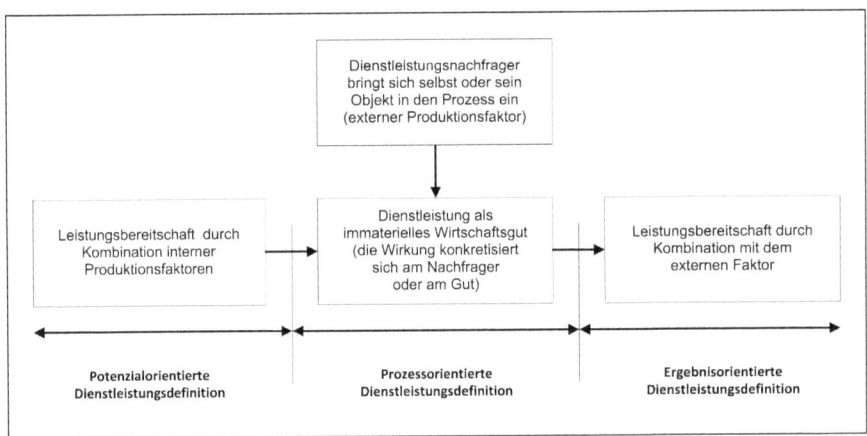

Abbildung 1: Ansatzpunkte unterschiedlicher Dienstleistungsdefinitionen[4]

Ausgehend von dieser Betrachtung definieren Meffert, Bruhn (2009) Dienstleistungen als „selbstständige Leistungen, die mit der Bereitstellung und / oder

2 Corsten, Gössinger 2007:24f
3 Meffert, Bruhn 2009:17f
4 Corsten, Gössinger 2007:26

dem Einsatz von Leistungsfähigkeiten verbunden sind (Potenzialorientierung). Interne und externe Faktoren (also solche, die nicht im Einflussbereich des Dienstleisters liegen) werden im Rahmen des Erstellungsprozesses kombiniert (Prozessorientierung). Die Faktorenkombination des Dienstleistungsanbieters wird mit dem Ziel eingesetzt, an den externen Faktoren (Menschen oder deren Objekten) nutzenstiftende Wirkungen zu erzielen (Ergebnisorientierung)."[5]

2.2 Besondere Merkmale

Auch wenn in der Literatur sehr kontrovers über konstitutive Merkmale von Dienstleistungen diskutiert wird, haben die Immaterialität von Dienstleistungen und die Notwendigkeit der Integration des externen Faktors eine besondere Bedeutung. Während das Merkmal „Immaterialität" umstritten ist, gilt die Integration des externen Faktors in der Literatur als allgemein anerkannt.[6] Beide Merkmale werden nachfolgend näher betrachtet.

2.2.1 Immaterialität des Dienstleistungsergebnisses

Ausgangspunkt der Betrachtung der Immaterialität ist häufig die Feststellung, dass bei der Dienstleistungsproduktion keine materiellen Rohstoffe eingesetzt werden und entsprechend das Ergebnis auch kein materielles Objekt sein kann. Zudem wird damit argumentiert, dass der Dienstleistungsanbieter ausschließlich eine dienstleistende Verrichtung ausführt. Zwar ist es dabei durchaus möglich, dass eine physische Veränderung des Fremdfaktors stattfindet, jedoch wird kein greifbarer Gegenstand generiert.[7]

Mit der Immaterialität von Dienstleistungen sind auch deren Nichtlagerfähigkeit und Nichttransportfähigkeit verbunden. Nichtlagerfähigkeit bedeutet, dass eine Dienstleistung nur zu der Zeit in Anspruch genommen werden kann, wenn diese produziert wird. Die relevanten Potenziale stehen dann zur Verfügung. Werden diese nicht genutzt, können sie verfallen. Man kann zwar ein Hotelzimmer reservieren (Potenzial steht zur Verfügung), die Übernachtung als Ergebnis der Dienstleistung ist aber nur möglich, wenn das Zimmer genutzt wird. Tut man es nicht, verfällt die Reservierung (Potenzial verfällt).[7]

---

5 Meffert, Bruhn 2009:19
6 Corsten, Gössinger 2007:27
7 Meffert, Bruhn 2009:43f

Eine besondere Bedeutung im Zusammenhang mit der Nichttransportfähigkeit von Dienstleistungen hat das sogenannte „Uno-actu-Prinzip". Dieses
bezeichnet die Tatsache, dass im Unterschied zu Sachgütern bei Dienstleistungen
die Erstellung und der Verbrauch der Leistung gleichzeitig, d.h. simultan, erfolgen.[8] Die Notwendigkeit der Präsenz und der Simultanität beschränkt sich jedoch
auf die Dienstleistungsproduktion. Der Absatz und die Produktion brauchen
demgegenüber weder zeit- noch raumgleich zu erfolgen. Zudem ist die Allge-
meingültigkeit des Merkmals „Nichttransportfähigkeit" auch insgesamt eingeschränkt. So erlauben technologische Innovationen beispielweise, eine Theater-
aufführung auch im Fernsehen zu übertragen.[9]

2.2.2   Integration des externen Faktors

Die Auseinandersetzung mit der Einbeziehung des Dienstleistungsnachfragers in
den Prozess der Dienstleistungserstellung hat in der wissenschaftlichen Literatur
eine lange Tradition. Bereits 1935 wird beschrieben, dass der Nachfrager in
gewissem Umfang auch Produzent von Leistungen sein kann.[15] Allerdings sind
die Ursprünge der Betrachtung des externen Faktors nicht betriebswirtschaftlicher
Natur. Die Medizin und die Soziologie, insbesondere die Arbeiten von Talcott
Parsons, können hier als Wegbereiter gesehen werden.[10]
        Ausgehend von der Arzt-Patienten-Beziehung entwickelte Parsons zentrale
Merkmale seiner strukturfunktionalistischen Rollentheorie. Nach dieser Theorie
ist die Beziehung von Arzt und Patient durch komplementäre Rechte und
Pflichten gekennzeichnet. Während der Arzt die Gesundheit des Patienten und
nicht Gewinnstreben in den Mittelpunkt seiner Bemühungen stellt, ist der Patient
verpflichtet, alles Nötige zur Wiederherstellung seiner Gesundheit zu tun. Dies
beinhaltet auch, den Anweisungen des Arztes zu folgen.[11]
        Betrachtet man personenbezogene Dienstleistungen aus dieser Perspektive,
hat die Interaktion zwischen Nachfrager (Patient) und Anbieter (Arzt) eine
besondere Bedeutung. Gross und Badura (1977) arbeiten heraus, dass bei personenbezogenen Dienstleistungen Nachfrager und Anbieter jeweils einen Teil zur
Dienstleistungsproduktion beitragen. Entsprechend muss bei der Erbringung von
personenbezogenen Dienstleistungen von Ko-Produktion gesprochen werden.[12]

---

8 Meffert, Bruhn 2006:68
9 Meffert, Bruhn 2009:44
10 vgl. Schönherr 2006; Corsten, Gössinger 2007
11 Voß, Rieder 2005:107
12 Dunkel, Szymenderski, Voß 2004:14; vgl. Gross, Badura 1977

Allerdings darf nicht übersehen werden, dass Nachfrager und Dienstleister durchaus unterschiedliche Vorstellungen haben, wie diese Ko-Produktion erfolgen soll. Abstimmungsprobleme können die Folge sein. Hinzu kommt, dass bei personenbezogenen Dienstleistungen das zu lösende Problem nicht immer offensichtlich ist, sondern interaktiv zwischen Nachfrager und Dienstleister bestimmt werden muss. Damit ist auch verbunden, dass der Gegenstand und der Prozess der Dienstleistungserstellung oftmals nicht vorher festgelegt werden können. Entsprechend ist das Vertrauen von Nachfrager und Anbieter in die wechselseitige Kooperationsbereitschaft notwendig.[13]

Aufbauend auf diesen Überlegungen und den Vorarbeiten von Erving Goffman entwickeln Dunkel, Szymenderski, Voß (2004) einen theoretischen Bezugsrahmen zur Bedeutung von Ko-Produktion und Interaktion in Dienstleistungsbeziehungen. Während Goffman Dienstleistungen als Dreiecksbeziehung von Nachfrager, Anbieter und Gegenstand charakterisiert, wird in dieser Betrachtung die Ebene der Organisation mit einbezogen (vgl. Abb. 2).[14]

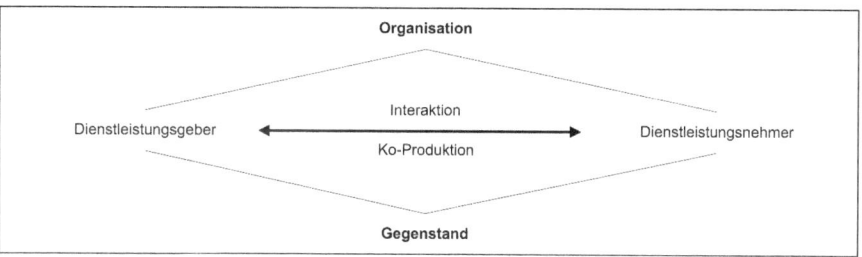

Abbildung 2: Dienstleistungsbeziehungen[14]

Aus Sicht von Dunkel, Szymenderski, Voß (2004) ist die Ebene der Organisation von zentraler Bedeutung, da Dienstleistungsunternehmen erheblichen Einfluss auf die Bedingungen der Interaktion zwischen Nachfrager und Anbieter einer Dienstleistung haben. Für auftretende Abstimmungsprobleme können zudem auf Ebene der Organisation institutionelle Lösungen angeboten werden.[14]

Im Unterschied zu dieser sozialwissenschaftlichen Betrachtungsweise wird in der betriebswirtschaftlichen Auseinandersetzung die Integration des Nachfragers eher aus der Perspektive der Dienstleistungsproduktion betrachtet. In dieser Sichtweise ist der Dienstleistungsnachfrager, oder ein ihm gehörendes Objekt, ein externer Produktionsfaktor.[7] Im Gegensatz zu internen Produktionsfaktoren kann

---

13 Dunkel, Szymenderski, Voß 2004:16
14 Dunkel, Szymenderski, Voß 2004:18

der externe Faktor vom Anbieter nicht frei am Markt disponiert werden.[15] Aus
Sicht des Nachfragers wiederum besitzt der externe Faktor die problem-
konstituierenden Eigenschaften und wird zum Zweck der Problemlösung in den
Produktionsprozess des Dienstleisters eingebracht.[16]

Entsprechend kann bei personenbezogenen Dienstleistungen die Dienstleistung nicht ohne die Teilnahme der Person (externer Faktor) erbracht werden.
Thomson (1962) unterscheidet in diesem Zusammenhang zwischen aktiver und
passiver Teilnahme.[17] Während bei der passiven Teilnahme die Anwesenheit der
Person ausreichend ist, ist mit der aktiven Beteiligung die Erbringung einer
Arbeitsleistung verbunden. Damit ist der Nachfrager nicht nur das Objekt, an dem
eine Dienstleistung erbracht wird, sondern ein auch relevanter Produktionsfaktor.[15] Aus Sicht des Dienstleistungsanbieters sind damit etwa Potenziale zur
Externalisierung von Tätigkeiten verbunden.[18]

Mit der Integration des externen Faktors ist immer auch eine Interaktion
zwischen Anbieter und Nachfrager verbunden. In welchem Umfang diese not-
wendig ist, steht auch damit in Zusammenhang, ob die Integration des externen
Faktors präsenz- oder informationsbedingt ist. Während die informationsbedingte
Integration nur eine informatorische Mitwirkung erfordert, ist der Nachfrager bei
einer präsenzbedingten Integration Bestandteil der Leistungserstellung.[15] Dieser
Aspekt der Integration wird auch im Kontext des Prozesscontrollings im
Krankenhaus diskutiert. Ausgangspunkt der Betrachtung ist dabei, dass bei
Krankenhausleistungen die präsenzbedingte Integration des Patienten eine not-
wendige Voraussetzung für die Erstellung der Dienstleistung ist. Zudem ist die
informationsbedingte Integration, etwa bei ärztlichen Untersuchungen, relevant.[19]

Allerdings ist die Krankenhausbehandlung als Dienstleistung nicht nur durch
interaktive Prozesse gekennzeichnet, sondern existieren auch Eigenanteile die
durch den Nachfrager und den Anbieter autonom ausgeführt werden. Diese
Eigenleistungen des Nachfragers müssen jedoch nicht immer den Vorstellungen
des Anbieters entsprechen und umgekehrt. So kann etwa die regelmäßige Einnahme von Medikamenten (Compliance) eine gewünschte oder die frühzeitige
Belastung nach einer Operation eine unerwünschte Eigenleistung sein.[19] Zur
Betrachtung der Eigenleistung des Patienten während der Krankenhausbehandlung schlägt Schönherr (2006) neben der Unterscheidung zwischen interaktiven und autonomen Aspekten der Mitwirkung eine prozessorientierte
Betrachtung (Entsprechend des Behandlungsverlaufs) vor (vgl. Abb. 3).[20]

15 Corsten, Gössinger 2007:115ff
16 Corsten, Gössinger 2007:31
17 Corsten, Gössinger 2007:115
18 vgl. Corsten 2000; Voß, Rieder 2005
19 Schönherr 2006:231; Corsten, Gössinger 2007:129

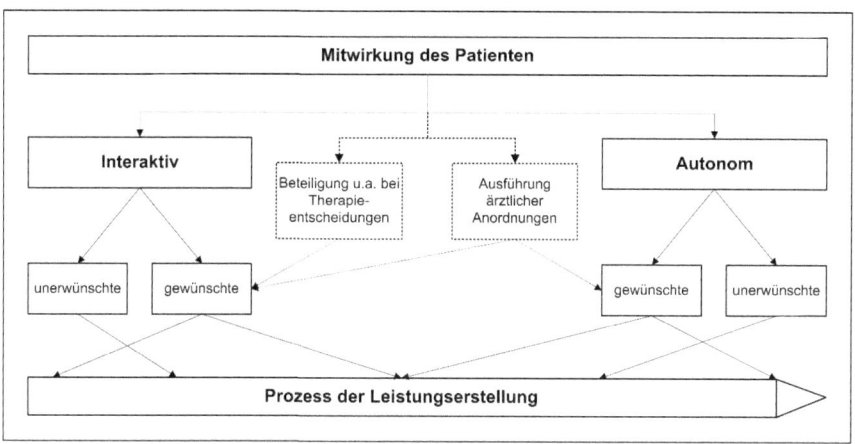

Abbildung 3: Systematisierung der Eigenleistung von Patienten[20]

Mit der Darstellung der Eigenleistungen des Patienten im Behandlungsverlauf kann zudem sowohl für interaktive als auch für autonome Anteile des Patienten zwischen gewünschten und ungewünschten Eigenleistungen unterschieden werden. Die präsenz- und informationsbedingte Integration findet sich in der Unterscheidung zwischen der Beteiligung an Therapieentscheidungen und der Ausführung ärztlicher Anordnungen wieder.[20]

2.3 Informationsdefizite und Verhaltensunsicherheit

Mit der Notwendigkeit der Einbeziehung des externen Faktors bei der Dienstleistungserstellung und der Immaterialität des Dienstleistungsergebnisses sind zahlreiche Konsequenzen für die Ausgestaltung der Beziehung zwischen Nachfrager und Dienstleister verbunden. Allerdings werden diese Aspekte in der klassischen betriebs- und sozialwissenschaftlichen Literatur nur ansatzweise betrachtet. Speziell zum Umgang mit Informationsasymmetrien zwischen Nachfrager und Anbieter und der damit verbundenen Verhaltensunsicherheit der Akteure finden sich in dieser Literatur keine hinreichenden Antworten.

Einen theoretischen Ansatz, Informationsdefizite und damit verbundene Unsicherheiten näher zu betrachten, bietet die Neue Institutionenökonomik. Im Verständnis dieses Ansatzes ist mit der Immaterialität des Dienstleistungs-

---

20 Schönherr 2006:234

ergebnisses ein leistungsbezogenes und aufgrund der notwendigen Zusammenarbeit ein transaktionspartnerbezogenes Informationsproblem verbunden.[21]

Das leistungsbezogene Informationsproblem bezieht sich dabei auf die
Tatsache, dass vor der Inanspruchnahme der Dienstleistung weder der Prozess
noch das Ergebnis beurteilt werden können. Ein transaktionspartnerbezogenes
Informationsproblem ergibt sich aus der Tatsache, dass auf der einen Seite der
Nachfrager mehr Wissen zu den spezifischen Anforderungen des externen
Faktors und auf der anderen Seite der Anbieter mehr Informationen zu den
Potenzialen der Dienstleistungserstellung hat (vgl. Abb. 4).[21]

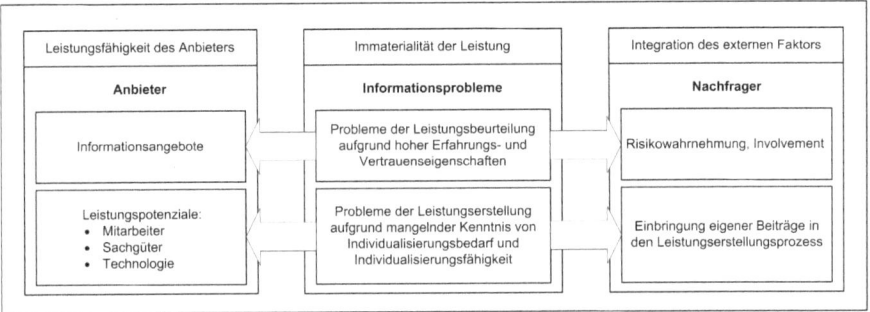

Abbildung 4: Informationsprobleme zwischen Anbieter und Nachfrager[22]

Innerhalb der Neuen Institutionenökonomik existieren verschiedene Ansätze,
welche die benannten Informationsprobleme näher betrachten. Insbesondere
Ansätze zur Informationsökonomik, der Transaktionskostentheorie und der
Principal-Agent-Theorie sind im Zusammenhang mit dem Thema dieser Arbeit
relevant. Einige Aspekte dieser Ansätze werden nachfolgend dargestellt.

2.3.1   Ansätze der Informationsökonomik

Gegenstand der Informationsökonomik ist es, sich mit Möglichkeiten zur Über-
windung von Informationsasymmetrien auseinander zu setzen. Ausgangspunkt ist
dabei die Annahme, dass bestimmte Eigenschaften die Beurteilungsmöglichkeiten
der Nachfrager beeinflussen. Es werden Such-, Erfahrungs- und Vertrauenseigenschaften unterschieden.[23]

---

21 Meffert, Bruhn 2009:55f
22 Meffert, Bruhn 2006:82

Von Sucheigenschaften wird gesprochen, wenn die Eigenschaften einer Dienstleistung vor Vertragsabschluss beurteilt werden können. Dieser Fall ist bei Dienstleistungen eigentlich ausgeschlossen, da die Leistung erst nach dem Vertragsabschluss erbracht wird. Im Gegensatz zu Sucheigenschaften werden Erfahrungseigenschaften erst während oder nach der Inanspruchnahme der Dienstleistung erkennbar. Eine Beurteilung von Vertrauenseigenschaften ist für den einzelnen Nachfrager nur eingeschränkt möglich. Mit einem zunehmenden Anteil an Erfahrungs- oder Vertrauenseigenschaften (z.b. medizinische Behandlung) nehmen auch Informationsdefizite und Unsicherheit zu.[23]

Zur Verringerung bestehender Informationsdefizite bieten sich aus der Perspektive der Informationsökonomik unterschiedliche Möglichkeiten an. Insbesondere Signaling- und Screening-Maßnahmen haben eine hohe Relevanz. Signaling bedeutet, dass Informationen von der besser zur schlechter informierten Marktseite übertragen werden. Aus Sicht des Anbieters haben Signaling-Aktivitäten die Aufgabe, glaubwürdige Informationen zu verbreiten. Im Gegensatz dazu sind mit Screening Aktivitäten verbunden, die von der schlechter informierten Marktseite ausgehen. (vgl. Tab. 1).[23]

Maßnahme	Anbieter	Nachfrager
Signaling	Informationen für Nachfrager	Informationen für Anbieter
	- Leistungsqualität	- Zahlungsfähigkeit
	- Servicegarantien	- Zuverlässigkeit
Screening	Informationen über Nachfrager	Informationen über Anbieter
	- Kundenzufriedenheit	- Leistungsfähigkeit
	- Zahlungsfähigkeit	- Qualitätszertifikate

Tabelle 1: Screening und Signaling als Prozess der Marktinformation[24]

2.3.2 Ansätze der Transaktionskostentheorie

Zentraler Ansatz der Transaktionskostentheorie ist es, alle Tätigkeiten einer Transaktion zwischen Nachfrager und Anbieter mit Kosten zu belegen. Im Gegensatz zur Informationsökonomik beschränkt sich die Transaktionskostentheorie nicht auf Informationsasymmetrien, sondern berücksichtigt auch Unsicherheiten, die durch Umweltbedingungen begründet sind.[25]

Ausgangspunkt aller Erklärungsansätze der Transaktionskostentheorie ist die Annahme, dass sowohl Nachfrager als auch Anbieter auf Grundlage unvoll-

---

23 Meffert, Bruhn 2009:56f; Meffert, Bruhn 2006:85f
24 Meffert, Bruhn 2009:60

ständiger Informationen immer nur beschränkt rational handeln. Den Trans-
aktionspartnern wird zudem unterstellt, dass sich diese zur individuellen Nutzenmaximierung opportunistisch verhalten. Beide Verhaltensmuster können durch
mangelnde Kommunikation verstärkt werden. [25]

Transaktionskosten entstehen bei Dienstleistungen etwa durch deren
besondere Merkmale. So kann die Integration des Nachfragers (z.b. ärztliche
Behandlung) zur Abhängigkeit von einem Anbieter führen. Für den Nachfrager
(z.b. Patient) ist damit verbunden, dass bei einem Anbieterwechsel hohe zeitliche
oder monetäre Kosten entstehen. Wechselt er nicht, könnte der Anbieter
opportunistisch handeln, womit wiederum höhere Kosten verbunden wären.[25] Im
Gegensatz dazu kann sich die Transaktionshäufigkeit kostensenkend für beide
Transaktionspartner auswirken. So entfallen beispielsweise für den Nachfrager
bei wiederholter Inanspruchnahme desselben Anbieters Such-, Wechsel- und
Informationskosten. Zudem können durch die Entwicklung von Vertrauen durch
wiederkehrende Interaktionen Kontrollkosten reduziert werden.[25]

Neben den benannten Maßnahmen des Signaling und Screening kommt zur
Reduktion von Transaktionskosten Mund-zu-Mund-Kommunikation bestehender
Kunden an Neukunden eine besondere Bedeutung zu. Transaktionskosten werden
in diesem Zusammenhang dadurch reduziert, dass die eigene Leistungserfahrung
durch die Leistungserfahrung Dritter ersetzt wird.[26]

2.3.3   Ansätze der Principal-Agent-Theorie

Mit der Principal-Agent-Theorie wird der Auftraggeber als Prinzipal und der
Auftragnehmer als Agent gesehen. Allerdings ist bei Dienstleistungstransaktionen
eine Rollenzuteilung nicht immer eindeutig möglich. Zur Vereinfachung wird
jedoch primär der Nachfrager einer Dienstleistung als Prinzipal angesehen.[27]
Ausgangspunkt der Betrachtung in der Principal-Agent-Theorie ist die Annahme,
dass der Prinzipal den Agenten vor dem Hintergrund unvollständiger Informa-
tionen nur eingeschränkt kontrollieren kann. Damit ergeben sich für den Agenten
Handlungsspielräume für opportunistisches Verhalten und Nutzenmaximierung.
Zur Einordnung dieses Verhaltens werden „Hidden Characteristics", „Hidden
Actions" und „Hidden Intentions" unterschieden.[28]

Insbesondere Dienstleistungen können aufgrund ihrer Immaterialität einen
hohen Anteil an Hidden Characteristics aufweisen. Dabei bezeichnen Hidden

---

25 Meffert, Bruhn 2009:61f
26 Meffert, Bruhn 2009:63
27 Meffert, Bruhn 2009:64f

Characteristics Eigenschaften einer Leistung, die nur dem Agenten bekannt sind. Wird der Prinzipal nicht ausreichend über diese „verdeckten" Eigenschaften (z.B. kommunikative Fähigkeiten des Arztes) informiert, ist ein opportunistisches Verhalten des Agenten möglich. Allerdings hat der Prinzipal bei Beziehungen mit einem hohen Anteil an Erfahrungs- und Vertrauenseigenschaften nur wenige Möglichkeiten, Hidden Characteristics bzw. die Leistungsqualität vor der Inanspruchnahme der Dienstleistung einzuschätzen.[28]

Wird in dieser Situation der unvollständigen Information der Preis als Ersatzindikator verwendet, können damit Konsequenzen für die Leistungsqualität aller Anbieter verbunden sein. Stellt der Prinzipal nach der Leistungserbringung fest, dass der vermutete Zusammenhang zwischen Preis und Qualität nicht den Erwartungen entspricht, wird er sich zukünftig nur noch am Preis orientieren. Mit diesem Verhalten besteht wiederum die Gefahr, dass zunehmend Angebote mit einer geringen Qualität existieren, da hochwertige und entsprechend teurere Leistungen nicht mehr nachgefragt werden (Adverse Selection).[28]

Hidden Actions können zudem entstehen, wenn der Prinzipal nicht ausreichend über notwendige Maßnahmen des Agenten zur Erreichung des Dienstleistungsergebnisses informiert ist. Hidden Actions beschreibt entsprechend das Phänomen, dass der Agent Entscheidungen trifft oder Maßnahmen durchführt, die der eigenen Nutzenmaximierung dienen und dem Prinzipal verborgen bleiben. Dieses Verhalten des Agenten wird als Moral Hazard bezeichnet. Im Gegensatz zu Hidden Actions können Hidden Intentions (verdeckte Absichten) des Agenten nach dem Vertragsabschluss festgestellt werden. Da mit dem Vertrag allerdings eine Bindung des Prinzipals an den Agenten besteht, haben beide nur die Möglichkeit, nachträglich zur eigenen Nutzenmaximierung zu verhandeln (Hold up).[28]

Aufgrund der hohen Informationsasymmetrie bei Dienstleistungen haben sowohl Hidden Characteristics als auch Hidden Actions und Hidden Intentions eine große Relevanz als Ausgangspunkt für opportunistisches Verhalten des Anbieters. Da die Wiederholung von Transaktionen jedoch für den Agenten vorteilhaft ist, sollte er im Regelfall opportunistisches Verhalten vermeiden und dieses auch dem Prinzipal signalisieren. Die Übermittlung glaubwürdiger Informationen ist dazu eine geeignete Maßnahme.[28]

---

28 Meffert, Bruhn 2009:65f

3 Kundenorientierung im Relationship Marketing

3.1 Ansätze und Definition

Obwohl der Begriff Kundenorientierung bereits in den 1950er Jahren eingeführt wurde, konnten sich damit verbundene Prinzipien erst Anfang der 1980er Jahre zunehmend durchsetzen. Allerdings sind seitdem auch sehr unterschiedliche Interpretationsansätze entstanden.[29] Es können ein informationsorientierter, ein kultur- und philosophieorientierter und ein leistungs- und interaktionsorientierter Interpretationsansatz unterschieden werden.[30]

Zentraler Ansatzpunkt des informationsorientierten Interpretationsansatzes ist es, gegenwärtige und potenzielle Kundenbedürfnisse zu erheben, zu analysieren und verfügbar zu machen. Der Grad der Kundenorientierung wird in diesem Ansatz entsprechend am Umfang kundenbezogener Informationen, die zur Individualisierung der Kundenbeziehung zu Verfügung stehen, festgemacht. Im Verständnis der kultur- und philosophieorientierten Interpretationsvariante ist eine Fokussierung auf kundenbezogene Informationen nicht ausreichend. Vielmehr muss Kundenorientierung als Teil der Unternehmenskultur gesehen werden. Dies bedeutet, dass Kundenorientierung nur möglich ist, wenn sich diese in Werten und Normen der Unternehmensphilosophie widerspiegelt.[30]

Während Kundenorientierung im informationsorientierten und im kultur- und philosophieorientierten Ansatz aus der Perspektive des Unternehmens definiert wird, steht im leistungs- und interaktionsorientierten Interpretationsansatz die Perspektive des Kunden im Vordergrund. Kundenorientierung bezieht sich dabei auf die unmittelbare Leistung und Interaktion zwischen Anbieter und Kunde.[30] Zusammengefasst in einer Definition wurden diese Interpretationsansätze von Bruhn (1999). Für Bruhn ist „Kundenorientierung die umfassende, kontinuierliche Ermittlung und Analyse individueller Kundenerwartungen sowie deren interne und externe Umsetzung in unternehmerischen Leistungen mit dem Ziel, stabile und ökonomisch vorteilhafte Kundenbeziehungen zu etablieren."[31]

Seit den 1990er Jahren ist auch ein Umdenken im Marketing zu beobachten. Während im klassischen Transaktionsmarketing die Akquisition von Kunden

---

29 Dunkel, Szymenderski, Voß 2004:228
30 Bruhn 2007:15f
31 Bruhn 2007:17; Bruhn 2006:37

einen zentralen Stellenwert hatte, stehen in modernen Marketingansätzen der
Aufbau und die Pflege von Kundenbeziehungen im Mittelpunkt. Im Unterschied
zum Transaktionsmarketing ist in diesen Ansätzen nicht das Produkt sondern die
Beziehung zum Kunden der Ausgangspunkt der Betrachtung. Aufbauend darauf
werden Marketingaktivitäten strukturiert und differenziert eingesetzt.[32]

Eng verbunden mit beziehungsorientierten Marketingansätzen ist das Konzept des Relationship Marketings. Dieses wird auch als Customer Relationship
Management (CRM) bezeichnet. Allerdings wird CRM häufig synonym für die
Gestaltung von Kundenbeziehungen mit Hilfe von Software verwendet. Mit
dieser Betrachtungsweise wird das Konzept des Relationship Marketings jedoch
unzulässig verkürzt.[33] Im Sinne dieser Arbeit umfasst Relationship Marketing
„sämtliche Maßnahmen der Analyse, Planung, Durchführung und Kontrolle, die
der Initiierung, der Stabilisierung und Intensivierung von Geschäftsbeziehungen
des Unternehmens mit dem Ziel des gegenseitigen Nutzens dienen."[34]

3.2   Theoretische Grundlagen

Die Fokussierung auf die Anbahnung, Erhaltung und den Ausbau von Geschäftsbeziehungen im Relationship Marketing setzt voraus, dass sich alle Maßnahmen
an den Wünschen und Bedürfnissen der Kunden orientieren. Kundenorientierung
und Relationship Marketing stehen in diesem Verständnis in einem wechsel-
seitigen Verhältnis. So ist Kundenorientierung eine Grundlage von Ansätzen zum
Relationship Marketing und ist Relationship Marketing ein Ansatz für die Umsetzung von Kundenorientierung. Bei dieser Betrachtung steht nicht die kurz-
fristige Gestaltung von Kundenkontakten sondern die langfristige Steuerung von
Kundenbeziehungen im Vordergrund. Dazu beschreibt der Kundenbeziehungs-
zyklus den Verlauf der Kundenbeziehung in den Phasen Kundenakquisition,
Kundenbindung und Kundenrückgewinnung.[35]

3.2.1   Denken in der Erfolgskette

Neben dem Kundenbeziehungslebenszyklus ist das „Denken in der Erfolgskette"
ein wichtiger Ausgangspunkt zur Planung und Durchführung von Aktivitäten im
Relationship Marketing. Der Grundgedanke ist, dass Faktoren, die den Erfolg des

---

32 Bruhn 2007:8; Bruhn 2006:38
33 Bruhn 2007:7ff
34 Bruhn 2007:7
35 Bruhn 2006:37f; Bruhn 2007:17

Unternehmens beeinflussen, vernetzt und im zeitlichen Ablauf betrachtet werden. Ausgehend von Kundenorientierung werden dazu Kundenzufriedenheit, Kundenbindung und ökonomischer Erfolg konzeptionell verbunden (vgl. Abb. 5).[36]

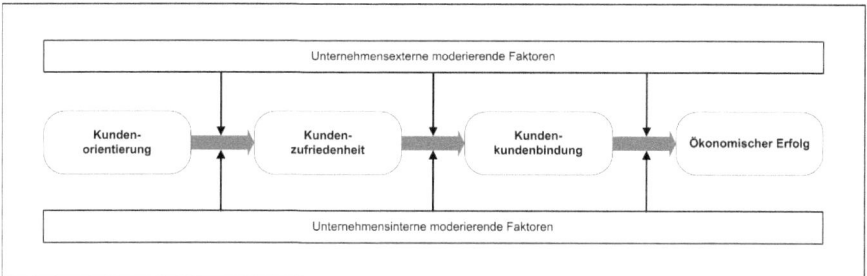

Abbildung 5: Erfolgskette des Relationship Marketing[37]

Speziell der Zusammenhang zwischen Kundenzufriedenheit und Unternehmenserfolg ist empirisch gut belegt und in theoretischen Konzepten akzeptiert. Einen Überblick dazu geben Homburg, Bucerius (2006) mit der Wirkungskette zur Kundenzufriedenheit. Ähnlich wie im Ansatz der Erfolgskette werden Kundenzufriedenheit, Kundenloyalität, Markterfolg und wirtschaftlicher Erfolg des Unternehmens konzeptionell verknüpft und der Zusammenhang mit wissenschaftlichen Arbeiten belegt.[38] In beiden Erfolgsketten sind diese Zusammenhänge jedoch nicht eindeutig, da intern und extern moderierende Faktoren diese beeinflussen. So können beispielsweise heterogene Kundenerwartungen (extern moderierende Faktoren) dazu führen, dass mit einer Marketingmaßnahme nicht alle Kunden erreicht werden. Zudem muss beachtet werden, dass Kundenzufriedenheit nicht zwangsläufig Kundenbindung bedeutet und Kundenbindung nicht automatisch zu ökonomischem Unternehmenserfolg führt.[36]

3.2.2 Steuerungselemente der Kundenorientierung

Kundenzufriedenheit als Maßstab der Gestaltung von Unternehmensprozessen zu betrachten, findet sich in zahlreichen Marketingansätzen wieder. Auch die Orientierung an den Wünschen und Bedürfnissen der Kunden ist keine Erfindung

---

36 Bruhn 2007:11
37 Bruhn 2001:58; Bruhn 2007:11
38 Homburg, Bucerius 2006; Huber, Herrmann, Braunstein 2006; Stock-Homburg 2007

des Relationship Marketings. Während allerdings viele Marketingansätze ihre Strategien an allen Marktteilnehmern ausrichten (Marktorientierung), ist das primäre Ziel der Kundenorientierung die Erfüllung des individuellen Kundenwunsches und nicht die Schaffung eines allgemeinen Wettbewerbsvorteils. [39] Dafür ist es jedoch notwendig, vorhandene Einzellösungen eines Unternehmens in einen Gesamtansatz zur Kundenorientierung zu integrieren. Aufbauend auf den Überlegungen zur Erfolgskette entwickelt Bruhn (2007) dazu einen Bezugsrahmen, in welchem unterschiedliche Steuerungselemente der Kundenorientierung im Unternehmen zusammengefasst sind (vgl. Abb. 6). [40]

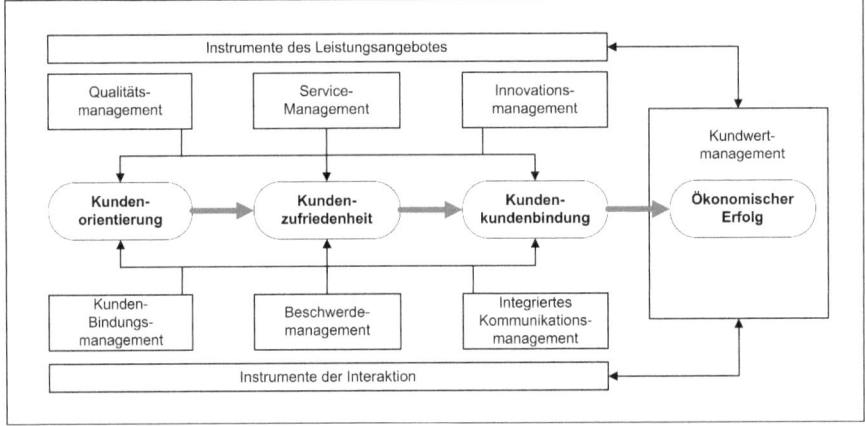

Abbildung 6: Steuerungselemente der Kundenorientierung [40]

Grundlage dieses Ansatzes ist die Überlegung, dass zwar relevante Managementansätze in vielen Unternehmen existieren, diese aber nicht konsequent an der Erfolgskette der Kundenorientierung ausgerichtet sind. So kann etwa Qualitätsmanagement die Produktqualität, Servicemanagement die Servicequalität oder Beschwerdemanagement die Offenheit im Informationsaustausch beeinflussen. [39]

---

39 vgl. Mattmüller 2006:27; Kotler, Bliemel 2006:1262; Bruhn 2007:13ff
40 Bruhn 2006:39

3.3 Interaktion und Kommunikation

3.3.1 Dialogorientierte Interaktion

Die Interaktion mit dem Kunden steht bei beziehungsorientierten Marketing-ansätzen im Mittelpunkt. Nur über den Dialog können die Ziele des Relationship Marketing wie Kundenzufriedenheit, Vertrauen und Kundenbindung erreicht werden. Entsprechend müssen alle Kommunikationselemente nach ihren Inter-aktions- und Dialogeigenschaften bewertet und ausgewählt werden. Eine Voraus-setzung zur Gestaltung und Aufrechterhaltung der Interaktion mit den Kunden ist, dass deren individuelle Informations- und Kommunikationsbedürfnisse berück-sichtigt werden. Zudem müssen dialogorientierte Kommunikationsinstrumente dem Kunden die Möglichkeit geben, aktiv einen Kommunikationsprozess zu initiieren und seine Wünsche zu signalisieren.[41]

Im Gegensatz zu diesen Anforderungen war die Kommunikation von Unter-nehmen lange Zeit durch einseitige Push-Kommunikation bestimmt. Bei diesem Ansatz soll mit Angeboten der Massenkommunikation die Kaufentscheidung des Kunden beeinflusst werden. Im Unterschied dazu soll die Pull-Kommunikation die Interaktion mit dem Kunden ermöglichen. Dem Wunsch nach individueller Kommunikation wird dabei mit einem Informations- und Interaktionspool Rech-nung getragen. Dieser soll dem Kunden ermöglichen, entsprechend eigener Bedürfnisse, mit dem Unternehmen in Dialog zu treten (vgl. Abb. 7).[41]

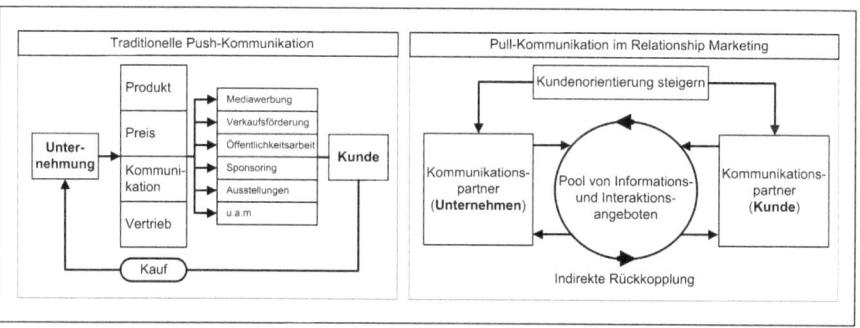

Abbildung 7: Push- und Pull-Kommunikation[42]

---

41 Bruhn 2007:271ff
42 In Anlehnung an Bruhn 2007:273

3.3.2   Integrierte Kommunikation

Mit der Umsetzung der Pull-Kommunikation ist für ein Unternehmen die Herausforderung verbunden, mit unterschiedlichen Interaktionsangeboten ein einheitliches Erscheinungsbild zu gewährleisten. Möglichkeiten dazu bietet das Konzept
der „Integrierten Kommunikation". Grundgedanke dieses Ansatzes ist, unterschiedliche Kommunikationsansätze des Unternehmens zusammenzuführen und
für die Ausgestaltung der kundenorientierten Interaktion nutzbar zu machen.[41] Im
Verständnis des Relationship Marketings definiert Bruhn (2006) Integrierte
Kommunikation als einen „Prozess der Analyse, Planung, Organisation, Durchführung und Kontrolle, der darauf ausgerichtet ist, [...] ein für die Zielgruppen
konsistentes Erscheinungsbild des Unternehmens [...] zu vermitteln".[43]
      Integrierte Kommunikation in diesem Sinne ist ein Managementprozess, bei
dem alle Aktivitäten systematisch geplant, organisiert und implementiert werden.
Diese Integrationsaufgabe beschränkt sich aber nicht nur auf eine formale Abstimmung der Unternehmenskommunikation. Vielmehr sollen Kommunikationsinstrumente in Bezug auf den formalen Auftritt, die Aussagen und die Einsatz-
abfolge aufeinander abgestimmt werden. Dabei können eine inhaltliche, eine
formale und eine zeitliche Integration unterschieden werden (vgl. Tab. 2).[44]

Formen	Gegenstand	Ziele	Hilfsmittel
Inhaltliche Integration	Thematische Abstimmung	- Konsistenz - Eigenständigkeit	Einheitliche Botschaften,
Formale Integration	Formale Gestaltung	- Präsenz - Prägnanz	Einheitliche Zeichen
Zeitliche Integration	Zeitliche Abstimmung	- Konsistenz - Kontinuität	Ereignis-planung

Tabelle 2: Formen der Integrierten Kommunikation[45]

Grundlage der Integrierten Kommunikation ist die inhaltliche Abstimmung aller
Kommunikationsaktivitäten. Zudem sollen mit der formalen Integration alle
Angebote   durch   Gestaltungsprinzipien   verbunden   und   ein   einheitliches
Erscheinungsbild des Unternehmens gewährleistet werden. Zur gegenseitigen
Verstärkung von Kommunikationsaktivitäten bezieht sich die die zeitliche Inte-
gration auf die Abstimmung der Kommunikationsaktivitäten im Zeitverlauf.[44]

---

43 Bruhn 2006:17
44 Bruhn 2007:278ff
45 In Anlehnung an Bruhn 2007:280

3.3.3   Instrumente der Kundenintegration

Die Interaktion zwischen Anbieter und Kunde ist bei Dienstleistungen eine wesentliche Voraussetzung der Leistungserstellung. Mit der Kundenintegration im Relationship Marketing sind jedoch weiterführende Ziele als nur die Integration des externen Faktors verbunden. Vielmehr kann Kundenintegration im Relationship Marketing als ein kunden- und beziehungsorientierter Managementansatz gesehen werden, der auf eine beziehungsfördernde Interaktion des Unternehmens mit dem Kunden ausgerichtet ist.

Um diese Ziele zu erreichen, werden auch im Relationship Marketing die klassischen externen Instrumente der Produkt-, Kommunikations-, Preis- und Vertriebspolitik (4P's) genutzt. Da bei der Erstellung von Dienstleistungen oftmals ein intensiver Kontakt zwischen Kunden und Mitarbeitern besteht, hat zusätzlich die Personalpolitik als internes Instrument eine besondere Bedeutung. Im Unterschied zu Ansätzen des Transaktionsmarketings werden im Relationship Marketing diese Instrumente jedoch entsprechend den Phasen des Kundenbeziehungslebenszyklus neu strukturiert und spezifisch für die Kundenakquisition, Kundenbindung und Kundenrückgewinnung ausgestaltet.[46]

In der Phase der Kundenakquisition ist speziell die Kommunikationspolitik ein wichtiges Instrument. Aufgabe der Interaktion mit dem Kunden ist es, die Leistung bekannt zu machen und das Image eines vertrauenswürdigen Anbieters aufzubauen. Der Integration bestehender Kunden in den Prozess der Akquisition (durch Weiterempfehlung) kann dabei eine große Bedeutung zukommen. Ansatzpunkte zur Integration des Kunden sind in der Phase der Kundenakquisition auch durch die Leistungspolitik gegeben. So können zur Steigerung des Vertrauens zwischen Anbieter und Nachfrager etwa Schulungen angeboten werden.[46]

In der Kundenbindungsphase besteht wiederum das wichtigste Ziel darin, den Kunden stärker an den Dienstleistungsanbieter zu binden und die Kundenbeziehung profitabel zu gestalten. Gegenstand der Kommunikationspolitik in dieser Phase ist vor allem die Einbindung des Kunden in einen kontinuierlichen Dialog. Dieser soll den Aufbau von Vertrauen und die Ermittlung von Kundenbedürfnissen ermöglichen.[47] Ob dieser Dialog auch in der Phase der Kundenrückgewinnung möglich ist, hängt nicht zuletzt vom Auftreten der Mitarbeiter im Kundenkontakt ab. Entsprechend müssen Maßnahmen der Personalpolitik darauf abzielen, diese Mitarbeiter etwa im Umgang mit Beschwerden zu qualifizieren.[47]

---

46 Bruhn 2009:114ff; Meffert, Bruhn 2009:280ff
47 Bruhn 2009:118f

4 Patientenorientierung im Gesundheitswesen

4.1 Ansätze und Definition

Der Begriff Patientenorientierung wird bis heute in unterschiedlichen Kontexten und mit unterschiedlichen Zielsetzungen verwendet. Während Gesundheitspolitiker und Ökonomen „Patientenorientierung" oftmals mit „Kundenorientierung" gleichsetzen und damit die Forderung einer Neuausrichtung des Gesundheitswesens verbinden, steht für Patientenvertreter eine Autonomie und Souveränität achtende Gesundheitsversorgung im Mittelpunkt. Patientenorientierung aus der Perspektive der Pflege stellt zudem den Patienten als Subjekt ins Zentrum von Betreuung und Therapie. [48]

Ursächlich für diese unterschiedlichen Sichtweisen ist auch die Tatsache, dass die Auseinandersetzung mit Patientenorientierung eingebettet ist in einen Prozess struktureller Reformen im Gesundheitssystem. Im Zentrum der bis heute andauernden Weiterentwicklung gesundheitlicher Versorgungsstrukturen stehen Fragen zur Beteiligung und Unterstützung von Patienten im Gesundheitssystem, der Gewährleistung von Patientenrechten sowie der Steuerung einer effizienten gesundheitlichen Versorgung. Obwohl „Patientenorientierung" in den letzten Jahren an Profil gewonnen hat, fällt es nach wie vor schwer, eine Definition zu benennen. [49] Je nach Kontext wird der Begriff unterschiedlich gefasst.

Eher verengt wird Patientenorientierung aus der medizinischen Perspektive betrachtet. Das Ärztliche Zentrum für Qualitätssicherung in der Medizin (ÄZQ) definiert Patientenorientierung als das Bemühen, in einem therapiekonformen Betreuungsprozess die Erwartungen und Bedürfnisse der Patienten kennen zu lernen und zu erfüllen. [50] Mit dieser Definition schränkt das ÄZQ die Reichweite von Patientenorientierung deutlich ein. So wird Patientenorientierung zum einen auf das „Bemühen", individuelle Bedürfnisse zu berücksichtigen, und zum anderen auf einen „therapiekonformen" Betreuungsprozess reduziert.

Deutlich weiter wird Patientenorientierung bei Keil (2004) gefasst. Keil sieht diese als „Wahrnehmung der spezifischen Interessen und Bedürfnisse des erkrankten Menschen" sowie seinen Einbezug „in das Geschehen rund um seine

---

48 Beier 2003:63
49 Bleses 2005:9; vgl. Ose 2008
50 Gramsch, Hoppe, Jonitz 2009:17

Krankheit."[51] Mit dieser Sichtweise stellt Keil die Einbeziehung und Beteiligung des Patienten als wesentliche Elemente von Patientenorientierung in den Mittelpunkt der Betrachtung. Diese Argumentation wird von Kranich (2007) durch den Aspekt der Berücksichtigung der Selbstbestimmung ergänzt. Patientenorientierung heißt für Kranich in diesem Zusammenhang, „alles dafür zu tun, die Grenzen der Patientenautonomie, wie sie etwa durch Leiden, Schmerzen, Bewusstseinseintrübung usw. bedingt sind, zu erkennen und zu berücksichtigen."[52]

4.2 Entwicklungslinien

Im Spannungsfeld der dargestellten Definitionsansätze wurde Patientenorientierung in den letzten Jahrzehnten in sehr unterschiedlichen Kontexten diskutiert. Auch wenn Patientenorientierung dabei tendenziell eher „nebulös" blieb,[53] können in der Rückschau Entwicklungslinien, insbesondere für die Entwicklung im Kontext der Krankenhausversorgung, aufgezeigt werden.

4.2.1 Patientenorientierung in der Gesundheitspolitik

Mit Beginn der 1970er Jahre werden zunehmend Finanzierungsschwierigkeiten und Qualitätsdefizite im Gesundheitssystem erkennbar. Gesundheitspolitisch ist damit in der Folgezeit verbunden, dass zahlreiche Gesetze zur Kostendämpfung und schrittweisen Etablierung von marktwirtschaftlichen Elementen verabschiedet werden. Bis 1999 konzentrierten sich über 90 Änderungen[54] zur Reform der gesetzlichen Krankenversicherung auf Institutions- und Finanzierungsaspekte und die Steuerung der Versorgung durch die Leistungserbringer. Patienteninteressen wurden lediglich als Argumentationsfigur zur Begründung gesetzlicher Regelungen genutzt. Häufig wurde dann über Eigenverantwortung gesprochen, wenn es um die finanzielle Beteiligung von Patienten ging.[55]

Die Anfang der 1990er Jahre forcierte wettbewerbs- und marktorientierte Umstrukturierung des Gesundheitswesens führt zu deutlichen Veränderungen im Verhältnis von Leistungserbringern und Patienten. Im „Dienstleistungssektor

---

51 Keil 2004:1
52 Kranich 2007:2
53 Schaeffer 2001:49
54 z.B. Krankenversicherungs-Kostendämpfungsgesetz (1977), Krankenhaus-Kostendämpfungsgesetz (1982), Gesundheitsstrukturgesetz (1993), Gesetz zur Stabilisierung der Krankenhausausgaben (1996)
55 SVR 2001:144

Gesundheitswesen"[56] werden Patienten zunehmend als Kunden gesehen und haben diese entsprechend auch Anspruch auf Qualität. Auf der anderen Seite werden die Leistungserbringer aufgefordert, sich stärker an den Bedürfnissen der Patienten auszurichten. Patientenorientiertes Qualitätsmanagement wird damit zum gesundheitspolitischen Leitthema der 1990er Jahre.[57]

Eng verbunden mit dieser Entwicklung ist auch der Bedeutungsgewinn von Patientenrechten in der gesundheitspolitischen Diskussion. Nicht nur in Deutschland wurden diese zunehmend im Zusammenhang mit anstehenden Reformen der sozialen Sicherungssysteme thematisiert. Insbesondere die „Declaration on the Promotion of Patients´ Rights in Europe" (1994) war dabei ein wichtiger Meilenstein.[58] Zudem gingen von der „Charta von Ljubljana" (1996) wichtige politische Impulse aus. Mit der Charta wird die Wirkung von wettbewerbsorientierten Instrumenten in Frage gestellt und auch unter Effizienzgesichtspunkten eine Ausrichtung der Gesundheitsversorgung an den Bedürfnissen der Bürger präferiert.[58]

In Deutschland zeigte sich ein politisches Umdenken erst mit der Gesundheitsreform 2000. Mit dieser wurde die Rolle der Patienten deutlich gestärkt. Maßnahmen dazu waren beispielsweise die Förderung unabhängiger Angebote zur Patientenberatung, Patientenschulungen für chronisch Kranke, die Stärkung der Position von Patienten in Behandlungskonflikten oder die Wiedereinführung des § 20 SGB V zur Prävention durch Krankenkassen. Zudem wurden im Jahr 2002 alle individuellen Patientenrechte im Dokument „Patientenrechte in Deutschland" zusammengefasst.[59]

Aber auch in späteren Reformen finden sich weitere Ansätze. So wurden mit dem Gesundheitsmodernisierungsgesetz (GMG) 2004 eine Beauftragte der Bundesregierung für die Belange der Patienten eingeführt und kollektive Mitwirkungsrechte beim gemeinsamen Bundesausschuss (G-BA) und dem Institut für Qualität und Wirtschaftlichkeit im Gesundheitswesen (IQWiG) etabliert. Mit dem Wettbewerbsstärkungsgesetz (GKV-WSG) 2007 werden die Krankenkassen verpflichtet, Selbsthilfegruppen und Selbsthilfeorganisationen zu fördern.[60]

---

56 Dierks, Schwartz, Walter 2001:71; Kuhlmann 1999:147
57 Lecher et al. 2002:3
58 Brinkmann-Göbel 2001:13ff
59 Hart 2000:263; Hannika 1999:149ff; Klemperer 2009:147
60 Becker-Schwarze 2004:215, Klemperer 2009:147

4.2.2   Patientenorientierung im Krankenhaus

Parallel zu systemimmanenten Problemen nehmen auch die Proteste von Bürgern und Selbsthilfegruppen mit Beginn der 1970er Jahre zu. Diese richten sich gegen die einseitige Ausrichtung auf medizinische Aspekte, das paternalistische Arzt-Patientenverhältnis oder die fehlende Mitbestimmung der Patienten im Gesundsystem. Unter dem Schlagwort „Humanisierung des Krankenhauses" versuchen bürgerliche Protestgruppen vor allem, diese zentrale Institution der gesundheitlichen Versorgung grundlegend zu reformieren.[61]

Vor diesem Hintergrund und der beschriebenen gesundheitspolitischen Entwicklung wurden in den letzten 40 Jahren sehr unterschiedliche Aspekte von Patientenorientierung im Krankenhaus thematisiert. So auch in der Pflege. Dabei war speziell die tätigkeitsorientierte Arbeitsorganisation (Funktionspflege) Gegenstand der Kritik.[62] Entsprechend wurden Möglichkeiten diskutiert, wie Arbeitsabläufe neu gestaltet und Patienten mehr am Behandlungsgeschehen beteiligt werden können. Ansätze der Bezugspflege haben in diesem Zusammenhang eine große Bedeutung.[62] Zudem werden eine stärkere Berücksichtigung psychosozialer Aspekte und eine ganzheitliche Sicht auf den Patienten als wichtige Elemente der Patientenorientierung in der Pflege benannt. Die Unterstützung der Krankheitsbewältigung sowie soziale und kommunikative Aspekte werden in dieser Sichtweise als wichtige Aufgaben der Berufsgruppe Pflege beschrieben.[63]

Mit der Akademisierung der Pflege seit Mitte der 1990 Jahre wurde zudem eine Erweiterung des Aufgaben- und Kompetenzprofils angestrebt. Neben sozialen und kommunikativen Aufgaben wird nun auch edukativen Aufgaben im Sinne von Information, Beratung und Schulung im Behandlungsverlauf große Bedeutung beigemessen.[63] Müller-Mundt (2000) stellt dazu fest, dass die Pflege „für die Wahrnehmung von edukativen Aufgaben […] prädestiniert ist, da Pflegende den Betroffenen über weite Strecken der Versorgung am nächsten sind."[64] Allerdings blieben edukative Angebote von Pflegende lange Zeit ein Randphänomen. Erst in den letzten Jahren werden diese immer wichtiger.[65]

Im Gegensatz zur Arbeitsorganisation der Pflege werden Aspekte der Krankenhausorganisation erst zu Beginn der 1990er Jahre zunehmend diskutiert. Verstärkt wird nun gefordert, Patienten eine aktive Teilnahme am Behandlungsprozess zu ermöglichen und deren Bedürfnisse stärker zu berücksichtigen.[66]

---

61 Lecher et al. 2002:3
62 Schaeffer 2001:50
63 Schaeffer 2001:51; Schaeffer 1998:7
64 Müller-Mundt et al. 2000:44
65 Abt-Zegelin 2007(c):1074
66 Schott 1993:266

Insbesondere der Information des Patienten über das angestrebte Behandlungsziel sowie den geplanten Ablauf des Versorgungsprozesses wird dabei eine große Bedeutung beigemessen.[67] Einen wichtigen konzeptionellen Beitrag leistet in diesem Zusammenhang Badura (1994) mit der Übertragung des „lean management" auf das Krankenhaus.[68] Die Gewährleistung von Patientenorientierung durch die Beteiligung der Patienten im Behandlungsprozess ist dabei eine zentrale Gestaltungsaufgabe. Patienten sind in diesem Verständnis „Koproduzenten, d.h. Ko-Therapeuten", deren Laienwissen auch „bei der Gestaltung des Leistungsgeschehens im Krankenhaus Eingang finden muss"[69] (vgl. Abb. 8).

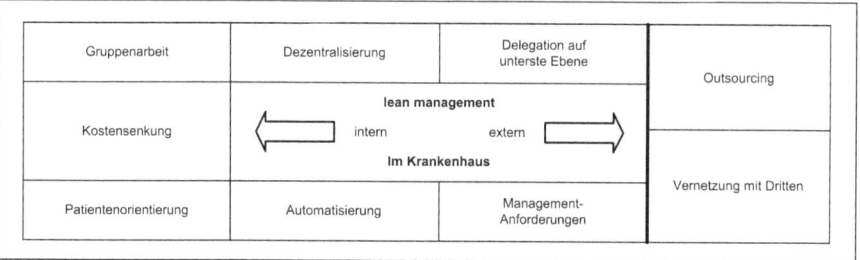

Abbildung 8: Gestaltungsprinzipien des „lean managements"[69]

Neben Patientenorientierung ist Gruppenarbeit für Badura das wichtigste Kennzeichen des „lean managements". Durch die Arbeit in multidisziplinären Teams können hierarchische Strukturen zwischen den Berufsgruppen abgebaut, die Aufgabenverteilung stärker an individuellen Behandlungsanforderungen ausgerichtet und Patientenbedürfnisse besser berücksichtigt werden.[70,71] Ergänzend zu diesem Ansatz wird von Zink et al. (2005) der Aspekt der Prozessorientierung betont. Nur durch diese können alle patientenbezogenen Abläufe betrachtet und optimiert werden.[72] In diesem Verständnis ist Prozessorientierung eine Voraussetzung für alle Konzepte, die auf Patientenorientierung abzielen.

Struktur- und Prozessentwicklung als Beitrag zur Patientenorientierung werden auch im Zusammenhang mit Qualitätsmanagement im Krankenhaus thematisiert. Ausgangspunkt dieser Betrachtung ist die Verpflichtung der Kranken-

67 Eichhorn 1993:247
68 Badura 1994:286
69 Badura 1994:256ff
70 Badura 1994:269ff; Körner, Schüpbach, Bengel 2005:163
71 Eine ausführliche Betrachtung aller Prinzipien findet sich bei Badura 1994:257ff
72 Zink et al. 2005:136

häuser zur Einführung und Weiterentwicklung eines Qualitätsmanagement-systems in den 1990er Jahren (§135 SGB V). Damit ist auch verbunden, dass bestimmte Elemente, etwa Patientenorientierung, Prozessorientierung oder konti-nuierliche Verbesserung, berücksichtigt werden müssen.[73]

Um diesen Anforderungen zu entsprechen, wurden Qualitätsmanagement-ansätze aus anderen Wirtschaftsbereichen übertragen (z.B. DIN ISO) oder auf deren Grundlage weiterentwickelt (z.B. KTQ). Durch die Implementierung dieser industrienahen Ansätze gewinnen auch die zugrundeliegenden Management-konzepte an Bedeutung. Kundenorientierung als Bestandteil des Qualitäts-managements wird zu Beginn der 2000er Jahre ein wichtiges Element der Krankenhausorganisation. Damit ist auch verbunden, dass Aspekte wie Be-schwerdemanagement, Patientensicherheit und -zufriedenheit wichtiger werden.[74]

Initiiert durch ein internationales WHO-Projekt gewinnt auch das Thema Ge-sundheitsförderung am Krankenhaus seit Mitte der 1990er Jahre auch in Deutsch-land an Bedeutung.[75] Insbesondere in Einrichtungen, die Bestandteil des inter-nationalen Netzwerks „gesundheitsfördernde Krankenhäuser" sind, wird in diesem Zusammenhang Gesundheitsförderung als ein Element eines neuen Leit-bildes entwickelt. In der Umsetzung besteht eine enge Wechselbeziehung zwischen Aspekten der Krankenhausorganisation und Aktivitäten der Gesund-heitsförderung. Qualitätsverbesserung und Organisationsentwicklung sind dabei wichtige Elemente des Leitbildes „Gesundheitsförderung im Krankenhaus".[76]

Patientenorientierung aus der Perspektive der Gesundheitsförderung am Krankenhaus bedeutet, dass Gesundheitsgewinne durch eine aktive Beteiligung von Patienten im Behandlungsprozess erreicht werden. Eine Verbesserung und Intensivierung der Kommunikation mit dem Patienten sowie eine stärkere Be-rücksichtigung der psychosozialen Versorgung spielen dabei eine wichtige Rolle.[77] Auf der Ebene des direkten Versorgungsprozesses wird die Befähigung der Patienten zur Mitbestimmung als wichtiges Element gesehen.[78]

---

73 Ertl-Wagner, Steinbrucker, Wagner 2009:19
74 vgl. Ertl-Wagner 2009:17; Paff 1997:323
75 Trojan, Nickel 1999:315
76 Oppolzer, Rosenthal 1999:200ff; Wechsler-Fördós et al. 1999:217ff
77 SVR 2001:113; Pelikan, Halbmayer 1999:31
78 SVR 2001:113; Asselmeyer, Kreye-Wagner 1999:234

4.3 Stand der Konzeptionalisierung

4.3.1 Patientenrechte

Auch wenn Deutschland im europäischen Vergleich relativ spät reagiert hat, sind Patientenrechte heute weit entwickelt.[79] Diese sind die rechtliche und ethische Voraussetzung für die Beteiligung von Patienten und Bürgern im Gesundheitssystem und entsprechend die Grundlage für alle Ansätze, die auf Patientenorientierung im Gesundheitswesen abzielen. Hart (2003) unterscheidet zwischen individuellen und kollektiven Patientenrechten.[80]

Individuelle Patientenrechte haben die Gewährleistung der Patientenselbstbestimmung (Autonomierechte), die Gewährleistung von Qualität (Qualitätsrechte), die Gewährleistung der Einsicht in die Dokumentation (Einsichtsrechte) und die Gewährleistung der Behandlungsorganisation (Organisationsrechte) zum Gegenstand. Individuelle Patienteninformationen bilden somit die Grundlage für die Einbeziehung (Beteiligung) in individuelle Kommunikations- und Entscheidungsprozesse in der Arzt-Patient-Beziehung (vgl. Abb. 9).[80]

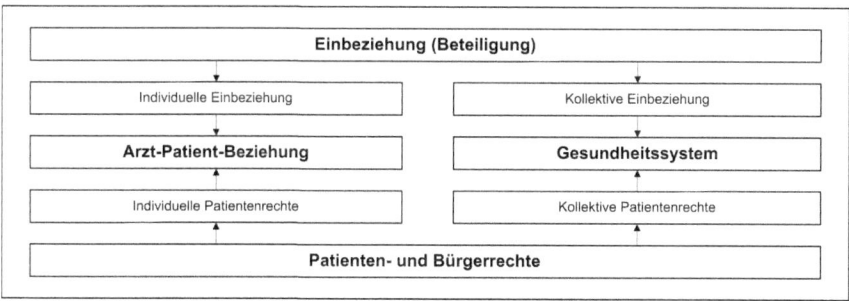

Abbildung 9: Individuelle und kollektive Patientenrechte[81]

Als kollektives Patientenrecht wird von der WHO in der „Declaration on the Promotion of Patients' Rights in Europe" speziell das Recht auf die kollektive Einbeziehung von Bürger-, Versicherten- und Patienteninteressen bei Entscheidungen im Gesundheitswesen betont. Kollektive Patientenrechte sind damit die Grundlage für die kollektive Einbeziehung (Beteiligung) auf der Ebene der Systementscheidungen im Gesundheitswesen. Für die Einbeziehung von Gruppen in Systementscheidungen wird häufig der Begriff „Bürgerbeteiligung" verwendet.[80]

---

79 Hart 2005:9
80 Hart 2003:334
81 In Anlehnung an Hart 2003

4.3.2   Partizipation und Kompetenz

Trotz der teilweise intensiven Auseinandersetzung mit Patientenorientierung existierte lange Zeit kein Konzept, wie damit verbundene Ansätze umgesetzt werden können. Dieses legte erst der Sachverständigenrat für die Konzertierte Aktion im Gesundheitswesen (SVR)[82] in seinem Gutachten 2000/2001 vor. Unter der Überschrift „Optimierung des Nutzerverhaltens durch Kompetenz und Partizipation" werden grundlegende Aspekte zusammengefasst und konzeptionell mit der Qualität und Wirtschaftlichkeit des Gesundheitswesens verknüpft.[83]

Eine wichtige Grundlage dieses Gutachtens ist die Einführung der Bezeichnung „Nutzer" als Sammelbegriff für Bürger, Versicherter, Patient, Kunde und Konsument. Danach ist jeder Nutzer, „der Zugang zum gesundheitlichen Versorgungssystem hat, ungeachtet dessen, ob dieser Zugang aktuell genutzt wird oder nur fakultativ besteht."[83] Allerdings ist eine stärkere Nutzerorientierung im Gesundheitswesen mit der Anforderung verbunden, den Nutzer in die Lage zu versetzen, „die Einrichtungen des Gesundheitswesens sinnvoll zu nutzen, selbst zum Erfolg der Behandlung beizutragen und dadurch die Leistungsfähigkeit des Systems zu verbessern." Entsprechend werden Kompetenz und Partizipation als Schlüsselqualitäten des Nutzers für die Inanspruchnahme des Gesundheitswesens und zur Steuerung der gesundheitlichen Versorgung gesehen (vgl. Abb. 10).[84]

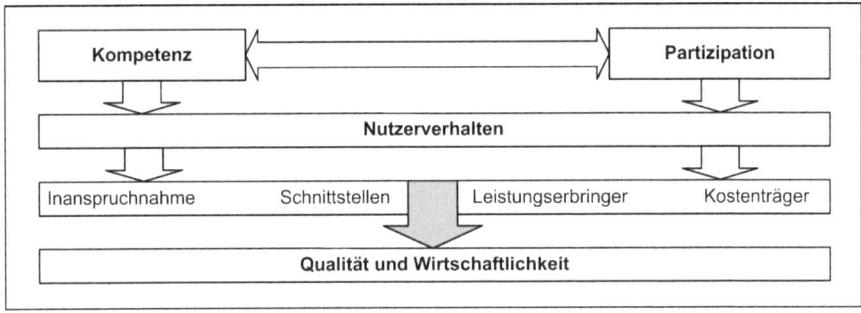

Abbildung 10: Kompetenz und Partizipation[85]

Im Sinne des SVR ist mit „Partizipation" die Mitbestimmung und Mitentscheidung von Patienten und Bürger auf allen Ebenen des Gesundheitssystems

---

82 Heute: Sachverständigenrat für die Begutachtung im Gesundheitswesen
83 SVR 2001:148
84 SVR 2001:144
85 In Anlehnung an SVR 2001:146

verbunden. Auf der Ebene der direkten Beziehung zwischen Arzt und Patient ist Partizipation weit mehr als die Information des Patienten und dessen Zustimmung zur Behandlung. Vielmehr verlangt Partizipation eine aktive Beziehung und zielt auf eine Verbesserung der Krankheitsbewältigung. In diesem Sinne erweitert Partizipation die Rollen aller Beteiligten. So wird aus dem passiven Empfänger ein aktiver Patient und aus Ärzten bzw. Pflegenden Interaktionspartner.[86]

Eine weitere Annahme des Konzeptes ist, dass durch eine stärkere Beteiligung von Bürgern und Patienten an Entscheidungen im Gesundheitssystem, Patientenorientierung insgesamt mehr Bedeutung erlangt. In diesem Sinne wird unter Partizipation auf der Mesoebene die Beteiligung von Bürgern und Patienten an Organisationen des Gesundheitswesens (z.B. Krankenkassen) und auf der Makroebene die Beteiligung an gesellschaftlichen Entscheidungsprozessen (z.B. in der Politik) verstanden.

Eine Beteiligung von Bürgern und Patienten ist allerdings nur möglich, wenn diese über entsprechende Kompetenzen verfügen. Aus der Perspektive des Sachverständigenrates (2001) ist *Kompetenz* die Ausübung des eigenen Sachverstandes im Gesundheitssystem. Dies bedeutet, dass Bürger und Patienten über die Fähigkeit verfügen, „Wünsche, Bedürfnisse und Erwartungen zum Ausdruck zu bringen, sich zu informieren, zu wählen, entscheiden, mitzubestimmen, zu steuern und zu kontrollieren."[87]

Ähnliche Aspekte werden aus der Perspektive der Gesundheitsförderung betont. In diesem Kontext ist Kompetenz die Fähigkeit erworbene Fertigkeiten und soziale Regeln sowie Wissensbestände sach- und situationsgerecht anzuwenden. Kompetenzen dienen dazu, die Lebensgestaltung und alltägliche Interaktionen soweit wie möglich zu kontrollieren.[88]

Stärker auf die Patienten zugeschnitten wird Kompetenz bei Kranich (2004). Kranich unterscheidet vier Stufen der Patientenkompetenz. Auf der ersten Stufe, der „Selbstkompetenz", werden Aspekte betrachtet, die zur Bewältigung einer Erkrankung notwendig sind. Dabei haben speziell Kompetenzen zur Recherche, Nutzung und der Bewertung von medizinischen Informationen eine große Bedeutung. Aber auch die Fähigkeit, sich mit Einschränkungen auseinander zu setzen und mit diesen Leben zu können, sind wichtige Elemente der Selbstkompetenz.[89]

Auf der zweiten Stufe, der „Beziehungskompetenz", ist für den Patienten neben dem Wissen zu seiner Erkrankung auch die Fähigkeit relevant, dieses Wissen einordnen und anwenden zu können. Dies beinhaltet auch, selbstbewusst eine partnerschaftliche Entscheidung mit dem Arzt zu treffen. Trifft der Patient

---

86 SVR 2001:161f
87 SVR 2001:150
88 Kardorff 2003:135
89 Kranich 2004: 950ff

etwa in einer Selbsthilfegruppe auf andere Personen, sind darüber hinaus auf einer dritten Stufe „Sozialkompetenzen" notwendig. Diese beziehen sich auf die Fähigkeit, sich selbst zurückzunehmen und eigene Erfahrungen in Beziehung zu denen von anderen zu setzen. Auf der vierten Stufe schließlich, der „Demokratie-kompetenz", fasst Kranich (2004) Fähigkeiten zusammen, die notwendig sind, um als Repräsentant einer Patientengruppe oder als Patientenvertretung in Gremien aufzutreten. Dies umfasst die Fähigkeit, sich auf politischer Bühne bewegen und aktiv Einfluss auf Entscheidungen nehmen zu können.[89]

4.3.3 Empowerment

Sowohl Partizipation als auch Kompetenz setzt die Befähigung der Nutzer im Umgang mit dem gesundheitlichen Versorgungssystem voraus. Daher bietet sich als theoretische Grundlage für Nutzer- und Patientenorientierung das Empower-ment-Konzept an.[90] Dieses Konzept stammt aus der amerikanischen Gemeinde-psychologie und wird in den letzten Jahren auch zunehmend in Deutschland dis-kutiert. Empowerment zielt insgesamt darauf ab, Menschen zu befähigen, ihr Leben und ihre Lebenswelt selbst zu gestalten.[91]

Dabei geht das Empowerment-Konzept von der Annahme aus, dass Menschen prinzipiell handlungsfähige Experten in eigener Sache sind, allerdings Hilfe und Unterstützung bei der Entfaltung individueller Kompetenzen benötigen.[90] Bedingungen zu schaffen, die den Menschen ermöglichen, ihre Kompetenzen zu entwickeln und ein selbstbestimmtes Leben zu führen, sind ein wichtiger Gegenstand der Aufgaben im Sozial- und Gesundheitswesen.[91]

Grundlegendes Prinzip von Empowerment ist Autonomie. In der gesundheit-lichen Versorgung richtet sich das Autonomieprinzip gegen professionelle (z.B. durch Ärzte) und institutionelle (z.B. durch Krankenkassen) Bevormundung. Autonomie bedeutet in diesem Sinne aber eher „Selbstbestimmung" als Unab-hängigkeit. So verstanden schließt Autonomie den Bedarf an Hilfe und Unter-stützung keineswegs aus. Autonomie bedeutet im Empowerment-Konzept aber auch, Verantwortung gegenüber der eigenen Gesundheit und dem Gesundheits-system zu tragen.[92] Anders als in vielen gesellschaftlichen Kontexten ist im Umgang mit einer Erkrankung selbstbestimmtes Handeln allerdings nicht immer möglich oder gewollt.[93] Dierks, Walter, Schwarz (2001) stellen fest, dass „je weiter sich ein Nutzer auf dem Kontinuum zwischen Gesundheit und Krankheit

---

90 SVR 2003:184
91 Stark 2003:28f
92 SVR 2003:186
93 SVR 2003:222

in Richtung Krankheit und Pflegebedürftigkeit bewegt, desto eher tritt die Fähigkeit zu rationalen Entscheidungen in den Hintergrund und wird überlagert durch Unsicherheit, Ängste und den Wunsch nach Hilfe oder Fürsorge".[94]

Empowerment ist entsprechend nur dann möglich und sinnvoll, wenn es sich an der individuellen (sozialen) Situation und den Relevanzkriterien der Nutzer orientiert. Dies kann auch bedeuten, dass in der gesundheitlichen Versorgung oftmals Unterstützung im Sinne von Fürsorge und Entlastung statt Befähigung zum selbstbestimmten Handeln im Vordergrund steht.[91] Zur Umsetzung des Empowerment-Konzepts bedarf es entsprechend einer grundsätzlich neuen Form der Kommunikation medizinischer Sachverhalte. Neben individuell abrufbaren Informationen zu allen Aspekten des Gesundbleibens und der Bewältigung von Krankheit gilt es, die Möglichkeiten und Grenzen der Medizin in neuer Form und in verständlicher Sprache auch für Laien zugänglich zu machen. Um dies zu gewährleisten, sind niedrigschwellige Angebote zur Informationen, Beratung und Schulung für alle Bevölkerungsgruppen erforderlich.[95]

Information, Beratung und Schulung „zu allen Aspekten des Gesundbleibens, der Bewältigung von Krankheit und des Lebens mit bedingter Gesundheit sind notwendige (wenngleich meist nicht hinreichende) Bestandteile einer zeitgemäßen Prävention und Krankenversorgung sowie Voraussetzung für Konzepte, die auf Selbstverantwortung, Koproduktion oder Empowerment abzielen".[95]

---

94 Dierks, Schwartz und Walter 2001: 71
95 SVR 2003:217

5 Zwischenfazit

Mit dem Abschnitt „Theoretischer Bezugsrahmen" wurde ein Überblick zu grundlegenden theoretischen Konzepten gegeben. Der Anspruch dieser Auseinandersetzung ist nicht, alle Themen abschließend zu erläutern. Nachfolgend werden die wichtigsten Aspekte zusammengefasst und diskutiert.

Aus der Perspektive der „Gesundheitsversorgung als Dienstleistung" ist die Krankenhausbehandlung ein Prozess, dessen Ergebnis maßgeblich vom Potenzial der Einrichtung (z.B. technische Ausstattung, Qualifikation der Mitarbeiter) und der Eigenbeteiligung des Patienten abhängig ist. Da jedoch das Ergebnis nur retrospektiv beurteilt werden kann, ist mit der Behandlung immer auch ein Leistungsversprechen des Krankenhauses verbunden. Der Patient kann aber nicht sicher sein, dass dieses Versprechen eingehalten wird.

Besondere Herausforderungen entstehen im Verlauf der Krankenhausbehandlung durch die Integration des Nachfragers in die Dienstleistungserstellung. Ausgehend von der Betrachtung des Arzt-Patienten-Verhältnisses ist das sozialwissenschaftliche Verständnis durch den Ansatz der Ko-Produktion und der Betonung der interaktiven Anteile der Dienstleistungserstellung geprägt. Demgegenüber ist der Patient aus der betriebswirtschaftlichen Perspektive ein externer Produktionsfaktor, der sich passiv oder aktiv mit eigenen Leistungen in den Produktionsprozess einbringt. Konzeptualisiert werden diese Eigenleistungen von Schönheer (2005) für den Verlauf der Krankenhausbehandlung. Danach können interaktive (z.B. Kommunikation mit dem Arzt) und autonome Eigenleistungen (z.B. Compliance) des Patienten unterschieden werden.

Mit der Beteiligung des Nachfragers im Dienstleistungsprozess und der Immaterialität des Dienstleistungsergebnisses sind zahlreiche Konsequenzen verbunden. In der klassischen betriebs- und sozialwissenschaftlichen Literatur werden diese allerdings nur punktuell betrachtet. Speziell die Entstehung und der Umgang mit Informationsdefiziten werden in diesem Zusammenhang vernachlässigt. Zur Betrachtung dieser Aspekte bietet die Neue Institutionenökonomik interessante Ansatzpunkte. Informationsdefizite entstehen aus dieser Perspektive insbesondere dadurch, dass vor der Inanspruchnahme der Dienstleistung weder der Prozess noch das Ergebnis vom Nachfrager beurteilt werden können (leistungsbezogenes Informationsproblem). Hinzu kommt, dass der Anbieter der Dienstleistung mehr Informationen zu den Potenzialen der Leistungserstellung und der Nachfrager mehr Informationen zu den Anforderungen des externen Faktors hat (transaktionspartnerbezogenes Informationsproblem). Im Ergebnis verfügen sowohl der Anbieter als auch der Nachfrager über unvollständige Informationen und entsprechende Verhaltensunsicherheit. Zum Umgang mit diesen Informationsdefiziten werden mit der Neuen Institutionenökonomik unterschiedliche Möglichkeiten diskutiert. Insbesondere Signaling- und Screening-Maßnahmen haben eine große Relevanz. Dabei wird von Signaling gesprochen, wenn Informationen von der besser zur schlechter informierten Marktseite übertragen werden. Im Gegensatz dazu beschreibt Screening die Bemühungen der schlechter informierten Seite (oftmals der Nachfrager), Informationen von der besser informierten Seite zu erhalten.

Aufgegriffen werden diese theoretischen Überlegungen zur Dienstleistungserstellung auch in der Auseinandersetzung mit Konzepten zur Kundenorientierung. Obwohl lange Zeit sehr unterschiedliche Vorstellungen existierten, hat Kundenorientierung heute als Bestandteil des Relationship Marketings einen sehr hohen Grad der Konzeptionalisierung erreicht. Im Unterschied zu anderen Marketingansätzen ist die Orientierung an den Bedürfnissen und Anforderungen des Kunden im Relationship Marketing nicht ein Aspekt neben vielen sondern der zentrale Ausgangspunkt zur Ausrichtung des Unternehmens. Dies zeigt sich auch in der Interaktion mit dem Kunden. Nur wenn dessen individuelle Informations- und Kommunikationsbedürfnisse berücksichtigt werden, können Kundenzufriedenheit, Vertrauen und Kundenbindung erreicht werden. Entsprechend darf die Kommunikation des Unternehmens nicht einseitig ausgerichtet sein, sondern muss den Dialog mit den Kunden ermöglichen. Ein „Pool" mit unterschiedlichen Informations- und Interaktionsangeboten bietet dazu eine gute Möglichkeit.

Im Gegensatz zur weit fortgeschrittenen Konzeptionalisierung von Kundenorientierung im Relationship Marketing ist zur Umsetzung von Patientenorientierung im Krankenhaus bis heute kein klares Konzept erkennbar. Zwar wurde das Thema in den letzten 30 Jahren teilweise sehr intensiv diskutiert, allerdings meist aus unterschiedlichen Blickwinkeln. So wurden Aspekte von Patientenorientierung wie die Einbeziehung des Patienten in den Behandlungsprozess sowohl aus der Perspektive der Organisationsentwicklung („Lean Management"), der Pflege („Patientenedukation"), der Gesundheitsförderung („Empowerment") oder dem Qualitätsmanagement („Kundenorientierung") diskutiert. Eine Verbindung zwischen diesen Kontexten bestand meist nur punktuell. Eine Ursache dafür ist, dass die benannten Themen selten zeitgleich sondern eher versetzt betrachtet wurden. War eine „Themenkarriere" abgeschlossen (z.B. Gesundheitsförderung) folgte eine nächste (z.B. Qualitätsmanagement).

Insgesamt scheint das Thema Patientenorientierung konzeptionell in den letzten Jahren wenig vorangekommen zu sein. Zwar führte insbesondere die

Verpflichtung der Krankenhäuser zum Qualitätsmanagement zu einer deutlichen Aufwertung von Patienten- bzw. Kundenorientierung. Theoretische Konzepte, welche den Patienten in den Mittelpunkt der Behandlung stellen, existieren (zumindest in der Literatur) bis heute allerdings nicht.

Unabhängig von der Entwicklung im Krankenhaus haben sich konzeptionelle Grundlagen zur Patientenorientierung in der gesundheitlichen Versorgung etablieren können. Ausgehend von dem Ansatz, den Patienten und seine individuellen Bedürfnisse in den Mittelpunkt der Betrachtung zu stellen, bedeutet Patientenorientierung in der gesundheitlichen Versorgung zunächst, dem Patienten eine Beteiligung (Partizipation) auf allen Ebenen des Gesundheitssystems zu ermöglichen. In der Beziehung zwischen dem Patienten und den Professionellen im Gesundheitswesen ist mit dieser Sichtweise auch eine Veränderung der Rollen aller Beteiligten verbunden. So wird aus dem passiven Empfänger medizinischer Leistungen ein aktiver Patient und aus dem Arzt oder der Pflegekraft ein Interaktionspartner. Um diese Anforderungen zu erfüllen, müssen Patienten mit den notwendigen Kompetenzen ausgestattet werden. Die Befähigung (Empowerment) des Patienten zum Umgang mit Professionellen und zur selbstbestimmten Nutzung gesundheitlicher Versorgungsangebote hat dabei eine große Bedeutung. Insbesondere zielgruppenspezifische Informations-, Beratungs- und Schulungsangebote sind dazu notwendig. Zusammenfassend kann festgehalten werden:

- Die medizinische Behandlung als Dienstleistung des Krankenhauses ist für Patienten und Angehörige mit einer hohen Verhaltensunsicherheit verbunden. Ursächlich dafür sind die Immaterialität des Dienstleistungsergebnisses, Informationsdefizite und die Erkrankung als individuelle Lebenskrise.
- Die Behandlung im Krankenhaus ist ein Prozess, in welchem der Patient in unterschiedlichen Phasen unterschiedliche Eigenleistungen erbringt. Das können autonome (z.B. Compliance) oder interaktive Eigenleistungen (z.B. Kommunikation mit Ärzten oder Pflegenden) sein.
- Patientenorientierung bedeutet in dieser Situation, den Patienten und seine Angehörigen in den Mittelpunkt der Betrachtung zu stellen und relevante Informations- und Unterstützungsangebote vorzuhalten. Diese müssen sich am Prozess der Krankenhausbehandlung und den individuellen Anforderungen von Patienten und Angehörigen orientieren. Gelingt dies, können damit auch positive Effekte für das Krankenhaus als Unternehmen verbunden sein.

6 Patienteninformation im Krankenhaus

Lange Zeit wurde darauf hingewiesen, dass notwendige Informations-, Beratungs- und Schulungsangebote in der gesundheitlichen Versorgung nicht ausreichend zur Verfügung stehen. Vor dem Hintergrund dieser Situation wurde seit Mitte der 1990er Jahre der Ausbau entsprechender Unterstützungsangebote auch durch die Politik stark forciert. Bis heute wurde in vielen Bereichen des Gesundheitswesens das Informations-, Beratungs- und Unterstützungsangebot deutlich ausgebaut. So existieren seit einigen Jahren beispielsweise flächendeckende Angebote zur unabhängigen Patientenberatung.[96]

Allerdings wird auch immer wieder festgestellt, dass speziell im Verlauf der Krankenhausbehandlung bisher Strukturen zur gezielten Unterstützung von Patienten durch Information, Beratung und Schulung unzureichend entwickelt sind. Zwar sind in den letzten Jahren zahlreiche Angebote entstanden, welche speziell die Information *über* Krankenhäuser verbessern. In den Krankenhäusern selbst hat sich aber bisher wenig getan.[98] Ausgehend von der Betrachtung des Informationsbedarfs wird im Folgenden ein Überblick zum Entwicklungsstand, möglichen Effekten und Herausforderungen der Weiterentwicklung von Patienteninformation im Verlauf der Krankenhausbehandlung gegeben.

6.1 Bedarf aus Patientensicht

Welche Informationen Patienten in ihrer individuellen Situation benötigen, ist sehr unterschiedlich. Es kann nicht davon ausgegangen werden, dass alle Patienten mit der gleichen Erkrankung den gleichen Informationsbedarf haben. Faktoren, die den individuellen Bedarf beeinflussen, sind etwa Alter und Geschlecht, der Bildungsstand, das Krankheitsstadium oder die Tatsache inwieweit Patienten an der Behandlungsentscheidung beteiligt sein wollen.[97] Eine Pilotstudie zeigt zudem, dass Patienten mit einem niedrigen Bildungsgrad und geringen ökonomischen Ressourcen einen besonderen Informationsbedarf haben.[98]

---

96 Ose 2008:265ff
97 Berendsen et al. 2010:104; Pecchioni, Sparks 2007:143; Pinquart, Duberstein 2004:69
98 Schaeffer 2006:16

Trotz aller Unterschiede können sich auch Gemeinsamkeiten zeigen lassen. Der Vergleich systematischer Reviews zum Informationsbedarf von Patienten mit unterschiedlichen Erkrankungen zeigt, dass im Kontext der Krankenhausbehandlung insbesondere Informationen zu Behandlungsmethoden und Alternativen sowie zur Prognose für alle Patientengruppen relevant sind. Aber auch Informationen zu psychosozialen Konsequenzen, Krankheitsbewältigung oder möglichen Unterstützungsangeboten haben eine große Bedeutung (vgl. Tab. 3).[99]

Kategorie	Thema
Diagnose	Diagnostische Tests
	Krankheitsstadium und Prognose
Behandlung	Behandlungsmethoden und Behandlungsalternativen
	Medikamente und mögliche Nebenwirkungen
Krankenhausaufenthalt	Behandlungsverlauf und Zeitplan
	Ansprechpartner intern / extern
Krankheitsbewältigung	Psychosoziale Konsequenzen und Unterstützung
	Umgang mit Angst und Leben mit Unsicherheit
Weiterversorgung	Vorbereitung und Organisation häuslicher Pflege
	Unterstützungsangebote und Selbsthilfegruppen
Familie	Konsequenzen für die Alltagsorganisation
	Psychosoziale Konsequenzen für die Familie
Partner	Konsequenzen für die Beziehung
	Umgang mit Sexualität

Tabelle 3: Informationsbedarf von Patienten und Angehörigen[100]

Beachtet werden muss darüber hinaus, dass sich der Informationsbedarf im Verlauf der Krankenhausbehandlung verändert. Während zu Beginn eher Informationen zu Folgen der Erkrankung und den anstehenden Untersuchungen relevant sind, interessieren sich Patienten am Ende der Krankenhausbehandlung eher für die Prognose und die nachstationäre Weiterversorgung.[101] Ältere und chronisch kranke Menschen haben zudem beim Übergang von der stationären zur häuslichen Versorgung einen hohen Informations- und Unterstützungsbedarf.[102]

Eiff et al. (2000) unterscheiden fünf Phasen des Krankenhausaufenthalts mit einem jeweils spezifischen Informationsbedarf. Nach diesem Model stehen

---

99 vgl. Rutten et al. 2005; Scott, Thompson 2003; Ziegler et al. 2004
100 Ausgewählte Aspekte; vgl. Rutten et al. 2005; Scott, Thompson 2003; Ziegler et al. 2004
101 Raspe 1983:33
102 Cawthra 1999:97; Hughes et al. 2000:25

für den Patienten in einer ersten „Informationsphase" vor dem Krankenhausaufenthalt medizinische Sachverhalte und die Auswahl einer Einrichtung im Vordergrund. In der sich anschließenden „Vorbereitungsphase" sind besonders Informationen zur Erreichbarkeit oder Aufnahme relevant. Mit Beginn der Krankenhausbehandlung und der damit verbundenen „Orientierungsphase" stehen nun Informationen zum Behandlungsverlauf im Vordergrund. Zum Ende der Behandlung oder nach der Entlassung sind in der „Weiterleitungs- bzw. Nachbetreuungsphase" Informationen zur weiteren Versorgung wichtig (vgl. Abb. 11).[103]

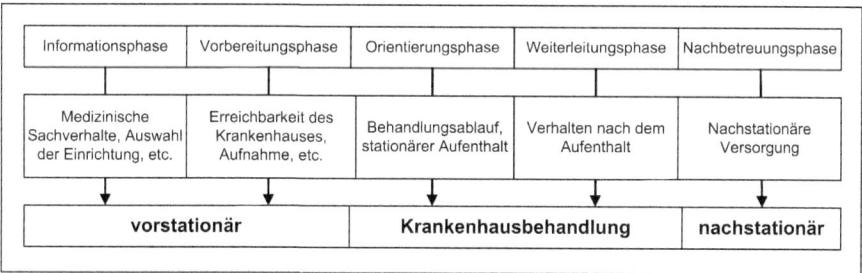

Abbildung 11: Phasen und Informationsbedarf aus Patientensicht[104]

Während zum Informationsbedarf von Patienten zahlreiche Studien vorliegen, wurden Angehörige bisher weniger betrachtet. Die vorhandenen Ergebnisse zeigen jedoch, dass sich der Informationsbedarf von Patienten und Angehörigen weniger in der thematischen Auswahl, sondern eher in der Schwerpunktsetzung unterscheidet. So sind Angehörigen Informationen zur Versorgungsorganisation oftmals wichtiger als medizinische Informationen.[105]

6.2   Kontexte und Angebote

Der Begriff Patienteninformation wird im Zusammenhang mit der Krankenhausversorgung vielfältig verwendet. Das Spektrum reicht vom Lageplan einer Klinik bis hin zu evidenzbasierten Entscheidungshilfen. In Abhängigkeit vom Gegenstand der Betrachtung kann in sehr unterschiedlichen Situationen von Patienteninformation gesprochen werden.

---

103 Eiff et al. 2000:42f
104 In Anlehnung an Eiff et al. 2000
105 Adams, Boulton, Watson 2009:179ff

Die wichtigsten Ansprechpartner für Informationen während des Krankenhausaufenthaltes sind die behandelnden Ärzte. Diese informieren im Rahmen
ihrer Aufklärungspflicht die Patienten über Diagnosen, den Verlauf der Behandlung und mögliche Risiken. Damit ist die Aufklärung ein wichtiger Bestandteil
der partizipativen Entscheidungsfindung („shared decision making") und Voraussetzung für das informierte Einverständnis („informed consent") des Patienten.[106]
     Aufklärungsgespräche müssen in Deutschland immer von einem Arzt geführt
werden. Auch Informationen von Dritten, etwa von Pflegenden, können diese
aufklärende Funktion nicht ersetzen. Das gilt auch für die Aufklärung vor pflegerischen Maßnahmen, wie z. B. bei der Wundversorgung oder präventiven Maßnahmen. Zudem müssen alle Informationen in einem persönlichen Gespräch
vermittelt werden. Vorformulierte Einwilligungserklärungen, die der Patient
unterschreibt, ohne mit dem Arzt zu sprechen, sind rechtlich unwirksam.[106]
     Auch wenn die Aufklärung des Patienten immer von Ärzten durch-
geführt werden muss, dürfen auch Pflegende und andere an der Behandlung
beteiligte Gesundheitsberufe Fragen des Patienten zu seiner Erkrankung und zu
medizinischen Maßnahmen beantworten. Allerdings darf mit der Beantwortung
der Fragen der Inhalt der bereits erfolgten Aufklärung nicht verändert werden.[107]
     Insbesondere für Pflegende ist die Kommunikation und Beziehungsarbeit mit
Patienten und Angehörigen wichtiger Bestandteil des beruflichen Selbstverständ-
nisses und integraler Bestandteil der täglichen Arbeit. Pflegende sind den
Patienten im Verlauf der Krankenhausbehandlung am nächsten und haben
durch die unmittelbare Patienteninteraktion in ihrer Tätigkeit Einblick in die
individuellen Problemlagen der Patienten. Pflegende sind daher für Patienten und
Angehörige ein wichtiger Ansprechpartner für ergänzende Fragen zur Behandlung, dem Krankenhausaufenthalt oder der weiteren Versorgung.[108]
     Zudem hat sich die Pflege in den letzten Jahren Handlungsfelder zur
beratenden oder unterstützenden Versorgung erschlossen. Abhängig von der
jeweiligen Erkrankung werden im Behandlungsverlauf beispielsweise Kontinenz-
beratung oder Asthmaschulungen angeboten.[109] Speziell am Übergang zwischen
stationärer und ambulanter Versorgung hat sich an vielen Krankenhäusern eine
„Pflegeüberleitung" etabliert. Dieses Angebot von Pflegenden richtet sich an
Patienten und Angehörige und unterstützt durch Information und Beratung die
pflegebezogene Weiterversorgung in der häuslichen Umgebung.[110]

---

106 Wiesing et al. 2008:1f
107 Wiesing et al. 2008:5
108 Harking 2005:68; Bartholomeyczik 2007:142f
109 Müller-Mundt et al. 2000:46
110 Brüggemann, Osterbrink, Benkenstein 2002:81f

Auch der Sozialdienst übernimmt eine unterstützende Funktion an der Schnittstelle zwischen Krankenhaus- und Weiterversorgung und ist ein wichtiger Ansprechpartner für Patienten und Angehörige. Insbesondere die Information und Beratung zu finanziellen Hilfen und die Beantragung von Leistungen zur medizinischen Rehabilitation sind wichtige Leistungen des Sozialdienstes. Zudem unterstützt der Sozialdienst Angehörige bei dem Kontakt mit Pflegeeinrichtungen oder der Vermittlung von weiterführenden Beratungsangeboten.[111]

An vielen Fachabteilungen gibt es zudem erkrankungsspezifische Beratungsangebote. Das Spektrum und die Inhalte entsprechen der zugrundeliegenden Erkrankung. Häufig werden Schulungen für Patienten mit Diabetes oder anderen chronischen Krankheiten angeboten.[112] Aber auch Diät- oder Ernährungsberatung wird an fast allen Krankenhäusern vorgehalten.[113] Hinzu kommen psychosoziale Unterstützungsangebote (etwa in der Onkologie) und Angebote der Seelsorge.[114]

Bei allen bisher vorgestellten Kontexten und Angeboten von Patienteninformation wurden Informationen vorrangig mündlich vermittelt. Daneben existieren im Verlauf der Krankenhausbehandlung zahlreiche Kontexte und Angebote der schriftlichen Patienteninformation. Auf der Ebene des Krankenhauses haben in diesem Zusammenhang die Qualitätsberichte eine besondere Bedeutung. Seit dem Jahr 2005 sind alle Krankenhäuser in Deutschland verpflichtet, darüber zu berichten, was sie tun und wie gut sie es tun. Diese sogenannten „strukturierten Qualitätsberichte" sollen für Patienten verständlich formuliert sein.[115] Zudem haben alle Krankenhäuser eine Imagebroschüre, in der ihre Leistungen vorgestellt werden.[116] Ergänzt werden diese Informationen auf der Krankenhauswebsite um ausführliche Informationen zu Mitarbeitern oder weiterführenden Informationen zu Krankheiten und Behandlungsmethoden.[117]

Zusätzlich zu diesen Informationen auf Ebene des Krankenhauses werden von Fachabteilungen häufig weiterführende Informationen vorgehalten. So existieren für viele medizinische Einrichtungen separate Beschreibungen (oftmals als Flyer) des Leistungsspektrums, einzelner Angebote oder Informationen zum Behandlungsverlauf. Ergänzt wird das Angebot auf der Ebene der Fachabteilungen durch zahlreiche schriftliche Informationen zu spezifischen Informations- und Beratungsangeboten oder Veranstaltungsankündigungen.[118]

---

111 Weber 2007:5f
112 Melchart 2007: 283ff; vgl. Petermann 1997
113 Suchner et al. 2000:678
114 Allwinn, Schneider-Harpprecht, Skarke 2005:223ff
115 vgl. Friedemann, Schubert, Schwappach 2009
116 Lüttecke 2004:103; vgl. Papenhoff, Platzköster 2010
117 vgl. Schlüchtermann, Sibbel, Prill 2002
118 Lüttecke 2004:105; vgl. Lüthy, Buchmann 2009

Auf der Ebene des direkten Arzt-Patienten-Kontaktes haben zunehmend sogenannte „decision aids" eine große Bedeutung. Diese besondere Form schriftlicher Informationen soll Patienten unterstützen, eine abwägende Entscheidung für oder gegen eine Behandlung zu treffen. Damit sind „decision aids" eine wichtige Voraussetzung für „shared decision making" und „informed consent".[119]

6.3   Bedeutung im Behandlungsverlauf

Wie im letzten Abschnitt gezeigt, existieren im Verlauf der Krankenhausbehandlung in zahlreichen Kontexten sehr unterschiedliche Angebote zur Patienteninformation. Allerdings ist es sehr schwierig, diese einzeln zu betrachten. Ursächlich dafür ist etwa, dass viele dieser Angebote sich stark überschneiden, selten (überprüfbare) Ziele definiert werden und insgesamt das Angebot zur Patienteninformation sehr stark von dem jeweiligen Krankenhaus abhängig ist. Dennoch existiert speziell in der englischsprachigen Literatur eine intensive Auseinandersetzung zur Bedeutung von Patienteninformationen im Verlauf der Krankenhausbehandlung. Diese thematisiert Aspekte, wie den Einfluss von Informationen im Rahmen der gemeinsamen Therapieentscheidung, die Compliance und Zufriedenheit der Patienten oder psychosoziale Outcomes.

Ausführlich wurde beispielsweise der Einfluss von Patienteninformationen auf die Therapienentscheidung untersucht. In zahlreichen Studien konnte gezeigt werden, dass Patienten schriftliche Informationen nutzen, um informierte Entscheidungen zu treffen.[120] Ashraff et al. (2006) zeigen in einem RCT (randomised controlled trial), dass schriftliche Patienteninformationen auch die gemeinsame Entscheidungsfindung unterstützen und die Kommunikation zwischen Arzt und Patient verbessern können.[121] Zudem haben schriftliche Informationen insbesondere zur Vorbereitung einer Operation für Patienten eine große Bedeutung.[122]

Gute Studien existieren auch zur Bedeutung von schriftlichen Patienteninformationen für die Compliance bei der Einnahme von Medikamenten. In verschiedenen Arbeiten wurde gezeigt, dass schriftliche Informationen zur medikamentösen Therapie aus der Perspektive des Patienten sehr wichtig sind.[123] In Bezug auf die Auswirkungen auf die Compliance der Patienten zeigen die Studien jedoch kein einheitliches Bild. Zwar konnten Horwitz et al. (2009) zeigen, dass die Beschreibung von Nebenwirkungen das Einnahmeverhalten der Patienten verändert und die Compliance verbessert. Allerdings haben schriftliche

---

119 Klemperer, Rosenwirth 2005:5
120 Kerridge et al. 1999:539; Iconomou et al. 2001:591; Rees, Sheard, Echlin 2003:257
121 Ashraff et al. 2006:139
122 Rittersma 1989:278; Edwards 1990:463

Informationen in der Studie von Vinker et al. (2007) nur einen geringen und bei O'Gorman et al. (2009) keinen Effekt auf die Compliance von Patienten.[123]

Auch der Einfluss von schriftlichen Patienteninformationen auf psychosoziale Aspekte wurde häufig untersucht. Zahlreiche Studien zeigen, dass die Vermittlung von schriftlichen Patienteninformationen Angst und Stress im Verlauf der Krankenhausbehandlung reduzieren und das psychische Wohlbefinden steigern können.[124] Auf der anderen Seite zeigen Ching et al. (2007), dass eine inadäquate schriftliche Patienteninformation mit geringerer Lebensqualität verbunden sein kann.[125] Zudem wird mit der Studie von Veenstra et al. (2006) deutlich, dass positive Erfahrungen mit der Information im Krankenhaus eine wichtige Voraussetzung für die individuelle Krankheitsbewältigung sind.[126]

Sehr gut untersucht ist auch der Zusammenhang zwischen der Weitergabe von Informationen und der Patientenzufriedenheit. Eine deutsche Untersuchung bei 5100 Patienten aus 26 Akutkrankenhäusern zeigt, dass die Information der Patienten bei der Aufnahme, der Übergabe und vor Beginn der Behandlung der wichtigste Faktor für die Patientenzufriedenheit ist. Statistisch lassen sich 44 Prozent der Zufriedenheit mit der Information im Behandlungsverlauf erklären. Demgegenüber wirkt sich die medizinische und pflegerische Qualität nur wenig auf die Zufriedenheit aus. Diese wird als selbstverständlich vorausgesetzt.[127] Kabakian-Khasholian, Campbell (2007) zeigen zudem, dass Informationen nicht nur einen Einfluss auf die Patientenzufriedenheit, sondern auch auf die Inanspruchnahme der Nachsorge hat.[128] Insgesamt scheint Patientenzufriedenheit einen moderierenden Einfluss auf gesundheitsbezogene Ergebnisse zu haben und ein wichtiger Prädiktor für gesundheitsbezogenes Verhalten zu sein. Verschiedene Studien zeigen, dass Patientenzufriedenheit die Einhaltung vereinbarter Behandlungspläne oder psychosoziale Outcomes positiv beeinflusst.[129]

6.4 Herausforderungen

Herausforderungen zur Weiterentwicklung der Patienteninformation werden in der Literatur über den gesamten Verlauf der Behandlung diskutiert. So zeigen Erfahrungen, dass zum Beginn des Krankenhausaufenthaltes zwar umfangreich

---

123 vgl. Horwitz et al. 2009; Vinker et al. 2007; O'Gorman et al. 2009
124 vgl. Gates, Weaver 1993; Stewart et al. 1993; Howells et al. 1999; Booth et al. 2005
125 Ching et al. 2007:373
126 Veenstra et al. 2006:967
127 Born 2001:276
128 Kabakian-Khasholian, Campbell 2007:793
129 vgl. Weaver et al. 1997; McCracken et al. 1997, Hart et al. 2008; Martinez et al. 2009

über Fernsehprogramme und Telefonanlagen, aber nur unzureichend über den Ablauf der Behandlung informiert wird. Für viele Patienten bleibt damit unklar, was sie während des Klinikaufenthaltes erwartet.[130]

Erhebliche Informations- und Kommunikationsdefizite bestehen auch im Gespräch über die Diagnose. Schaeffer (2006) stellt dazu fest, dass die Mitteilung der Diagnose oftmals weniger durch „sensible Verständigung mit den Patienten und Angehörigen", sondern durch „hilflose Nicht-Kommunikation" gekennzeichnet ist.[131] Aber auch wenn Gespräche stattfinden, ist nicht klar, ob diese dem Patienten auch tatsächlich weiterhelfen. Nicht selten haben Ärzte Schwierigkeiten, Informationen und Wissen zu vermitteln. Insbesondere die Berücksichtigung individueller Bedürfnisse und (intellektueller) Fähigkeiten stellt sie vor große Herausforderungen.[132] Diese Tatsache hat auch Konsequenzen für die gemeinsame Behandlungsentscheidung. Nicht selten überschätzen Ärzte den Wert der vermittelten Informationen und den Grad der Einbeziehung des Patienten in die Behandlungsentscheidung. Tatsächlich wünscht der Großteil der Patienten mehr Informationen und mehr Einbeziehung.[133] Trotz langjähriger Diskussionen über Shared Decision Making scheint die partizipative Einbeziehung des Patienten nicht immer Realität zu sein.[131]

Eine Untersuchung von Eltern rheumakranker Kinder nach der Aufklärung zeigt, dass 80 % der Befragten noch weitere Informationsbedürfnisse hatten.[134] Eine Ursache dafür ist, dass die medizinische Aufklärung primär krankheits- und körperbezogen ist und Aspekte des Lebens mit der Erkrankung weitestgehend ausblendet. Der Wunsch, umfassend über die Erkrankung und deren Auswirkungen informiert zu werden, ist bei vielen Patienten sehr groß.[135]

Aber auch im weiteren Behandlungsverlauf ergänzende Informationen von Pflegenden zu erhalten, ist oftmals schwierig. Damit Pflegende den Patienten angemessen informieren können, müssen sie wissen, was im Rahmen der Aufklärung mit dem Arzt besprochen wurde. Allerdings ist dies nur selten der Fall. Ursächlich dafür ist in erster Linie die strenge Arbeits- und Aufgabenteilung zwischen Ärzten und Pflegenden. Diese ermöglicht bis heute nur in Ansätzen ein gemeinsames Arbeiten. Der notwendige Austausch über den Grad der Informiertheit der Patienten bleibt dadurch oftmals dem Zufall überlassen.[136] Mit der unzureichenden Kenntnis, zu welchen Themen der Patient Informationen erhalten

130 Abt-Zegelin, Adler 2007:1074; Suhonen 2005:1174
131 Schaeffer 2006:19
132 Schlömer-Doll, Doll 2000:A3076ff
133 Coulter, Jenkinson 2005:355; Schoen et al. 2007
134 Ullrich et al. 2003:34
135 Risse 1999:20ff
136 Luderer, Behrens 2005:21

hat, ist nicht nur bei Pflegenden, sondern auch bei Ärzten Unsicherheit im Umgang mit dem Patienten verbunden. Während Pflegende Patienten mit den Worten „Fragen Sie den Arzt, ich darf Ihnen dazu nichts sagen..." begegnen, versuchen Ärzte häufig, durch Vortäuschen besonderer Eile, Gespräche zu vermeiden.[137]

Durch eine verkürzte Liegedauer und gestiegene Fallzahlen hat sich diese Situation noch verschlechtert. In vielen Krankenhäusern wird heute bei gleichem oder verringertem Personalschlüssel ein höherer Arbeitsanfall bewältigt. Der dadurch entstehende Zeitdruck führt auch zu einem Qualitätsverlust der Aufklärungsgespräche. Zudem erhöht die Zeitknappheit die bestehenden Anreize zur Informationsvorenthaltung, da Patienten aus Respekt oder Verständnis für die Überlastung von Ärzten und Pflegenden weniger Fragen stellen.[138]

Zwar wurde in den letzten Jahren das Informations- und Beratungsangebot am Krankenhaus weiterentwickelt. Allerdings fehlen bis heute koordinierende Strukturen, welche den Patienten eine situationsgerechte Zugänglichkeit ermöglichen. Insbesondere Angehörige und Besucher sind oftmals über die Information im Krankenhaus enttäuscht und wünschen sich einen leichteren Zugang.[139] Dies gilt auch für die Entlassung aus dem Krankenhaus. Am Ende der stationären Versorgung benötigen etwa chronisch Kranke und deren Angehörige zahlreiche Informationen und Unterstützung in Fragen der Alltagsbewältigung. Bestehende Angebote wie z.B. Pflegeüberleitung oder Beratung durch den Sozialdienst greifen jedoch oftmals nur bei Patienten, die in eine Rehabilitationseinrichtung gehen oder pflegebedürftig im Sinne des SGB XI sind.[140]

Mit Blick auf diese und andere Probleme haben schriftlichen Patienteninformationen in letzter Zeit an Bedeutung gewonnen und werden heute als wichtiger Bestandteil der Krankenhausversorgung angesehen.[141] Damit diese aber auch verstanden werden, müssen sie relevant und entsprechend den individuellen Bedürfnissen von Patienten und Angehörigen aufbereitet sein.[142] Dies ist sehr oft nicht der Fall. Kritisiert wird etwa, dass schriftliche Informationen in Bezug auf Sprache, Inhalte und Gestaltung nicht immer den Anforderungen von Patienten entsprechen.[143] Demzufolge sind viele Patienten und Angehörige nicht in der Lage, diese zu nutzen.[144] Dies gilt speziell für ältere Menschen.[145]

---

137 Luderer, Behrens 2005:22
138 Kuhlmann 1999: 156
139 Philipp et al. 1990:10, Sandford 2003
140 Abt-Zegelin, Adler 2007:1074
141 Sheard, Garrud 2005:43; Mühlhauser, Berger 2000:827
142 Coulter et al. 1999:38
143 Maat, Lentz 2009:113; Nicholls et al. 2009:566
144 Shaw et al. 2009:114
145 Chubaty et al. 2009:441; Petterson et al. 1994:113; Rees, Ford, Sheard 2003:270

An deutschen Krankenhäusern gibt es bisher wenige Untersuchungen zur
Qualität und Verfügbarkeit von schriftlichen Patienteninformationen. Eine Pilot-
studie zeigt jedoch, dass Broschüren und Informationsblätter unterschiedlicher
Anbieter im Krankenhaus verfügbar sind, deren Qualität allerdings stark variiert.
So zeigte die Analyse aller schriftlichen Informationsangebote in diesem
Krankenhaus, dass neben ansprechenden Flyern oder Broschüren die Mehrzahl
Defizite in Bezug auf Inhalt und Gestaltung aufwiesen.[146]

Eine Ursache dafür ist, dass bis heute häufig keine klaren Zuständigkeiten für
schriftliche Patienteninformationen im Krankenhaus existieren. Zwar ist die
Verantwortung dafür in vielen Häusern dem Bereich Öffentlichkeitsarbeit
zugeordnet. Dieser ist jedoch oft unterbesetzt oder muss fachfremde Aufgaben
übernehmen. Nicht selten werden die Bereiche Marketing, Öffentlichkeitsarbeit,
Beschwerdemanagement und Patientenfürsprecher in einer Stelle zusammen-
gefasst. Da die Besetzung oft intern erfolgt, haben diese Mitarbeiter zudem wenig
Erfahrung und Motivation.[147] In der Konsequenz ist damit verbunden, dass viele
Krankenhäuser zwar eine gemeinsame Imagebroschüre haben, schriftliche
Informationen für Patienten und Angehörige aber oftmals von jeder Fach-
abteilung selbständig entwickelt werden. Damit sind zahlreiche Probleme, wie
Qualitätsdefizite, eingeschränkte Aktualität oder Doppelaufwand verbunden.[148]

---

146 Schenk 2006
147 Lüttecke 2004:34f
148 Kantz et al. 1998:114f

7 Internationale Erfahrungen

7.1 Überblick und Entwicklungslinien

Anfang der 1980er Jahre entstanden an Krankenhäusern in den USA die ersten „Patient Learning Center".[149] Ziel dieser von Pflegenden geleiteten Einrichtungen war es, krankheits- und gesundheitsrelevante Informationen zur Verfügung zu stellen. Dazu wurden in speziellen Räumlichkeiten des Krankenhauses umfangreiche Informationsmaterialien, wie etwa Broschüren, Bücher oder Lernmaterial zum Selbststudium, zur Verfügung gestellt. Entsprechend der Ausrichtung als Lernzentrum sollten mit speziellen Angeboten zur Patienten- und Familienedukation Patienten und Angehörigen Fähigkeiten vermittelt werden, die nach der Entlassung relevant sind.[150]

Weitere Impulse zur Entwicklung von Patienten-Informations-Zentren in den USA kamen mit dem Bedeutungsgewinn von „Consumer Health Information"[151] zu Beginn der 1990er Jahre. Nun waren speziell Krankenhausbibliotheken gefragt, Strategien zu entwickeln, welche dem veränderten Informationsbedarf der Patienten und Bürger entsprechen.[152] Allerdings sind Krankenhausbibliotheken in den USA historisch betrachtet darauf ausgerichtet gewesen, Mitarbeitern (insbesondere Ärzten und Pflegenden) medizinische Informationen zur Verfügung zu stellen. Entsprechend waren verfügbare Literatur und Organisationsstrukturen zu dieser Zeit nicht an den Anforderungen der Patienten oder ihrer Angehörigen ausgerichtet. Speziell Informationen zu gesundheits- und versorgungsrelevanten Aspekten wurde lange Zeit nicht vorgehalten.[154] Dies ändert sich mit der Neuausrichtung der Krankenhausbibliotheken im Verlauf der 1990er Jahre. Die Bibliotheken positionieren sich nun als „Health Information Professionals" und wollen eine zentrale Rolle im Informationsmanagement übernehmen. Folgende Aufgaben sehen diese dabei als Bestandteile ihrer Arbeit:

---

149 Hansen, Talab 1983:21
150 Goldstein 1991: 177
151 Während „Patient Education" in der US-amerikanischen Literatur lange Zeit im Verständnis von Gesundheitserziehung diskutiert wird, zielen Ansätze von „Consumer Health Information" auf die Befähigung (Empowerment) von Patienten und Bürger. In der deutschsprachigen Literatur ist diese Unterscheidung nicht üblich.
152 Calabretta 1996:13

- Entwicklung / Vorhaltung gesundheitsrelevanter Informationen
- Recherche evidenzbasierter Literatur; Gewährleistung von Zugang, Verteilung
- Sensibilisierung der Mitarbeiter für Bedürfnisse von Patienten, Angehörigen
- Unterstützung von Projekten zur Qualitätsverbesserung, Prozessoptimierung
- Unterstützung des Patienten-Selbstmanagements[153]

Vor dem Hintergrund dieser Situation wurden von Krankenhausbibliotheken in den USA Ansätze entwickelt, mit denen die berufgruppenübergreifende Zusammenarbeit gestärkt, bestehende Informationsangebote koordiniert und der Zugang für Patienten und Angehörige verbessert werden soll. Im Verlauf dieser Entwicklung entstehen nun auch Patienten-Informations-Zentren auf Initiative der Krankenhausbibliotheken. Gefördert wird diese Entwicklung dadurch, dass diese zunehmend als wichtiges Marketinginstrument erkannt werden.[154]

Methodisch betrachtet werden diese Zentren nicht im Kontext von Patientenedukation diskutiert, sondern sind in ihrem Selbstverständnis eher Angebote im Rahmen von „Consumer Health Information". Diese Abgrenzung ist allerdings sehr unscharf. Deutlich wird dies auch durch die heterogene Namensgebung. So sind neben der Bezeichnung „Patient Learning Center"[155] auch „Health Education Center"[156], „Consumer Health Information Center"[157], „Health Information Center"[158] oder „Consumer Health Library"[159] gebräuchliche Begriffe.

Aber auch außerhalb der USA haben sich in den letzten 30 Jahren Patienten-Informations-Zentren an Krankenhäusern etabliert. So zeigt eine Studie aus Neuseeland, dass hier etwa jedes vierte Krankenhaus ein „Library and Information Centre" (LIC) vorhält. Allerdings existiert auch bei diesen eine große Spannweite in Bezug auf die inhaltliche Ausrichtung, strukturelle Rahmenbedingungen oder organisatorische Einbindung im Krankenhaus. Zudem variiert die Namensgebung ähnlich wie bei US-amerikanischen Zentren. So finden sich Bezeichnungen wie „Consumer Health Information", „Ressource Room" oder „The Library".[160] Ähnlichkeiten bestehen demgegenüber beim Angebot an Informationsmedien. Bücher und Broschüren finden sich in fast allen Einrichtungen. Einen thematischen Schwerpunkt bilden dabei pflegebezogene Themen. Zudem unterstützen viele Einrichtungen auch die Koordination weiterer Angebote. So werden Patienten bei Bedarf an Selbsthilfegruppen, Ärzte oder Bibliotheken vermittelt.[160]

---

153 CAPHIS 1996; Collins, Sasser 1998:65
154 Humphries, Kochi 1994:52ff
155 Goldstein 1991:177; Lee 1989:74
156 Humphries, Kochi 1994:54
157 Kennedy, Kiken, Shipman 2008:42
158 Knapp 2006:562; Eisenstein, Faust 1986:63
159 Kantz et al. 1998:11
160 Oliver, Bidwell 2001:87ff

Patienten-Informations-Zentren gibt es auch in Australien. Allerdings existiert hier lediglich an sechs Krankenhäusern eine Patientenbibliothek oder ein Informationszentrum. Ähnlich wie in Neuseeland stellen diese Einrichtungen Bücher und Broschüren zu vielfältigen Themen zur Verfügung. Allerdings bestehen zwischen den Zentren große Unterschiede im inhaltlichen Konzept und der Mitarbeiterausstattung. Zudem können die meisten Zentren nur durch Patienten oder Angehörige in Anspruch genommen werden. [161]

Auch in Europa bestehen seit Ende der 1990er Jahre Bemühungen, Patienten den Zugang zu Informationen im Krankenhaus zu erleichtern. So existiert im Nationalen Institut für Tumorerkrankungen in Italien eine „Cancer Information Section" in der Patientenbibliothek. Bis heute nutzen 20 Informations-Zentren in Italien dieses Model. [162] Aus anderen europäischen Ländern existieren bisher keine Erfahrungen in der wissenschaftlichen Literatur.

Insgesamt zeigt die Recherche, dass bis heute die meisten Erfahrungen mit Patienten-Informations-Zentren an US-amerikanischen Krankenhäusern bestehen. Dort haben sich in den letzten 30 Jahren zahlreiche Zentren mit sehr unterschiedlicher Ausprägung etabliert. Je nach Kontext und Entstehungshistorie haben diese andere Schwerpunkte und Organisationsstrukturen. Eine klare methodische Zuordnung ist oftmals nicht möglich. Dennoch werden diese als wichtiges Element der Patientenorientierung in modernen Managementkonzepten gesehen. [163] Drei Beispiele werden nachfolgend exemplarisch betrachtet.

7.2 Beth Israel Deaconess Hospital Learning Center

Am Beth Israel Hospital (heute Beth Israel Deaconess Medical Center) eröffnete 1996 das multidisziplinäre „Beth Israel Deaconess Learning Center". Ziel dieses durch Pflegende geleiteten Zentrums ist es, Patienten und Angehörige zu befähigen, ihre Gesundheit aufrecht zu erhalten und mit Krankheit besser umgehen zu können. Durch eine enge Verzahnung mit den medizinischen Fachabteilungen des Krankenhauses soll zudem die Kontinuität der Versorgung, an der Schnittstelle zwischen stationärer und ambulanter Versorgung, verbessert werden.

Ein wichtiger Grundgedanke dabei ist die Einbeziehung von Angehörigen. Durch deren gezielte Information und Schulung soll die Versorgung der Patienten nach der Entlassung sichergestellt werden. Im Einzelnen sollen mit dem Learning Center folgende Ziele erreicht werden:

---

161 Glockner 2001:156ff
162 Truccolo et al. 2006:206
163 vgl. Knapp 2006:556

- Patienten und deren Familien helfen, Krankheiten und ihre Behandlung besser zu verstehen und aktive Partner der Gesundheitsversorgung zu werden
- Patienten und Angehörigen Informationen und die notwendige Unterstützung bereitstellen, um eine gesunde Lebensweise zu ermöglichen
- Den Übergang vom Krankenhaus nach Hause erleichtern, indem Patienten und Angehörigen die notwendigen Fähigkeiten vermittelt werden.
- Um diese Ziele zu erreichen, werden im Learning Center Service-Module vorgehalten. Wesentliche Module des "Learning Centers" sind die „Health Information Library" und das "Health Education for Living" Programm.[164]

Das "Health Education for Living" Programm ist ein Angebot zur Patientenedukation, das auf unterschiedlichen Ebenen ansetzt. Neben einem umfangreichen Angebot an multimedialen Inhalten zum Selbststudium werden Patienten und Angehörigen im „Lernlabor" relevante Fähigkeiten vermittelt. Dies beinhaltet etwa die Versorgung von Wunden und Drainagen oder das Verabreichen einer subkutanen Injektion. Neben individuellen Schulungen von Patienten und Angehörigen werden im Lernlabor auch Gruppenschulungen angeboten. Alle edukativen Tätigkeiten werden durch Pflegende aus unterschiedlichen klinischen Abteilungen durchgeführt (vgl. Tab. 4).[164]

Unterrichtsmodule	
Blutdruck und Puls überwachen	Grundlagen häuslicher Pflege
Verabreichen einer subkutanen Injektion	Unterstützung des Stillens
Überwachung des Blutzuckers	Pflege des gesunden Neugeborenen
Versorgung von Wunden und Drainagen	Postpartale Pflege der Mutter

Tabelle 4: Angebote des Lernlabors für Patienten und Angehörige[164]

Zusätzlich zu diesen Angeboten ist mit dem "Health Education for Living" Programm auch ein Dienst zur Unterstützung der Fachabteilungen bei der Entwicklung von schriftlichen Informationsmaterialien verbunden. Dadurch sollen die einzelnen klinischen Bereiche entlastet und die Qualität der Informationsangebote verbessert werden.[164] Ein zweites wesentliches Element des Beth Israel Deaconess Learning Centers ist die sogenannte „Health Information Library". Diese multimedial ausgestattete Bibliothek in den Räumen des Krankenhauses ermöglicht Patienten und Familien, aber auch Bürgern der Region, freien Zugang zu gesundheits- und behandlungsrelevanten Büchern, Videokassetten, Online-Datenbanken und Informationsbroschüren. Diese werden nach telefonischer Bestellung auch an

---

164 Kantz et al. 1998:11ff

interessierte Bürger verschickt. Für Patienten des Krankenhauses, die nicht in die Bibliothek kommen können, werden zudem individuelle Informationspakete zusammengestellt und am Krankenbett zur Verfügung gestellt (vgl. Abb. 5).[164]

Bibliothek
Zugang zum Internet sowie zu Medizin- und Gesundheitsdatenbanken
Bücher und Videos zu medizinischen und gesundheitsbezogenen Themen
Katalogisierung aller Medien der Library of Congress
Dienstleistungen und Service
Kostenloses Fotokopieren von Materialien der Bücherei
Versenden von Informationen nach telefonischen Anfragen
Öffnungszeiten: 5 Tage in der Woche und an einem Abend
Spezielle Informationspakete für Patienten des Krankenhauses
Struktur und Betrieb
Unterstützung von Recherchen durch geschulte freiwillige Helfer
Mitarbeiter (Pflegende, Bibliothekar) für weiterführende Recherchen
Ausstattung: Bibliothek, Leseraum, Fernseher, Konferenzzimmer

Tabelle 5: Health Information Library[164]

7.3 Crouse Hospital Information Services

Ausgehend von dem gleichen Ziel, den Zugang zu Informationen zu verbessern und die Entwicklung von Fähigkeiten zu unterstützen, wurde am Crouse Hospital New York ein anderer Ansatz entwickelt. Im Gegensatz zum Beth Israel Deaconess Medical Center steht nicht eine zentrale Organisationseinheit, wie z.B. ein Learning Center, sondern die Kommunikation zwischen den beteiligten Akteuren im Vordergrund. Grundgedanke dieses Managementkonzeptes ist, dass wenn die Kommunikation zwischen Berufsgruppen und Angeboten funktioniert, auch der Zugang zu Informationen und edukativen Angeboten gewährleistet ist.[165]

Auch wenn an der Entwicklung und Umsetzung dieses Konzeptes alle Berufsgruppen beteiligt waren, haben insbesondere die Mitarbeiter der Krankenhausbibliothek (im Unterschied zum Beth Israel Deaconess Learning Center) einen maßgeblichen Einfluss. Getragen durch den beschriebenen Bedeutungsgewinn der Bibliotheken im Kontext von Consumer Health Information wird auch das Angebot der Krankenhausbibliothek am Crouse Hospital im Verlauf der Konzeptrealisierung deutlich umstrukturiert. Damit verbunden ist eine stärkere

---

165 Tarby, Hogan 1997:158ff

Ausrichtung auf die Informationsbedürfnisse von Patienten, Angehörigen und
Mitarbeitern und die Einrichtung eines „in-house ressource centers".[165]
   In diesem durch Mitarbeiter der Bibliothek geleiteten Zentrum werden neben
Fachliteratur auch Bücher und andere Informationsmedien in allgemeinverständ-
licher Sprache vorgehalten. Dies beinhaltet etwa Literatur zu ausgewählten
Erkrankungen, diagnostischen und therapeutischen Verfahren, Anatomie und
Physiologie. Aber auch Informationen zur Bewältigung von (chronischen)
Krankheiten, häuslicher Pflege oder Palliativversorgung finden sich im Zentrum.
Zudem wurde eine Datenbank mit regionalen Selbsthilfegruppen eingerichtet und
der Zugang zu Gesundheitsinformationen im Internet sichergestellt.[165] Insgesamt
ist das „in-house ressource center" aber nur ein Element eines interdisziplinären
Ansatzes, der darauf abzielt, Patienten und Angehörigen individuell notwendige
Informationen zur Verfügung zu stellen. Primäre Ansprechpartner sind in diesem
Ansatz die an der Behandlung beteiligten Mitarbeiter. Allerdings werden diese
durch einen „information specialist" unterstützt (vgl. Abb. 12).[165]

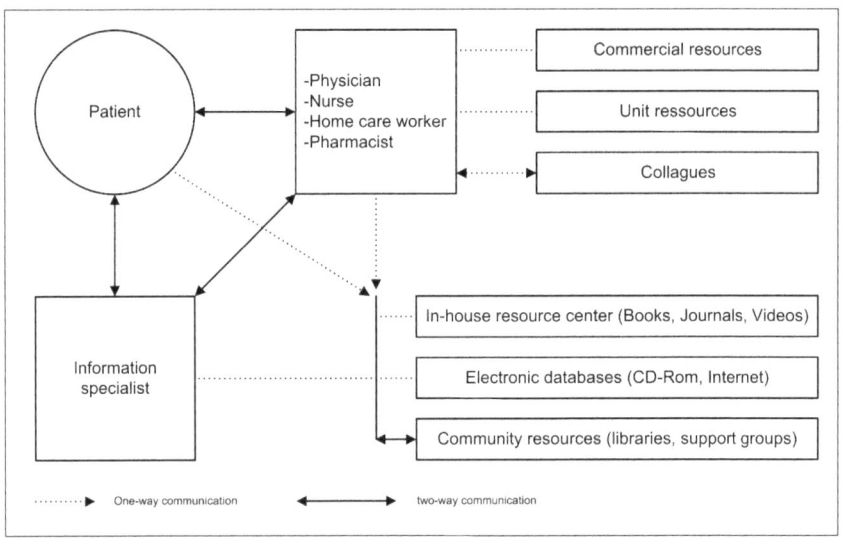

Abbildung 12: Transfer model for patient information services[166]

Eine wesentliche Aufgabe des Informationsspezialisten (Bibliotheksmitarbeiter)
ist es, Ärzten und anderen Mitarbeitern notwendige Informationen zur Verfügung

---

166 In Anlehnung an Tarby, Hogan 1997:163

zu stellen. Er fördert den Informationsaustausch zwischen den beteiligten Berufsgruppen und unterstützt Patienten und Angehörige bei der Recherche nach Informationen. Dies beinhaltet auch das Zusammenstellen von Informationen im „ressource center" für Patienten, die das Bett nicht verlassen können. Insgesamt übernimmt der Informationsspezialist damit eine wichtige Aufgabe an der Schnittstelle zwischen Patienten und Mitarbeitern auf der einen Seite und Informationsressourcen auf der anderen Seite.[165]

Ein wichtiger Bestandteil dieser Strukturen ist zudem die enge Verzahnung mit Angeboten zur Patientenedukation. Um diese zu gewährleisten, waren Mitarbeiter der Patientenedukation an der Entwicklung und Umsetzung dieses interdisziplinären Konzeptes beteiligt. Im Ergebnis dieser Zusammenarbeit können Patienten und Angehörige Informationen zur Patientenedukation auch im ressource center erhalten, oder vermitteln Informationsspezialisten bei Bedarf edukative Angebote. Zudem besteht eine enge Kooperation mit „HealthMatch", einem Angebot am Crouse Hospital, bei welchem Bürger der Region telefonisch Informationen und Adressen gesundheitlicher Dienstleister erhalten können.[167]

7.4 Planetree Health Resource Center

Beide bisher vorgestellten Ansätze haben gemeinsam, dass diese jeweils durch ein Krankenhaus initiiert und getragen werden. Während im Beth Israel Deaconess Medical Center maßgeblich Pflegende als verantwortliche für den Bereich Patientenedukation die Entwicklung forciert haben, waren es im Crouse Hospital New York Mitarbeiter der Krankenhausbibliothek. Ein anderer Ansatz wird mit dem „Planetree Health Ressource Center" verfolgt.

Eine Besonderheit dieses Ansatzes ist, dass das Konzept „Health Ressource Center" nicht von dem jeweiligen Krankenhaus, sondern von der gemeinnützigen Organisation „Planetree" entwickelt wurde. Der Name „Planetree" verweist auf eine Platane, unter der Hippokrates seine Studenten im antiken Griechenland unterrichtet hat. Mit Blick auf diese Ursprünge der modernen Medizin sieht Planetree seine Mission darin, die persönlichen und menschlichen Elemente des von Hippokrates gelehrten Heilungsprozesses zu stärken. Die Gewährleistung des Zugangs zu Informationen und edukativen Ressourcen sowie die Befähigung, Entscheidungen treffen zu können, haben dabei eine besondere Bedeutung.[167]

Die zugrundeliegende Idee des „Health Ressource Center" ist, die Zugänglichkeit einer öffentlichen Bibliothek mit der Spezialisierung einer medizinischen Einrichtung zu kombinieren. Entsprechend ist die Nutzung des Health Ressource

---

167 Cosgrove 1994:57f

Centers kostenlos und wird in Kooperation mit Krankenhäusern realisiert. Heute existieren an zehn US-amerikanischen Krankenhäusern Health Ressource Center. Das erste wurde 1981 in San Francisco eröffnet.[167]

Ein Beispiel für die Umsetzung ist das „Planetree Health Resource Center" am Mid-Columbia Medical Center. Das Zentrum, das organisatorisch eine Abteilung des Medical Centers ist, wurde 1992 eröffnet. Auf einer Fläche von 130 Quadratmetern werden 2500 Bücher, 350 Videos, 65 abonnierte Zeitschriften und vier Internetarbeitsplätze vorgehalten (Stand 2000). Die Präsentation aller Informationsmedien wurde so organisiert, dass das Zentrum weitestgehend selbständig genutzt werden kann. Für Vorträge und Schulungen stehen separate Räume zur Verfügung. Wie alle „Planetree Health Resource Center" hat auch dieses eine klare Fokussierung auf die regionale Gesundheitsversorgung. Entsprechend sind neben Patienten und deren Familien auch Bürger eine wichtige Zielgruppe. Insbesondere in strukturschwachen ländlichen Regionen hat diese Gemeindeorientierung eine große Bedeutung. Allerdings ist speziell im ländlichen Raum die Akzeptanz der Menschen ein kritischer Erfolgsfaktor. Entsprechend wurden von Anfang an große Anstrengungen im „Planetree Health Resource Center" unternommen, um die Beziehung zu den Menschen in der Region zu vertiefen.[168]

So werden beispielsweise seit 1992 im Frühling und Herbst eines jeden Jahres regionale Gesundheitswochen organisiert. In enger Zusammenarbeit mit Anbietern gesundheitsbezogener Dienstleistungen werden Workshops, Vorträge und Podiumsdiskussionen angeboten. Ziel dieser Veranstaltung ist es, die Transparenz gesundheitsbezogener Angebote in der Region zu stärken und die Vernetzung zu fördern. Auch die enge Zusammenarbeit des Zentrums mit Bildungseinrichtungen der Gemeinde ist ein wesentlicher Bestandteil der regionalen Vernetzung. So gehen Mitarbeiter des Zentrums regelmäßig vor Ort in die Schulen und informieren über das vorhandene Angebot. Zusätzlich finden auch Unterrichtseinheiten regionaler Schulen zu Gesundheitsthemen im Informationszentrum statt.[168]

Die Zusammenarbeit mit regionalen Selbsthilfegruppen ist ein weiterer Schwerpunkt der Gemeindeorientierung. Für diese Selbsthilfegruppen stellt das Zentrum Räumlichkeiten und Ressourcen zur Verfügung. Darüber hinaus können sich Patienten und Bürger im Zentrum über Aktivitäten der Gruppen informieren und werden regelmäßig gemeinsame Veranstaltungen angeboten.[168]

---

168 Spatz 2000:383f

8 Patienten-Informations-Zentren in Deutschland

8.1 Überblick und Entwicklungslinien

Die ersten Patienten-Informations-Zentren (PIZ) entstanden in Deutschland 1999 in Lippstadt und in Lüdenscheid. Während das PIZ in Lüdenscheid am Klinikum eingerichtet wurde, ist das PIZ in Lippstadt ohne institutionelle Anbindung. Entsprechend fokussiert das PIZ Lippstadt eher auf die häusliche und ambulante Versorgung und stehen beim PIZ Lüdenscheid Aspekte der stationären Versorgung im Vordergrund. Konzeptionell beziehen sich beide Zentren auf das „Beth Israel Deaconess Learning Center" in Boston. Von diesem übernommene Kernelemente sind beispielsweise das Selbstverständnis als „Lernzentrum", die pflegeorientierte Ausrichtung sowie strukturell die Idee einer „Health Information Library" (Patientenbibliothek) und eines „Learning Labs" (Schulungsräume). Unterschiede bestehen im theoretischen Ansatz. Obwohl für die Arbeit in beiden Patienten-Informations-Zentren der aus dem US-amerikanischen stammende Begriff Patientenedukation (Patient Education) verwendet wird, ist die inhaltliche Ausrichtung nicht an einem krankheitsorientierten Verständnis (wie in den USA) sondern am Salutogenese-Konzept von Antonovsky orientiert. Empowerment-Strategien und Ansätze zur Förderung des Selbstmanagements sind dementsprechend wichtige Grundlagen der Arbeitsgestaltung.[169]

Zur klaren Positionierung im Behandlungsverlauf wurden mit der Einrichtung der Patienten-Informations-Zentren zudem Grundsätze für die tägliche Arbeit definiert. Konstitutiv ist dabei, dass Patienten-Informations-Zentren keine bestehenden Angebote (z.B. Arzt-Patienten-Gespräch) ersetzen, sondern als ergänzendes Angebot zu bestehenden Versorgungsstrukturen entwickelt werden. Dies beinhaltet, dass im PIZ keine Diagnosen gestellt oder Therapievorschläge gemacht werden. Zudem erfolgt keine Bewertung bisheriger Behandlungsverfahren und werden Ratsuchende bei der Entscheidungsfindung neutral unterstützt.[170] Mit dieser Ausrichtung haben die Zentren in Lüdenscheid und Lippstadt die Entwicklung ähnlicher Angebote nachhaltig geprägt. Alle Zentren, die in der Folgezeit entstanden sind, beziehen sich mehr oder weniger auf diese Einrichtungen.

---

169 vgl. Siedhoff 2001; Abt-Zegelin 2006; Abt-Zegelin 2007a; Krämer et al. 2007
170 Büker 2007:25

Nicht zuletzt ist das auch dem Netzwerk Patientenedukation zu verdanken, welches 2001 durch Mitarbeiter des Instituts für Pflegewissenschaften der Universität Witten/Herdecke und Partnern der beteiligten Einrichtungen gegründet wurde. Zum Netzwerk Patientenedukation gehören heute unter anderem die Patienten-Informations-Zentren am Herzzentrum Bad Krozingen, am Krankenhaus der Barmherzigen Brüder in Trier oder am Marienhospital in Stuttgart.[171] Daneben entstanden auch an anderen Krankenhäusern Patienten-Informations-Zentren, die nicht mit dem Netzwerk Patientenedukation verbunden sind. Allerdings sind zu diesen Einrichtungen, abgesehen von einer Selbstbeschreibung auf den Krankenhaus-Websites, bis heute wenige Erkenntnisse verfügbar.

Mehr Informationen existieren demgegenüber zu Patienten-Informations-Zentren aus dem Umfeld des Netzwerkes Patientenedukation. Insbesondere zu den Zentren in Lippstadt und Lüdenscheid gibt es einige Publikationen.[172] Aber auch andere Einrichtungen aus dem Netzwerk haben in den letzten Jahren über ihre Erfahrungen in Fachzeitschriften berichtet.[173]

8.2   Ausrichtung und Ziele

In der Literatur werden zahlreiche Ziele diskutiert, die mit der Einrichtung von Patienten-Informations-Zentren an Krankenhäusern erreicht werden sollen. Wie die Analyse zeigt, sind diese auf unterschiedlichen Ebenen. Aus gesellschaftlicher Perspektive ist entsprechend der Orientierung an Antonovskys Modell der Salutogenese, ein wesentliches Ziel, den Zugang zu gesundheitsrelevantem Wissen zu verbessern und eine gesundheitsfördernde Lebensweise zu unterstützen. Zudem soll auf die Situation von pflegenden Angehörigen aufmerksam gemacht und deren Bedeutung im gesellschaftlichen Diskurs gestärkt werden.[174] Auf der Ebene der regionalen Gesundheitsversorgung sollen die Zentren einen Beitrag dazu leisten die Vernetzung und Transparenz von gesundheitsbezogenen Angeboten (z.B. Beratungsstellen, Pflegedienste) zu verbessern. Speziell Selbsthilfegruppen sollen ein Forum zur Darstellung ihrer Angebote erhalten.[175] Aber auch die Abgrenzung gegenüber anderen Krankenhäusern und Wettbewerbsvorteile sind auf regionaler Ebene wichtige Ziele.[176]

---

171 Für weitere Informationen zum Netzwerk Patientenedukation siehe www.patientenedukation.de
172 Vgl. Gossens 2001; Gossens 2004;Gossens 2007; Gossens 2007; Siedhoff 2001
173 Vgl. Abt-Zegelin, Adler 2007; Adler, Loercks 2007; Albrecht 2007; Imbery, Sailer 2009
174 Siedhoff 2001:237; Jacobs 2007:313
175 Albrecht 2007:81; Krämer et al. 2007:120
176 Adler, Loercks 2007:80

Auf der Ebene der Krankenhausbehandlung soll insbesondere die Rolle der Berufsgruppe Pflege bei der Wahrnehmung edukativer Aufgaben im Behandlungs- und Pflegeprozess gestärkt werden. Die Zentren sind in diesem Zusammenhang ein wichtiges Element spezieller Angebote zur Patienteninformation durch Pflegende.[177] Zudem sollen die Vernetzung bestehender Angebote sowie die Kommunikation zwischen den Berufsgruppen innerhalb des Krankenhauses gefördert werden.[178] Durch die Optimierung interner Prozesse zur Patienteninformation und gezielte Unterstützung der Patienten im Behandlungsverlauf soll zudem die Wirtschaftlichkeit der Krankenhausbehandlung verbessert werden.[179]

Mit der Umsetzung dieser Ziele sollen die Rahmenbedingungen geschaffen werden, um Patienten, Angehörige oder Bürger bei der Entwicklung gesundheitsbezogener Kompetenz und Eigenverantwortung zu begleiten. Dies beinhaltet die Unterstützung bei krankheits- und behandlungsrelevanten Entscheidungen sowie Hilfe zur Alltagsbewältigung. Chronisch Kranke und pflegende Angehörige sollen unterstützt werden, Möglichkeiten zur Gestaltung der neuen Lebenssituation zu finden (vgl. Tab. 6).[180]

Ebene	Ziele
Gesellschaft	Verbesserung des Zugangs zu gesundheitsrelevantem Wissen
	Unterstützung einer gesundheitsfördernden Lebensweise
	Stärkung von pflegenden Angehörigen
Gesundheits-versorgung	Verbesserung der Transparenz gesundheitsbezogener Angebote
	Unterstützung von Selbsthilfegruppen
	Abgrenzung und Wettbewerbsvorteile
Krankenhaus	Stärkung edukativer Aufgaben durch Pflegende
	Vernetzung von bestehenden Angeboten
	Optimierung interner Prozesse zur Patienteninformation
Patienten / Angehörige	Entwicklung von Kompetenz / Eigenverantwortung
	Unterstützung der Krankheitsbewältigung
	Unterstützung bei der Gestaltung einer neuen Lebenssituation

Tabelle 6: Ziele von Patienten-Informations-Zentren

---

177 Abt-Zegelin 2007a:12
178 Ose 2005:499
179 Brzoska 2006:1
180 Imbery, Sailer 2009:151; Jacobs 2007:312

8.3   Aufgaben und inhaltliche Schwerpunkte

Charakteristisch für Patienten-Informations-Zentren ist die methodische Orientierung am Konzept der Patientenedukation. Dies bedeutet, dass (wenn auch in der konkreten Ausgestaltung unterschiedlich) Information, Beratung und Schulung wesentliche Kernelemente des Angebotes sind. In der praktischen Umsetzung ist eine trennscharfe Unterscheidung dieser Angebotsformen jedoch nicht möglich. Zudem ist mit der Arbeit im PIZ nicht nur Information, Beratung und Schulung sondern auch die Weiterentwicklung dieser Arbeitsbereiche verbunden.

Information
Schwerpunkte im Bereich Information sind die Wissensvermittlung zu gesundheitsrelevanten und medizinischen Fragestellungen. Mögliche Themen sind eine gesunde Ernährung, Informationen zu onkologischen und kardiologischen Erkrankungen, Beeinträchtigungen des Bewegungsapparates oder Diabetes mellitus.[181] Aber auch Informationen zum Behandlungsprozess, zu sozialrechtlichen Aspekten, Leistungen des Krankenhauses, Unterstützungsangeboten in der Region (z.B. Beratungsangebote der Gemeinde) und insbesondere zu Selbsthilfegruppen sind im PIZ verfügbar. Speziell vor der Entlassung nach Hause sollen Patienten im PIZ Informationen erhalten, welche ihnen helfen, auch im häuslichen Umfeld mit ihrer Erkrankung umzugehen.[182]

Begleitet werden die Besucher bei ihrer Recherche nach Informationen durch die Mitarbeiter im PIZ. Diese stehen als Ansprechpartner zur Verfügung, unterstützen die Suche nach Informationen, erstellen Kopien und Ausdrucke, vermitteln Kontakte und erklären komplexe Sachverhalte in einer für Laien verständlichen Sprache.[183] Darüber hinaus bieten einige Zentren regelmäßige Informationsveranstaltungen für Patienten, Angehörige oder interessierte Bürger an. Themen dieser Veranstaltungen beziehen sich etwa auf Leistungen des Krankenhauses, bestimmte Erkrankungen (z.B. „Herzwoche") oder spezielle Zielgruppen (pflegende Angehörige). So finden seit 2006 im PIZ Lüdenscheid Pflegetage für Angehörige statt. Mit dieser Veranstaltung sollen Fragen und Probleme pflegender Angehörige aufgegriffen und Informationen zur Verfügung gestellt werden.[183] Ergänzend zum Angebot im PIZ sind in einigen Zentren die Mitarbeiter auch an der Erstellung von schriftlichen Patienteninformationen beteiligt. So wurde beispielsweise im Zentrum in Trier eine Broschüre für Patienten und ihre Angehörigen erarbeitet und im PIZ in Lüdenscheid die Entwicklung von Informa-

---

181 Abt-Zegelin 2007b:60
182 Gossens 2004:1; Gossens 2009:11
183 Gossens 2007:39ff

tionsmaterial unterstützt.[184] Aus Lüdenscheid ist bekannt, dass bei der Erstellung von schriftlichen Patienteninformationen, der Planung von Informationsveranstaltungen sowie der strukturierten Information von Patienten insgesamt eine enge Kooperation zwischen dem PIZ und dem ärztlichen Dienst besteht.[183]

Beratung
In der Beratung stehen immer die individuellen Bedürfnisse der Besucher im Vordergrund. Da die Mitarbeiter im PIZ nicht auf die Krankenakten der Patienten zugreifen können, ist es in den Gesprächen besonders wichtig, gut zuzuhören und offen für Ängste und Probleme zu sein. Die Berücksichtigung der individuellen Ressourcen und Fähigkeiten des Ratsuchenden spielt eine wichtige Rolle.[183] Im persönlichen Gespräch sollen Patienten und Angehörige dabei unterstützt werden, komplexe Sachverhalte zu verstehen und auf die eigene Lebenssituation zu beziehen. Auch der Umgang mit einer Erkrankung im täglichen Leben sowie die Beziehungsgestaltung zu Angehörigen und Freunden sind wichtige Themen.[185]

Zudem möchten Patienten und Angehörige häufig über Aussagen von Ärzten und Pflegenden sprechen. Diese einzuordnen oder weiterführende Informationen zu erhalten, sind dann wichtige Anliegen. Zudem können in den Beratungsgesprächen individuelle Anforderungen des Patienten an die Behandlung erarbeitet und dadurch Therapieentscheidungen unterstützt werden.[185]

Insgesamt variiert die inhaltliche Gestaltung, Verfügbarkeit und Qualität der Beratungsangebote zwischen den einzelnen Zentren. Ursachen dafür sind etwa, dass teilweise andere Dienste (z.B. Pflegeüberleitung) integriert wurden und Personalausstattung und -qualifikation sehr unterschiedlich sind. Zudem sind in einigen Krankenhäusern andere Beratungsangebote (z.B. Ernährungsberatung) eng mit dem PIZ verbunden.

Schulung
Bei Schulungsangeboten bestehen die größten Unterschiede. Während in einigen Zentren Schulungen durchgeführt werden (z.B. in Lüdenscheid) findet in anderen Zentren eine Weiterleitung an bestehende Angebote innerhalb des Krankenhauses statt (z.B. im PIZ am Universitätsklinikum in Lübeck). Insbesondere Zentren, welche stark auf pflegende Angehörige fokussieren, halten für diese Zielgruppe spezielle Schulungsangebote vor. Unabhängig von der jeweiligen Ausrichtung haben die Zentren jedoch zunehmend eine Bedeutung bei der Vernetzung und Koordination von Schulungsangeboten innerhalb des Krankenhauses.[186]

---

184 Abt-Zegelin, Adler 2007:1075; Gossens 2007:54
185 Jacobs 2007:314; Gossens 2009:12
186 vgl. Gossens 2007

Daneben werden in einigen Zentren spezielle Schulungsangebote entwickelt, welche als Bestanteil von pflegebezogener Patientenedukation den Pflegeprozess unterstützen und das Selbstmanagement von Patienten mit chronischen Krankheiten fördern sollen. Damit diese Schulungseinheiten in unterschiedlichen Settings, etwa auf den Stationen oder als Angebot für pflegende Angehörige implementiert werden können, sind viele Angebote als sogenannte Mikroschulungen konzipiert. Der Begriff „Mikro" zeigt an, dass es sich um kurze kleine Lehr- bzw. Lerneinheiten handelt (15-30 Minuten), welche auf die Vermittlung von speziellen Techniken oder komplexen Verhaltensweisen an eine oder zwei Personen abzielen. In den Schulungen werden beispielsweise Methoden der subkutanen Selbstinjektion oder Lagerungstechniken für Angehörige vermittelt.[187]

8.4 Strukturen und Rahmenbedingungen

Räumlichkeiten und Ausstattung
Wesentliches Charakteristikum der hier beschriebenen Patienten-Informations-Zentren ist, dass diese an einem Krankenhaus in separaten Räumlichkeiten etabliert wurden. Größe, Ausstattung und Verortung innerhalb des Krankenhauses variieren jedoch in den jeweiligen Einrichtungen.[188] Wichtige Standortkriterien für ein PIZ sind eine gute Erreichbarkeit, ein niedrigschwelliger Zugang sowie eine möglichst zentrale Lage mit hohem Publikumsverkehr. Zudem sollte eine ansprechende Gestaltung durch eine niedrige Regalhöhe, helle Möblierung, freundliche Farben sowie einen einladenden Empfangsbereich erreicht werden.[188]
Zentrales Element im PIZ ist die Patientenbibliothek mit laiengerechter Literatur, Videos, Broschüren und Zeitschriften. Zudem finden sich hier unter anderem Informationsmaterialien zu Selbsthilfegruppen, Einrichtungen in der Region und Leistungen des Krankenhauses. Das Ausleihen von Medien ist jedoch in der Regel nicht möglich (Präsenzbibliothek). Es besteht jedoch in einigen Zentren die Möglichkeit, Kopien einzelner Seiten von Büchern oder Broschüren anzufertigen. Zudem finden sich in den Zentren auch Internetarbeitsplätze, welche ein selbstständiges Recherchieren, bei Bedarf mit Unterstützung eines Mitarbeiters, ermöglichen. Abhängig von der Größe und konzeptionellen Ausrichtung verfügen die Zentren über separate Schulungsräume und Rückzugsmöglichkeiten für individuelle Beratungsgespräche.[189]

---

187 vgl. Abt-Zegelin 2006; Abt-Zegelin 2007(b); Imbery, Sailer 2009
188 Büker 2007:23
189 vgl. Gossens 2001; Siedhoff 2001

Nutzergruppen und Öffnungszeiten
Patienten-Informations-Zentren sind ein kostenloses Angebot für Patienten, Angehörige aber auch interessierte Bürger aus der Region. Je nach Ausrichtung werden für spezielle Zielgruppen (z.b. pflegende Angehörige) besondere Angebote vorgehalten. Insbesondere sollen allerdings Patienten des jeweiligen Krankenhauses und deren Angehörige die Möglichkeit haben, sich in den Zentren zu informieren und Ansprechpartner für Fragen zur Patientenunterstützung zu finden.[190] Die konkreten Öffnungszeiten variieren in den Einrichtungen. Viele Zentren haben Montag bis Freitag geöffnet. Einige Zentren bieten Termine nach Vereinbarung oder haben an einem Samstag im Monat geöffnet.

Personal und Finanzierung
Entsprechend der Orientierung am Patient-Learning-Center in Boston sind auch die Patienten-Informations-Zentren in Deutschland primär ein Angebot der Berufsgruppe Pflege. Dies bedeutet, dass die Zentren oftmals auf Initiative des Pflegedienstes entstanden sind und durch Pflegende geleitet werden. Diese haben häufig eine Zusatzqualifikation erworben (z.B. eine pflegebezogene Fachweiterbildung) oder ergänzend studiert (z.B. Gesundheitswissenschaften). Zudem unterstützen erfahrene Pflegekräfte, teilweise auch Bibliothekare und freiwillige Helfer, die Besucher im Patienten-Informations-Zentrum.[191] Die Personalausstattung ist dabei sehr unterschiedlich. Während etwa im PIZ am Klinikum Essen Süd 0,5 Stellen zur Verfügung stehen, sind es im PIZ in Trier 1,8 Stellen.[192]
Zur Finanzierung der Zentren gibt es bislang wenige Informationen. In der Regel werden die laufenden Kosten durch die jeweiligen Kliniken getragen. In Bezug auf die Investitionskosten zeigt die Literatur, dass teilweise Sponsoren die Einrichtungen unterstützen. So wurde etwa im PIZ Lüdenscheid die Ausstattung (Möbel, EDV, Medienbestände) durch Zulieferfirmen gesponsert.[183]

Wissenschaftliche Evaluation
Wie die Literaturanalyse zeigt, wurden bisher wenige wissenschaftliche Ergebnisse veröffentlicht. Teilweise sind jedoch in Publikationen, die ein Zentrum generell beschreiben, auch Evaluationsergebnisse enthalten. Darüber hinaus finden sich vereinzelt Erkenntnisse aus studentischen Projekten in der grauen Literatur. Insgesamt ist unklar, ob und inwieweit die Arbeit in den Zentren kontinuierlich evaluiert wird. Bekannt ist zumindest für das PIZ in Lüdenscheid, das die Besucherzahlen seit Eröffnung fortlaufend ermittelt werden.

---

190 vgl. Risse 1999; Abt-Zegelin 2007(c)
191 Büker 2007:19
192 Albrecht 2007:83; Adler, Loercks 2007:78

Informationen zu Besucherzahlen konnten für vier Zentren in der Literatur recherchiert werden. Allerdings unterschieden sich diese in dem jeweiligen Bezugsrahmen. Für das PIZ in Lüdenscheid werden monatlich 350 bis 400 Kontakte angegeben,[193] für das PIZ in Trier 15 Ratsuchende täglich,[194] für das PIZ in Bad Krozingen ca. 500 Personen im ersten Halbjahr nach der Eröffnung[195] und für das PIZ in Essen 1200 Patienten und Angehörige im Zeitraum von 2004 bis 2007.[196]

Informationen zur Gewichtung dieser Besucher, etwa Verweildauer, finden sich nicht in der Literatur. In Bezug auf Nutzergruppen liegen nur Daten aus Lüdenscheid vor. Diese zeigen, dass mehr Frauen (55 %) als Männer das PIZ besuchen und Nutzer zwischen 40 und 60 Jahren den größten Anteil haben.[197] Zudem sind 65 % der Besucher Patienten und 35 % Angehörige oder Bürger.[198]

Auch Erkenntnisse zur inhaltlichen Inanspruchnahme liegen hauptsächlich aus Lüdenscheid vor. Danach ist das Gespräch mit einem Mitarbeiter (55 %) die wichtigste Informationsquelle, gefolgt von Büchern und Broschüren (50 %) sowie der Internetnutzung (35 %).[198] Interessanterweise wird das Internet auch von älteren Besuchern (größtenteils mit Unterstützung der Pflegekräfte) genutzt. Videofilme werden demgegenüber wesentlich seltener gesehen.[199]

Eine Auswertung der Zufriedenheit im PIZ Lüdenscheid ergab, dass die Besucher insgesamt sehr zufrieden sind. Der größte Teil der Besucher würde das PIZ weiterempfehlen. Insbesondere die Verständlichkeit der Information, das Einfühlungsvermögen und die Kompetenz der Mitarbeiter sowie die angenehme Atmosphäre werden positiv bewertet.[200]

---

193 Abt-Zegelin 2007b:60
194 Adler, Loercks 2007:80
195 Imbery, Sailer 2009:153
196 Albrecht 2007:83
197 Gossens 2009:13
198 Abt-Zegelin 2007b:60
199 Büker 2001:239
200 Abt-Zegelin 2007b:62; vgl. Nieder et al. 2007

9   Zwischenfazit

Obwohl in den letzten Jahren in vielen Bereichen neue Informations- und Beratungsangebote entstanden sind, wird Patienteninformation im Krankenhaus häufig als defizitär beschrieben. Auffällig ist zudem, dass die Auseinandersetzung mit Informationsbedürfnissen von Patienten wenig differenziert geführt wird. Allerdings kann nicht davon ausgegangen werden, dass alle Patienten den gleichen Informationsbedarf haben. Insbesondere Alter und Geschlecht, Bildungsstand und Krankheitsstadium haben einen großen Einfluss.

Übersehen werden darf auch nicht, dass sich die Anforderungen der Patienten an Informationen im Verlauf der Krankenhausbehandlung deutlich verändern. Während zu Beginn Informationen zu Krankheitsfolgen und Untersuchungen relevant sind, interessieren sich Patienten am Ende der Krankenhausbehandlung eher für die Prognose und die nachstationäre Weiterversorgung. Zudem haben insbesondere Ältere und chronisch Kranke bei der Entlassung aus dem Krankenhaus einen hohen Informations- und Unterstützungsbedarf.

Trotz Kritik existieren heute im Krankenhaus zahlreiche Informations- und Beratungsangebote. Ärzte sind dabei die wichtigsten Ansprechpartner. Diese informieren den Patienten und seine Angehörigen über alle medizinischen Aspekte. Zudem haben Pflegende eine große Bedeutung, wenn es um ergänzende Fragen zur Behandlung, dem Krankenhausaufenthalt oder der weiteren Versorgung geht. Darüber hinaus existieren noch zahlreiche andere Informationsangebote, etwa durch den Sozialdienst, die Grünen Damen oder die Seelsorge.

Neben diesen Möglichkeiten der persönlichen Information haben in zahlreichen Situationen auch schriftliche Patienteninformationen eine große Bedeutung. Allgemeine Informationen zum Krankenhaus und fachspezifische Informationen aus den medizinischen Abteilungen werden heute in sehr vielen Einrichtungen vorgehalten. Wie relevant diese Informationen sein können, zeigen mittlerweile zahlreiche Studien. Gut belegt ist etwa der positive Einfluss von schriftlichen Informationen zur Unterstützung der gemeinsamen Therapieentscheidung oder auf das psychische Wohlbefinden der Patienten. Speziell Angst und Stress können durch geeignete Informationen deutlich reduziert werden. Eine deutsche Studie zeigt zudem, dass die Information des Patienten im Behandlungsverlauf die zentrale Voraussetzung für Patientenzufriedenheit ist. Demgegenüber wird die medizinische Qualität als selbstverständlich vorausgesetzt und hat entsprechend wenig Einfluss auf die Zufriedenheit der Patienten.[201]

Allerdings bestehen an deutschen Krankenhäusern auch zahlreiche Herausforderungen zur Weiterentwicklung von Angeboten und Strukturen der Patienteninformation. Mögliche Potenziale werden über den gesamten Verlauf der Krankenhausbehandlung diskutiert. Nicht selten scheint es etwa der Fall zu sein, dass Patienten zu Beginn der Behandlung ausführlich über das Fernsehprogramm und die Telefonanlage, aber unzureichend über den Verlauf der Behandlung informiert werden. Zudem wird häufig von Ärzten der Wert der vermittelten Informationen überschätzt. Viele Patienten und Angehörige wünschen sich mehr Informationen und mehr Einbeziehung.

Ein Ausgangspunkt der beschriebenen Problembereiche ist die Tatsache, dass zwar zahlreiche Informations- und Unterstützungsangebote existieren, koordinierende Strukturen bislang aber nicht etabliert wurden. Für Patienten und Angehörige bedeutet das nicht selten, dass eine situationsgerechte Nutzung vieler Angebote nicht möglich ist. Aber auch schriftliche Informationen entsprechen oftmals weder sprachlich noch inhaltlich den Anforderungen von Patienten. Eine Ursache dafür ist, dass für die Erstellung und Distribution schriftlicher Patienteninformationen häufig keine klaren Zuständigkeiten im Krankenhaus existieren. Nicht selten werden diese daher von jeder Fachabteilung selbstständig entwickelt und verteilt. Damit sind zahlreiche Probleme wie eingeschränkte Aktualität, heterogenes Aussehen oder inhaltliche Defizite verbunden.

Während Aspekte der Information, Beratung und Schulung im Verlauf der Krankenhausbehandlung in Deutschland erst in den letzten Jahren zunehmend diskutiert werden, hat dieses Thema in den USA schon seit Anfang der 1980er Jahre eine große Bedeutung. Dort entstehen zu dieser Zeit die ersten sogenannten „Patient Learning Center". Das Ziel dieser von Pflegenden initiierten Angebote ist es, Patienten und deren Angehörigen niederschwellig krankheits- und gesundheitsrelevante Informationen zur Verfügung zu stellen. Dazu werden in speziellen Räumlichkeiten des Krankenhauses Broschüren, Bücher oder Lernmaterial zum Selbststudium angeboten. Mit speziellen Schulungsangeboten sollen Patienten und Angehörigen zudem Fähigkeiten vermittelt werden, die für die Versorgung nach der Entlassung relevant sind.

Ausgehend von dieser Situation haben sich bis heute (speziell in den USA) zahlreiche Zentren mit unterschiedlicher Ausprägung etabliert. Je nach Kontext und Entstehungshistorie haben diese andere Schwerpunkte und Organisationsstrukturen. So steht beispielsweise im Ansatz des „Crouse Hospitals New York" nicht ein Learning Center sondern die Kommunikation zwischen den beteiligten

---

201 Born 2001:276

Akteuren im Vordergrund. Ansatzpunkt dieses Managementkonzeptes ist der Gedanke, dass durch die Verbesserung der berufsgruppenübergreifenden Kommunikation auch für Patienten und deren Angehörige der Zugang zu Informationen und edukativen Angeboten gewährleistet ist. Neben dem „in-house ressource center" hat entsprechend ein Informationsspezialist eine besondere Bedeutung in diesem Konzept. Dieser soll insbesondere den Informationsaustausch zwischen den Berufsgruppen fördern. Gemeinsamkeiten zwischen den unterschiedlichen Konzepten bestehen insbesondere in Bezug auf die Gemeindeorientierung. Dies bedeutet, dass sich viele Einrichtungen als Bestandteil der kommunalen Gesundheitsversorgung betrachten und einen Beitrag zur Vernetzung unterschiedlicher Angebote leisten wollen. Entsprechend sind nicht nur Patienten, sondern auch Bürger der Region eine wichtige Zielgruppe.

In Deutschland entstanden die ersten Patienten-Informations-Zentren (PIZ) 1999 in Lippstadt und in Lüdenscheid. Konzeptionell beziehen sich diese (wie auch alle in der Folgezeit entstandenen) auf das „Beth Israel Deaconess Learning Center" in Boston. Von diesem wurde das Selbstverständnis als „Lernzentrum" und die pflegeorientierte Ausrichtung übernommen. Konstitutiv ist für alle Zentren, dass diese keine bestehenden Angebote ersetzten wollen. Vielmehr verstehen sich die Zentren als ergänzende Angebote. Damit ist auch verbunden, dass im PIZ keine Diagnosen gestellt oder Therapievorschläge gemacht werden.

Auch wenn Patienten-Informations-Zentren in den letzten Jahren in Deutschland an Bedeutung gewonnen haben, konnten sich diese Angebote in der Fläche nicht durchsetzen. Eine Ursache dafür ist auch, dass bislang wenige Informationen zu diesen Zentren verfügbar sind. Zwar existieren heute zahlreiche Artikel über die Arbeit einzelner Einrichtungen, diese beschränken sich oftmals auf allgemeine Informationen. Konkrete Erkenntnisse, etwa zu möglichen Effekten oder dem Beitrag zur Krankenhausbehandlung liegen bislang nicht vor. Zusammenfassend kann festgehalten werden:
- Patienten und Angehörige haben ein sehr differenziertes Informationsbedürfnis. Wesentliche Einflussfaktoren sind das Alter, das Geschlecht, die zugrundeliegende Erkrankung und die Behandlungsphase. Deutliche Unterschiede im Informationsbedürfnis bestehen am Beginn und am Ende der Krankenhausbehandlung. Insbesondere ältere und chronisch kranke Menschen haben in dieser Situation eine hohen Informations- und Unterstützungsbedarf.
- Trotz zahlreicher Informations- und Unterstützungsangebote im Verlauf der Krankenhausbehandlung wird immer wieder auf zahlreiche Defizite hingewiesen. Eine Ursache dafür ist, dass bislang nur unzureichende Strukturen bestehen, welche diese Angebote koordinieren und Patienten einen niederschwelligen Zugang zu Informations- und Beratungsangeboten gewährleisten.

- In den USA existieren seit den 1980er Jahren sogenannte „Patient Learning" oder „Health Information Center". Die zentrale Aufgabe dieser Einrichtungen ist es, Patienten, Angehörigen und Bürgern der Region zielgruppenspezifische Informationen zur Verfügung zustellen und bestehende Angebote zu vernetzen. Auch in Deutschland wird dieses Konzept seit 1999 umgesetzt. Allerdings konnten sich diese Angebote bislang nicht flächendeckend durchsetzen und existieren bislang nur wenige Informationen zu diesen Einrichtungen.

10 Das PIZ im Klinikum Bielefeld

10.1 Ausgangsituation

Das Klinikum Bielefeld ist ein Krankenhaus der Maximalversorgung. Mit etwa 2000 Mitarbeitern, rund 1000 Betten an zwei Standorten und insgesamt 22 Fachkliniken werden 40.000 stationäre und 90.000 ambulante Patienten pro Jahr behandelt. Das Klinikum Bielefeld ist akademisches Lehrkrankenhaus der Westfälischen Wilhelms-Universität Münster und Kooperationspartner der Fakultät für Gesundheitswissenschaften der Universität Bielefeld.[202] Wie in vielen Krankenhäusern, wurden auch im Klinikum Bielefeld über Jahre umfangreiche Strukturen zur Patienteninformation aufgebaut. Gemeinsam ist diesen Strukturen, dass Angebote zur Patienteninformation oftmals auf Initiative einzelner Arbeitsbereiche entstanden, eine klinikübergreifende Organisation allerdings fehlte. In der Konsequenz war damit verbunden, dass zwar ein umfangreiches, aber auch intransparentes Angebot zur Patienteninformation existierte.[203]

Vor der Einrichtung des Patienten-Informations-Zentrums (PIZ) am Klinikum Bielefeld wurden das Angebot und dessen inhaltliche Qualität analysiert. Deutlich wurde dadurch, dass sowohl bei der Gestaltung und inhaltlichen Aufarbeitung schriftlicher Patienteninformationen als auch bei der Aktualisierung und thematischen Auswahl Defizite bestehen. Zudem zeigte die Analyse, dass für Patienten zahlreiche Unterstützungsangebote bestehen, deren Zugänglichkeit durch unzureichende Transparenz aber stark eingeschränkt ist.[204]

Eröffnet wurde das PIZ im Juni 2007 auf Initiative der Pflegedienstleitung und konzeptioneller Grundlage einer Bachelor-Arbeit[205] an der Fakultät für Gesundheitswissenschaften (Universität Bielefeld). Auf einer Fläche von 80 m^2 im Erdgeschoß des Klinikums stehen insgesamt drei Räume für die Arbeit des Zentrums zur Verfügung. Die inhaltliche Arbeit des Patienten-Informations-Zentrums wird von zwei Mitarbeitern (1,5 Stellen) und Praktikanten gewährleistet. Die leitende Mitarbeiterin ist ausgebildete Krankenschwester und hat Gesundheitskommunikation an der Universität Bielefeld studiert.

---

202 Klinikum Bielefeld 2008
203 Ose 2005:498
204 Schenk 2005:37
205 vgl. Schenk 2005

10.2   Aufgaben und Ausrichtung

Die prinzipielle Aufgabe des Zentrums ist es, patientenorientierte Informationsangebote zu entwickeln und zur Verfügung zu stellen. Dadurch sollen auf der einen Seite Patienten im Behandlungsverlauf unterstützt und auf der anderen Seite Arbeitsabläufe optimiert werden. Während die Optimierung von Arbeitsabläufen auf Anforderungen aus Sicht des Krankenhauses fokussiert, stehen bei der Gewährleistung der Zugänglichkeit zu behandlungs- und gesundheitsrelevanten Informationen die Bedürfnisse des Patienten im Vordergrund. Um beiden Anforderungen gerecht zu werden, sind mit dem PIZ die beiden Arbeitsbereiche Mediothek und Informations-Agentur implementiert worden.

Die Aufgabe der Mediothek ist es, Patienten, Angehörigen und Bürgern der Region den Zugang zu Informationen zu ermöglichen und als Wegweiser die Inanspruchnahme von Beratungs- und Schulungsangeboten zu unterstützen. Die Aufgabe der Informations-Agentur ist es, Angebote zur Patienteninformation am Klinikum Bielefeld weiterzuentwickeln, die Kooperation zwischen den Fachkliniken und dem Bereich Öffentlichkeitsarbeit zu unterstützen und insgesamt die Qualität der Angebote zu verbessern. Auch wenn keine trennscharfe Unterscheidung möglich ist, ist die Arbeit der Informations-Agentur eher unternehmensbezogen und die Arbeit der Mediothek eher patientenbezogen ausgerichtet.[206] Die Herausforderung besteht darin, diese unterschiedlichen Anforderungen im Gesamtkonzept „Patienten-Informations-Zentrum" zusammenzuführen (Abb. 13).

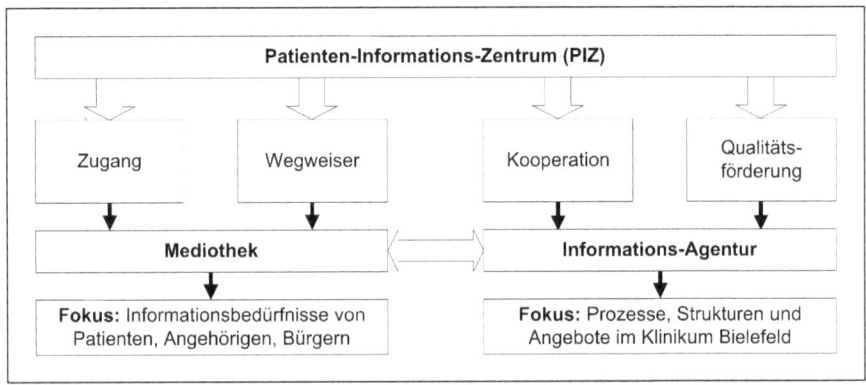

Abbildung 13: Arbeitsbereiche des Patienten-Informations-Zentrums

---

206 Schenk 2005

10.3   Mediothek

Die Mediothek ist in erster Linie ein Ort, an welchem Informationen gebündelt zur Verfügung gestellt werden. Das Angebot der Mediothek soll Patienten, Angehörige und Bürger der Region unterstützen, sich informiert und aktiv für ihre gesundheitlichen Interessen einsetzen zu können. Besucher haben im PIZ die Möglichkeit sich in einer Präsenzbibliothek zu informieren, Informationen zur Behandlung im Klinikum zu erhalten oder an einem Internetarbeitsplatz unter Anleitung selbständig zu recherchieren. Alle Informationen in der Mediothek wurden auf ihre inhaltliche Qualität und Laienverständlichkeit geprüft. Folgende Angebote werden vorgehalten:

- Bücher: Nachschlagewerke, Ratgeber
- Broschüren von Verbänden, Selbsthilfegruppen
- Intern erstellte Broschüren zum Thema Gesundheit und Krankheit
- Intern erstellte Broschüren zu Angeboten, Strukturen und Prozessen
- Internetarbeitsplatz zur Recherche im Internet[206]

Das PIZ versteht sich auch als „Wegweiser" und informiert über Veranstaltungen, Kurse sowie Beratungs- und Schulungsangebote im Klinikum. Zudem werden auch Informationen zu Beratungsstellen und Unterstützungsangeboten in Bielefeld vorgehalten und besteht eine Kooperation mit Selbsthilfegruppen in der Region. Als Ansprechpartner für individuelle Informationen steht eine Mitarbeiterin zur Verfügung. Während im Augenblick der Fokus der Mediothek auf „Informationen" gerichtet ist, sollen zukünftig auch edukative Angebote entwickelt und vorgehalten werden (vgl. Abb. 14).[206]

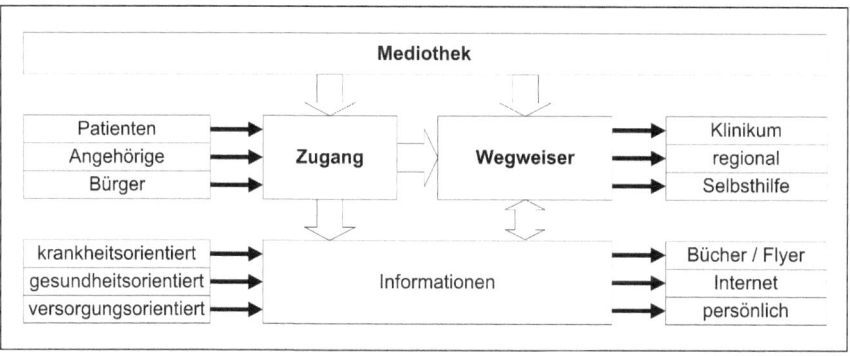

Abbildung 14: Arbeitsbereiche der Mediothek

10.4   Informations-Agentur

Die Informations-Agentur wirkt unterstützend und koordinierend bei der Erstellung von patientenbezogenen Informationen, die im direkten Zusammenhang mit dem Aufenthalt in den Städtischen Kliniken stehen. Dabei arbeitet sie eng mit den Fachkliniken und dem Bereich Öffentlichkeitsarbeit zusammen. Dadurch soll erreicht werden, dass die patientenbezogenen Informationsangebote an den Patientenbedürfnissen ausgerichtet und laienverständlich sowie qualitativ hochwertig und gestalterisch einheitlich in allen Fachkliniken zur Verfügung gestellt werden können.[206] Folgende Aufgaben zur Entwicklung und Aktualisierung von Informationsmedien werden von der Informations-Agentur übernommen:

- Unterstützung von Fachkliniken / Abteilungen bei der inhaltlichen Gestaltung
- Überprüfung der Inhalte auf Zielgruppenspezifität und Laienverständlichkeit
- Überprüfung auf Einhaltung eines Corporate Designs
- Bedarfsermittlung und Initiierung der Erstellung
- Prüfung bereits bestehender Medien auf Qualität und Aktualität[206]

Die von der Informations-Agentur koordinierten Informationsmedien werden gebündelt in der Mediothek vorgehalten. Zudem erhält jede Station eine Übersicht der verfügbaren schriftlichen Patienteninformationen, so dass bei Bedarf eine Informationsschrift im PIZ angefordert oder im Intranet ausgedruckt werden kann. Bei Interesse kann sich jede Station einen zielgruppenspezifischen Bestand an schriftlichen Patienteninformationen zusammenstellen und für Patienten bereitstellen (vgl. Abb. 15).[206]

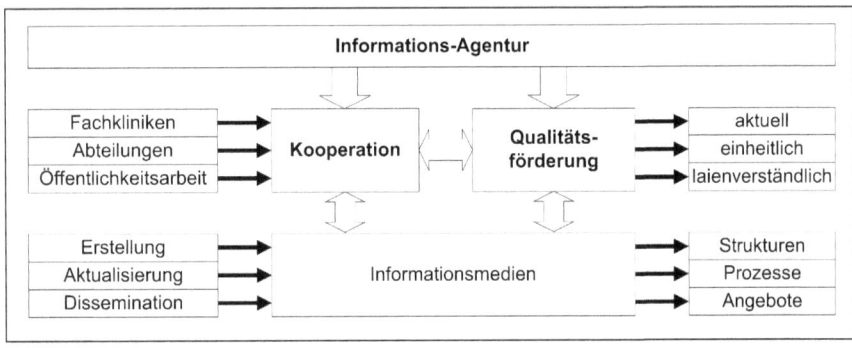

Abbildung 15: Arbeitsbereiche der Informations-Agentur

10.5 Fragestellung der Untersuchung

Wie mit den zurückliegenden Ausführungen deutlich wurde, steht auch das PIZ am Klinikum Bielefeld in der Tradition deutscher Patienten-Informations-Zentren. Insbesondere die prinzipielle Ausrichtung auf Information, Beratung und Schulung sowie die Tatsache, dass das PIZ von der Pflege initiiert wurde, sprechen dafür. Allerdings sind mit dem PIZ in Bielefeld auch einige neue Aspekte verbunden. So wurde mit dem Konzept des Zentrums der Tatsache Rechnung getragen, dass prinzipiell aus Sicht des Krankenhauses andere Anforderungen gestellt werden als aus Sicht von Patienten, Angehörigen und Bürgern.

Konsequent umgesetzt wurden diese inhaltlichen Vorüberlegungen mit der Etablierung der zwei Arbeitsbereiche Mediothek und Informations-Agentur. Dabei entspricht das Konzept der Mediothek in großen Teilen dem, was auch schon aus anderen Zentren in Deutschland bekannt ist. Allerdings ist die konzeptionelle Ausrichtung der Mediothek stärker auf die zur Verfügungstellung von Informationen und die Vermittlung an weiterführende Angebote fokussiert. Mit der Einrichtung der Informations-Agentur wird das Konzept „Patienten-Informations-Zentrum" darüber hinaus um ein ganz neues Element ergänzt. Vorerfahrungen zur Arbeit und Wirkungsweise einer solchen Einrichtung am Krankenhaus existieren bisher nicht.

Aber auch insgesamt existieren bislang wenige Erkenntnisse zu Patienten-Informations-Zentren in Deutschland. Wie die Literaturrecherche zeigt, beschränkt sich die vorhandene Literatur oftmals auf eine allgemeine Darstellung der Einrichtungen. Differenzierte Zahlen zur Inanspruchnahme oder möglichen Effekten existieren bisher nur begrenzt. Zudem wurde bislang das PIZ als Bestandteil des Behandlungs- und Versorgungsprozesses nicht in den Blick genommen. Vor dem Hintergrund dieser Ausgangssituation ist ein wichtiges Ziel der Untersuchung, die Nutzung der Mediothek strukturiert zu analysieren. Neben allgemeinen Aspekten soll insbesondere betrachtet werden, welche Besuchergruppen die Mediothek in Anspruch nehmen und ob Unterschiede in der Nutzung in Abhängigkeit von Alter, Geschlecht und Besuchergruppe existieren. Zudem sollen mit der Untersuchung erste Erkenntnisse ermöglicht werden, inwieweit das PIZ als Bestandteil des Behandlungs- und Versorgungsprozesses angenommen wird. Folgende Fragen zur Mediothek sollen beantwortet werden:
- Welche Besuchergruppen nehmen die Mediothek wie in Anspruch?
- Welche Bedeutung hat das PIZ im Behandlungs- und Versorgungsprozess?
- Welche Entwicklungsperspektiven bestehen?

Während zur Arbeit der Mediothek zumindest grundlegende Erkenntnisse existieren, wurde mit der Einrichtung der Informations-Agentur in jeder Hinsicht

Neuland betreten. Ausgangspunkt der Überlegungen dabei war, dass auf der einen Seite schriftliche Informationen zunehmend an Bedeutung gewinnen und auf der anderen Seite im Krankenhaus nicht die notwendigen Strukturen zur Erstellung oder Aktualisierung existieren, um diesem Bedarf zu entsprechen.

Mit der Untersuchung soll daher zunächst der Frage nachgegangen werden, welche Bedeutung schriftliche Patienteninformation im Verlauf der Krankenhausbehandlung haben. Dabei sollen zum einen die Einschätzungen von Klinikleitungen und zum anderen von Krankenhausmitarbeitern erhoben werden. Hintergrund dieser Vorgehenswiese ist, dass neben strategischen Aspekten auch die Bedeutung und Situation zur Weitergabe im Klinikalltag betrachtet werden soll. Zudem sollen zur Beschreibung der Ausgangssituation bestehende Barrieren zur Erstellung schriftlicher Informationen analysiert werden.

Zur Einschätzung der Wirkungsweise der Informations-Agentur soll mit der Untersuchung zunächst betrachtet werden, ob die Angebote der Informations-Agentur angenommen und welche Aufgaben konkret bearbeitet werden. Durch die Analyse der Prozesse zur Erstellung schriftlicher Patienteninformationen sollen zudem Rückschlüsse ermöglicht werden, ob mit der Einrichtung der Informations-Agentur tatsächlich ein Beitrag zur Struktur- und Prozessentwicklung geleistet werden konnte. Folgende Fragen sollen beantwortet werden:

- Welche Bedeutung haben schriftliche Patienteninformationen?
- Welche Barrieren bestehen zur Erstellung schriftlicher Informationen?
- Konnte mit der Einrichtung der Informations-Agentur ein Beitrag zu Struktur- und Prozessentwicklung am Krankenhaus geleistet werden?

11   Methodische Vorgehensweise

Zur Beantwortung der Forschungsfragen wird das Patienten-Informations-Zentrum aus unterschiedlichen Blickwinkeln betrachtet. Grundlage dafür ist die Dokumentation der Inanspruchnahme der Mediothek und der Arbeit der Informations-Agentur. Zudem wurden die Besucher der Mediothek schriftlich befragt und Interviews mit Klinikumsmitarbeitern zur Arbeit der Informations-Agentur durchgeführt (vgl Abb. 16). Die Methodik der Datenerhebung und Datenauswertung in diesen Analysebereichen wird nachfolgend erläutert.

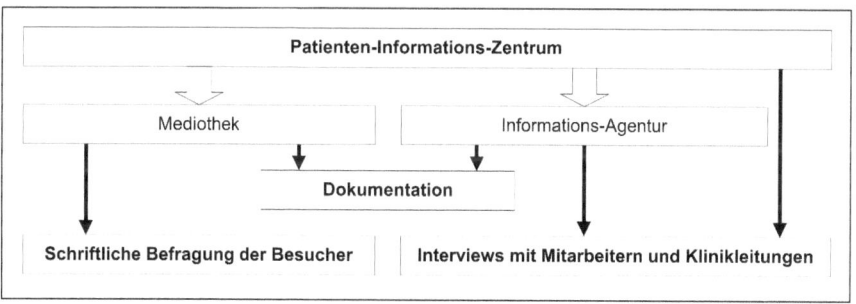

Abbildung 16: Methodische Vorgehensweise

11.1   Dokumentation

Zur Dokumentation der Inanspruchnahme der Mediothek und der Arbeit der Informations-Agentur wurde jeweils ein Dokumentationsbogen erstellt. Die Entwicklung beider Instrumente erfolgte in zwei Schritten. Zunächst wurde jeweils eine erste Version erstellt und beispielhaft getestet. Dabei zeigte sich für beide Instrumente, dass zu viel Freitext vorgesehen und die Datenerfassung in SPSS daher sehr aufwendig war. Eine zweite Version der Dokumentation wurde stärker standardisiert und entsprechend den Anforderungen der Dateneingabe in SPSS optimiert. Bei der Überarbeitung der Dokumentation zur Arbeit der Informations-Agentur wurde der Schwerpunkt auf eine schnelle Erfassung wesentlicher Merkmale und die Dokumentation des Verlaufs gelegt.

11.1.1   Datenerhebung

Zur Inanspruchnahme der Mediothek wurden alle Anfragen (persönlich im PIZ, telefonisch und per E-Mail) im Zeitraum von Juni 2007 bis Juni 2008 dokumentiert. Insbesondere Informationen zu Struktur der Besucher (z.B. Alter, Geschlecht), der Inanspruchnahme (z.B. Tag, Uhrzeit, Anlass) und zur Weitervermittlung sollten mit der Dokumentation erfasst werden (vgl. Tab. 7).

Besucher	
Soziodemografie	Alter, Geschlecht
Gruppe:	Patient, Angehöriger, Bürger, Mitarbeiter
Inanspruchnahme	
Rahmenbedingungen	Monat, Woche, Tag, Uhrzeit, Dauer, Kenntnis vom PIZ
Anlass	Literatur, Ansprechpartner, Soziale Unterstützung
Behandlungs- und Versorgungsprozess	
Zeitpunkt	vorstationär, stationär, nachstationär
Vermittlung	intern / extern

Tabelle 7: Dokumentation der Inanspruchnahme der Mediothek (Auswahl)

Zur Arbeit der Informations-Agentur wurden alle Anfragen im Zeitraum von Juni 2006 bis Juni 2008 dokumentiert. Der im Vergleich zur Dokumentation der Mediothek längere Betrachtungszeitraum ergibt sich aus der Tatsache, dass erste Projekte der Informations-Agentur schon begonnen wurden, als die Mediothek noch nicht eröffnet war. Erfasst wurden mit der Dokumentation speziell Angaben zur jeweiligen Aufgabe, dem Ansprechpartner, der Form der Bearbeitung und Informationen zum Verlauf des Projektes (vgl. Tab. 8).

Aufgabe	
Gegenstand	schriftliche Information, Veranstaltung, Website
Ansprechpartner	Berufsgruppe, Funktion, Kontaktdaten
Bearbeitung	
Form	telefonisch, persönlich, E-Mail
Zeitpunkt	sofort, innerhalb eines Tages/einer Woche, Termin
Verlauf	
Projektarbeit	Dokumentation von Aktivitäten, Treffen, Meilensteinen
Ergebnisse	Dokumentation von Ergebnissen

Tabelle 8: Dokumentation der Arbeit der Informations-Agentur (Auswahl)

11.1.2 Datenauswertung

Zur Auswertung der Dokumentation von Mediothek und Informations-Agentur wurden alle Daten in SPSS (Version 15.0) eingegeben, auf Schreib- und Lesefehler überprüft und gegebenenfalls bereinigt. Die Datenauswertung erfolgte in einem ersten Schritt deskriptiv, d.h. für alle Items der Dokumentation Mediothek und Informations-Agentur wurde jeweils die absolute und relative Häufigkeit berechnet. In einem zweiten Schritt wurden ausgewählte Variablen in einem neuen Datenset zusammengefasst. Zur Gewährleistung der Vergleichbarkeit mit den Ergebnissen der Befragung wurden zudem die Variablen „Besuchergruppe" (1=Patient, 2=Bürger, 3=Angehöriger), „Altersgruppen „(1=20-39 Jahre, 2=40-59 Jahre, 3≥60 Jahre) und „Phase der Krankenhausbehandlung" (1=Während KH, 2=Vorbereitung Entlassung KH, 3=Vorbereitung KH, 4= Nach KH) recodiert.

Auf Grundlage dieses Datensets wurden in einer Subgruppenanalyse die Dokumentationsergebnisse bezogen auf Besuchergruppen, die Altersgruppen und Unterschiede zwischen Männern und Frauen verglichen. Neben der deskriptiven Beschreibung der Subgruppen wurde überprüft, ob signifikante Unterschiede zwischen diesen Gruppen bestehen (Kreuztabellen; exakter Test nach Fischer). Zudem wurde getestet (Signifikanzanalyse), ob in Abhängigkeit der Phase der Krankenhausbehandlung Unterschiede in Bezug auf den Anlass der Nutzung der Mediothek bestehen (Kreuztabellen; exakter Test nach Fischer).

Ausgehend von diesen Analysen wurde in einem letzten Schritt betrachtet, ob signifikante Unterschiede der deskriptiven Statistik auch durch Verfahren der analytischen Statistik bestätigt werden können. Im Unterschied zur Subgruppen- und Signifikanzanalyse sollen dadurch Aussagen zu statistischen Zusammenhängen getroffen werden (binomiale logistische Regression; Methode: Einschluss, Kontrast: Abweichung, Referenzkategorie: Erste).[207]

11.2 Schriftliche Befragung

Bisher existieren wenige methodische Erfahrungen zur Befragung von Besuchern eines Patienten-Informations-Zentrums. Da zudem mit der Befragung spezifische Aspekte betrachtet werden sollten, wurde ein neues Erhebungsinstrument entwickelt. Ausgehend von der Fragestellung wurden dazu in einem ersten Schritt mögliche Inhalte gesammelt und diskutiert. Anschließend wurde eine erste Version des Fragebogens erstellt und mit Patienten und Angehörigen getestet. Dabei zeigte sich, dass einige Fragen nicht verständlich, die Skalierung

---

207 vgl. Schnell, Hill, Esser 2008

zu kompliziert und der Fragebogen zu lang war. Eine zweite Version erwies sich mit kleinen Änderungen als geeignet und wurde zur Befragung eingesetzt. Die Entwicklung des Fragebogens war an wissenschaftlichen Vorgaben orientiert.[208]

11.2.1 Datenerhebung

An der Befragung konnten alle Besucher teilnehmen, die in der Zeit von Juni 2007 bis Juni 2008 die Mediothek genutzt haben. Telefonische oder Anfragen per E-Mail wurden ausschließlich mit der Dokumentation erfasst. Mit der Befragung sollten individuelle Aspekte und Determinanten der Inanspruchnahme sowie Informationen zur Integration des Patienten-Informations-Zentrums in den Behandlungs- und Versorgungsprozess erhoben werden. Entsprechend werden mit dem Fragenbogen unterschiedliche Teilaspekte betrachtet. Diese beziehen sich auf die Struktur der Besucher, die Inanspruchnahme der Mediothek und den Behandlungs- und Versorgungsprozess (vgl. Tab. 9).

Besucher	
Soziodemografie	Alter, Geschlecht, Schulbildung, Berufsgruppe
Gruppe	Patient, Freunde / Bekannte, Mitarbeiter, Bürger, sonstige
Inanspruchnahme	
Nutzung	Anliegen, Angebote, Themen
Einschätzung	Unterstützung, Probleme, Zufriedenheit
Behandlungs- und Versorgungsprozess	
Behandlung	Klinik, Aufnahme, Entlassung, Dauer
Nächste Schritte	Sozialdienst, Seelsorge, Beschwerdestelle, Selbsthilfe

Tabelle 9: Inhalte der schriftlichen Befragung der Besucher (Auswahl)

11.2.2 Datenauswertung

Zur Datenauswertung wurden in einem ersten Schritt alle Daten in SPSS (Version 15.0) eingegeben und bereinigt. Alle Items des Fragebogens wurden deskriptiv analysiert und mit absoluter und relativer Häufigkeit dargestellt. Für die weiter-führende statistische Analyse wurden einzelne Variablen zusammengefasst. So wurden etwa alle Antwortmöglichkeiten der abhängigen Variablen „nächste Schritte" (bietet Auswahl potentiell nächster Schritte) aggregiert und die neue

---

208 vgl. Jankisz, Moosbrugger 2007

Variable „weitere Schritte" (ja/nein) gebildet. Zudem wurden die unabhängigen Variablen „Bildung", „Dauer der Krankenhausbehandlung", „Krankenhaus-entlassung" und „Krankenhausaufnahme" dichotomisiert sowie die Variablen „Nutzer" und „Alter" zu Gruppen zusammengefasst.

Auf Grundlage dieses angepassten Datensets wurde in einer Subgruppen-analyse das Antwortverhalten bezogen auf die Besuchergruppe (Patienten, Ange-hörige, Bürger[209]), Alter (20-39, 40-59, $\geq$ 60) und Geschlecht (Frauen, Männer) analysiert. Neben der deskriptiven Beschreibung der Subgruppen wurde über-prüft, ob signifikante Unterschiede zwischen diesen Gruppen bestehen (Kreuz-tabellen; exakter Test nach Fischer). In einem weiteren Schritt (Signifikanz-analyse) wurde getestet, ob in Bezug auf Behandlungs- und Versorgungsaspekte (Krankenhausaufnahme, -dauer, -entlassung) sowie Bildung (in Jahren) signifi-kante Unterschiede bei der Inanspruchnahme der Mediothek bestehen (Kreuz-tabellen; exakter Test nach Fischer). Zudem wurde analysiert, ob signifikante Unterschiede der deskriptiven Statistik durch Verfahren der analytischen Statistik bestätigt werden können (binomiale logistische Regression (Einschluss) Kontrast: Abweichung, Referenzkategorie: Erste).

Zur Bestimmung der Interpretierbarkeit des Fragebogens wurden fehlende Werte aller Items analysiert. Als fehlend wurde ein Wert angesehen, wenn bei einer Frage mehr als eine Antwortmöglichkeit bestand und keine ausgewählt wurde. Für Fragen, bei welchen die Zustimmung zu unterschiedlichen Aspekten durch ankreuzen (angekreuzt = ja) erfolgt bedeutete dies, dass der Wert als fehlend gezählt wurde, wenn keiner der möglichen Aspekte gewählt wurde. Bis zu 10% fehlende Werte werden sozialwissenschaftlich als üblich angesehen.[210]

Zum Aufdecken möglicher Limitationen wurden für Items mit ordinalem Skalenniveau (Fragen 7-8) Boden- und Deckeneffekte berechnet. Dabei wurde für diese Items überprüft, wie viel Prozent der Befragungsteilnehmer die kleinste (Bodeneffekte) bzw. die größte Kategorie (Deckeneffekte) gewählt haben. Treten starke Boden- oder Deckeneffekte auf, kann dies ein Hinweis sein, dass der zu messende Effekt außerhalb des Messbereiches liegt oder die Skalierung unge-eignet ist.[211] Auch Effekte sozialer Erwünschtheit können sich dadurch zeigen.[212]

Zur Bestimmung, inwieweit gemessene Unterschiede nicht durch Messfehler verursacht werden (Zuverlässigkeit des Tests), wurde die Reliabilität berechnet. Hochreliable Ergebnisse sind nahezu frei von Zufallsfehlern und eine Voraus-setzung für die Replizierbarkeit unter gleichen Bedingungen.[213] Die Reliabilität

---

209 "Bürger" und "sonstige" wurden zusammengefasst
210 Schnell, Hill, Esser 2008:430ff
211 vgl. Bortz, Döring 2005; Urban, Mayerl 2008
212 vgl. Kuncel, Tellegen 2009
213 vgl. Kusterer 2008

des Fragebogens wurde als interne Konsistenz bestimmt und als Cronbach-α-
Koeffizient ausgedrückt.[214] Cronbach-α-Koeffizienten von 0,7 sind notwendig,
um die interne Konsistenz eines Instrumentes zu bestätigen.[215]

Die Einschätzung der Validität des Fragebogens, d.h. inwieweit mit
diesem auch tatsächlich erfasst wurde, was erfasst werden sollte, war in dieser
Untersuchung sehr schwierig. Insbesondere durch die Tatsache, dass wenige
Vorerfahrungen existieren, konnten relevante Kriterien wie etwa die Inhalts-
validität (Vergleich aus fachlicher Perspektive) schwer eingeschätzt werden. Aber
auch Aspekte wie Konstrukt- oder Kriteriumsvalidität waren für diese Befragung
nur eingeschränkt geeignet. Mit Hilfe dieser aus der Tradition psychologischer
Tests stammenden Gütekriterien kann betrachtet werden, ob operationalisierte
Konstrukte (z.B. Intelligenztests) tatsächlich das zu untersuchende Phänomen
(Intelligenz) erfassen.[216] Ob Validität bei Struktur- und Prozessevaluationen ein
geeignetes Gütekriterium ist, wird daher auch kritisch diskutiert.[217]

Um Aussagen treffen zu können, inwieweit die Stichprobe der Befragung der
Gesamtheit aller Mediothek-Nutzer im Untersuchungszeitraum entspricht,
wurden die Ergebnisse der Anfrage-Nutzer-Dokumentation und der Nutzer-
Befragung in Bezug auf die Variablen Alter, Geschlecht und Nutzergruppe
verglichen (Non-Responder-Analyse). Ein Vergleich soziodemografischer Daten
der Befragung mit Patientendaten der Krankenhausbehandlung war nicht möglich, da diese Informationen nicht zur Verfügung standen.

11.3   Experteninterviews

International sind heute qualitative Forschungsmethoden in der Gesundheits- und
Versorgungsforschung weitgehend akzeptiert.[218] Im deutschsprachigen Raum hat
insbesondere qualitative Gesundheitsforschung im Bereich der medizinischen
Soziologie eine lange Tradition. Aspekte der Versorgungsforschung wurden erst
mit Etablierung von Public Health Ende der 1990er Jahre stärker relevant.[219]

Methodisch ist qualitative Forschung im Gegensatz zur quantitativen
Forschung ein Ansatz zur Erhebung nicht standardisierter Daten und deren inter-
pretative Auswertung. Qualitative Studien erheben daher nicht den Anspruch,
repräsentativ, im Sinne von statistischer Generalisierbarkeit zu sein.[220]

---

214 vgl. Schermelleh-Engel, Werner 2007; Moosburger, Hartig 2003
215 vgl. Terwee et al. 2007
216 vgl. Wottawa 1993; Wellenreuther 2000
217 vgl. Willis, Stoelwinder, Cameron 2008
218 Mays, Pope 2000:50f
219 Schaeffer 2002:19f
220 Marx, Wollny 2009:105ff; Pope, Ziebland, Mays 2000:114f

Da qualitative Ansätze häufig zur Problemerschließung genutzt werden, sind qualitative Studien oftmals pragmatisch ausgerichtet. Das heißt jedoch nicht, dass qualitative Forschung keinen Regeln folgt, sondern vielmehr, dass die entsprechenden Methoden immer in Abhängigkeit vom jeweiligen Forschungskontext ausgewählt werden müssen.[219] Für die vorliegende Arbeit bedeutet dies, dass zur Analyse der Informations-Agentur, eine Methode gefunden werden musste, mit der soziale Situationen und Prozesse rekonstruiert werden können. Experteninterviews bieten dazu eine gute Möglichkeit.[221]

Experten sind im Verständnis von Gläser, Laudel (2006) ein Medium, durch das der Forscher Wissen erlangen kann. Experten sind demnach nicht das Objekt der Untersuchung, sondern waren Zeugen des interessierenden Sachverhalts. In diesem Sinne sind sie Menschen, „die ein besonderes Wissen über soziale Sachverhalte besitzen, und Experteninterviews eine Methode, dieses Wissen zu erschließen."[221] Experten sind in dieser Arbeit die Mitarbeiter des Klinikums.

11.3.1 Datenerhebung

Alle Gespräche mit Mitarbeitern des Klinikums wurden als Leitfadeninterviews geführt. Leitfadeninterviews eignen sich, wenn dadurch konkrete Informationen erhoben werden sollen und die Themen des Interviews durch die Untersuchung und nicht durch Antworten des Interviewpartners bestimmt werden. Beides gilt auch für Experteninterviews.[222]

Grundlage für diese Form der Befragung ist ein Interviewleitfaden. In diesem werden Fragen zusammengestellt, welche im Verlauf des Gesprächs durch den Experten beantwortet werden. Dem Prinzip der qualitativen Forschung, theoriegeleitet vorzugehen wird dadurch entsprochen, dass das aus der Untersuchungsfrage und den theoretischen Vorüberlegungen abgeleitete Informationsbedürfnis in Themen und Fragen des Leitfadens überführt wird. Durch offen gestellte Fragen, die dem Experten unterschiedliche Antwortmöglichkeiten erlauben, wird auch dem Prinzip der Offenheit qualitativer Forschung Rechnung getragen.[222]

Die Entwicklung des Leitfadens für die Experteninterviews erfolgte auf Grundlage der formulierten Forschungsfragen. Entsprechend sind wesentliche Bestandteile des Leitfadens Fragen zum PIZ, zum Umgang mit schriftlichen Patienteninformationen und zur Arbeit der Informations-Agentur. Ausgewählte Fragen werden in Tabelle 10 dargestellt.

---

221 Gläser, Laudel 2006:10
222 Gläser, Laudel 2006:107ff

Patienten-Informations-Zentrum
Wissen Sie, dass ein PIZ eingerichtet wurde? Wenn ja, woher?
Was halten Sie von der Idee / der Umsetzung? Welche Perspektiven sehen Sie?
Schriftliche Patienteninformationen
Welche Erfahrungen haben Sie mit schriftlichen Patienteninformationen?
Haben Sie Erfahrung mit der Entwicklung von schriftlichen Informationen?
Informations-Agentur
Wie haben Sie mit der Informations-Agentur zusammengearbeitet?
Welche Gründe hatten Sie für eine Zusammenarbeit?

Tabelle 10: Fragen im Experteninterview (Auswahl)

Mit der Rekrutierung der Interviewpartner war die Herausforderung verbunden, Mitarbeiter zur Befragung zu gewinnen, die Aufgrund ihrer spezifischen Stellung jeweils über andere Informationen verfügen. Hinzu kommt, dass neben inhaltlichen und methodischen Überlegungen auch praktische Aspekte wie die Bereitschaft der Mitarbeiter zur Teilnahme berücksichtigt werden mussten.[222]

Ein wichtiges Element der Interviews war die Befragung der Experten zur Arbeit der Informations-Agentur. Daher wurden zunächst Mitarbeiter angesprochen, die schon mit der Informations-Agentur zusammengearbeitet hatten. Zudem wurde mit ärztlichen Klinikleitungen und Pflegestationsleitungen Kontakt aufgenommen. Diese wurden ausgewählt, da sie die Entwicklung des Patienten-Informations-Zentrums begleitet hatten und das Thema zudem aus dem Blickwinkel der Leitungsebene betrachtet werden sollte. Zusätzlich zu diesen „Experten" der direkten Patientenversorgung konnten Mitarbeiter von Unterstützungsangeboten als Interviewpartner gewonnen werden (vgl. Tab. 11).

Berufsgruppe	F	M	Positionen
Pflege	3		Stationsleitung (2), Pflegeüberleitung (1)
Ärzte	2	6	Klinikleitung (5), Arzt (2), Assistenzarzt (1)
Therapeuten	1		Ernährungsberatung
Sozialdienst	1		Sozialdienst
Funktionsdienste	1		Hygienefachkraft
Ehrenamtliche	2		Grüne Damen, Beschwerdestelle
	10	6	(F=Frauen, M=Männer)

Tabelle 11: Übersicht Interviewpartner

Alle Gespräche wurden in der Zeit von Juni 2007 bis Dezember 2007 durchgeführt. Damit fanden die Interviews in einem frühen Stadium der Implementierung des Patienten-Informations-Zentrums statt. Dies hatte den Vorteil, dass schon erste Erfahrungen mit der Arbeit der Informations-Agentur existierten und dennoch in vielen Arbeitsbereichen die Ausgangssituation erfasst werden konnte. Die Interviews wurden im Arbeitsumfeld des Gesprächspartners durchgeführt und nahmen jeweils 45 bis 65 Minuten in Anspruch. Alle Gespräche wurden auf Tonband aufgenommen und anschließend transkribiert. Dabei wurden alle Aussagen der Interviewpartner wörtlich übernommen – Füllwörter wie „hm" und „ähm" wurden nicht transkribiert. Zur Unterstützung der Bearbeitung wurde die Software Atlas.ti Version 5.2 (Scientific Software Development GmbH) genutzt.

11.3.2 Datenauswertung

Die Datenauswertung erfolgte in Anlehnung an die qualitative Inhaltsanalyse nach Gläser, Laudel (2006). Bei diesem Ansatz wird der auszuwertende Text als Material betrachtet, in dem alle relevanten Daten enthalten sind. Gegenstand der qualitativen Inhaltsanalyse ist es dementsprechend, diese Daten aus dem Text zu extrahieren. Gläser, Laudel (2006) sprechen in diesem Zusammenhang bewusst von extrahieren, um den Unterschied zur Kodierung deutlich zu machen. Während bei der Kodierung der gesamte Text indiziert wird, werden bei der Extraktion dem Text Informationen entnommen. Grundlage dafür ist ein Suchraster (Kategoriesystem), welche sich von den Forschungsfragen ableitet.[223]

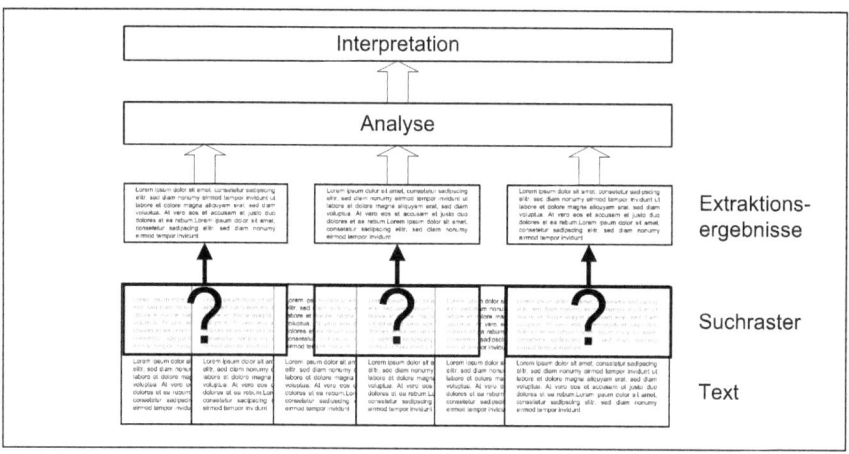

Abbildung 17: Prinzip der qualitativen Inhaltsanalyse nach Gläser und Laudel

---

223 Gläser, Laudel 2006:193ff

Durch diese Vorgehensweise wird mit der qualitativen Inhaltsanalyse eine von den Ursprungstexten verschiedene Informationsbasis geschaffen, die nur noch Informationen enthält, die zur Beantwortung der Untersuchungsfrage relevant sind. Die qualitative Inhaltsanalyse ist damit ein Verfahren, das sich frühzeitig vom Text trennt und versucht, die Informationsfülle zu reduzieren sowie entsprechend dem Untersuchungsziel zu strukturieren. Bedingt durch die Tatsache, dass das Kategoriesystem (Suchraster) von den Forschungsfragen abgeleitet wurde, entspricht die Struktur der Informationsbasis nach der Extraktion auch dem Konzept der Untersuchung. Durch die Analyse der Informationsbasis können nun die Fragen beantwortet werden (vgl. Abb. 17).[223]

12 Ergebnisse

12.1 Dokumentation Informations-Agentur

Im Zeitraum von Juni 2006 bis Juni 2008 wurden in der Informations-Agentur 52 Anfragen bearbeitet. Diese Anfragen bezogen sich zu 51,9 % auf die Erstellung schriftlicher Patienteninformationen, zu 25,0 % auf die Aktualisierung von bestehenden Informationen zu 9,6 % auf die Organisation von Veranstaltungen und zu jeweils 3,8 % auf die Entwicklung von Schulungsangeboten und die Aktualisierung der Website (vgl. Tab 12).

Aufgaben	N	%	Ansprechpartner	N	%
Erstellung Pat. Info	27	51,9	Chefärzte, Oberärzte	25	48,1
Aktualisierung Pat. Info	13	25,0	Pflege(-direktion) .	7	13,5
Organisation Veranstaltungen	5	9,6	Pat.-Unterstützung [224]	9	17,4
Schulungsangebote entwickeln	2	3,8	Funktionsbereiche [225]	5	9,6
Weiterentwicklung Website	2	3,8	Sonstige [226]	3	5,8
sonstiges	3	5,8	Keine Angabe	3	5,8

Tabelle 12: Aufgaben und Partner der Informations-Agentur

Die Analyse der Ansprechpartner in diesen Projekten zeigt, dass 48,1% der Anfragen von Ärzten (Chefärzte, Oberärzte, Assistenzärzte) und 13,5 % durch Pflegende bzw. die Pflegedirektion gestellt wurden. Einen großen Anteil haben zudem Anfragen von Angeboten zur Patientenunterstützung (17,4 %), wie beispielsweise dem Sozialdienst, der Psychoonkologie, dem Entlassungsmanagement und ehrenamtlichen Mitarbeitern. Projekte wurden aber auch mit der Öffentlichkeitsarbeit, der Klinikhygiene (Funktionsbereiche), Physiotherapeuten und Hebammen (Sonstige) durchgeführt. Die Auswertung der Bearbeitungszeit der Anfragen zeigt, dass in den meisten Fällen dabei ein Termin vereinbart wurde. Dabei haben persönliche Gespräche und die Kommunikation per E-Mail eine besondere Bedeutung (vgl. Tab. 13).

---

224 Grüne Damen, Selbsthilfe, Sozialdienst, Patientenbücherei, Psychoonkologie
225 Öffentlichkeitsarbeit, Klinikhygiene
226 Physiotherapie, Hebammen

Bearbeitungszeit	N	%	Bearbeitungsform	N	%
innerhalb einer Woche	10	19,2	telefonisch	2	3,9
Terminvereinbarung	34	65,4	persönlich	36	69,2
Fortlaufend	4	7,7	E-Mail	14	26,9
Sonstige	4	7,7			

Tabelle 13: Bearbeitung der Aufgaben

Wie auch die Auswertung aller Anfragen zeigt, lag der Tätigkeitsschwerpunkt der Informations-Agentur auf der Erstellung und Aktualisierung von schriftlichen Patienteninformationen. Insbesondere Flyer, Merkblätter und Broschüren wurden aktualisiert und erstellt. Das Spektrum der Inhalte ist dabei weit gestreut und reichte von Flyern für Fachkliniken (Organisatorisches, Behandlungsverlauf) über Kursangebote der Geburtsstation (Babytown) bis hin zu Informationen zum Umgang mit präoperativer Angst (vgl. Tab. 14).

Flyer	Merkblätter, Broschüren	Patientenunterstützung
Forum Brust 2009/2010	Kursangebote Babytown	Aktualisierung des Patientenfernsehens
Erste Hilfe für Herzpatienten	Umgang mit präoperativer Angst	Unterstützung bei der Gründung von Selbsthilfegruppen
Evangelische Krankenhausseelsorge	Heimprogramm nach einer Schulteroperation	Weiterentwicklung von Schulungsangeboten
Grüne Damen: Ökumenische Krankenhaushilfe	Auf einen Blick. Ihr stationärer Aufenthalt im Klinikum	Erstellung und Aktualisierung der Webseite
Psychosoz. Angebote für Patienten mit Krebserkrankungen	Hinweise für persönliche Operationsvorbereitungen	Unterstützung und Organisation von Patientenveranstaltungen

Tabelle 14: Ausgewählte Tätigkeiten und Ergebnisse

Neben der Aktualisierung und Erstellung schriftlicher Patienteninformationen sind aber auch zahlreiche andere Tätigkeiten zur Patientenunterstützung ein wichtiger Bestandteil der Informationsagentur. So unterstützte die Informations-Agentur die Gründung von Selbsthilfegruppen, war an der Entwicklung von Schulungsangeboten und der Organisation von Patientenveranstaltungen beteiligt.

12.2 Dokumentation Mediothek

12.2.1 Deskriptive Analyse

Im Zeitraum von Juni 2007 bis Juni 2008 wurden insgesamt 554 dokumentierte Anfragen an die Mediothek gerichtet. Diese verteilen sich auf 58,1 % Anfragen von Frauen, 37,2 % von Männern und 2,9 % von Ehepaaren. Verteilt auf Altersgruppen wurden 14,3 % der Anfragen von Nutzern zwischen 20 und 39 Jahren, 43,7 % von Nutzern zwischen 40 und 59 Jahren und 37,2 % von Nutzern mit 60 oder mehr Lebensjahren gestellt. Bezogen auf Nutzergruppen kamen 43,1 % von Patienten, 13,4 % von Angehörigen, 32,5 % von Bürgern, und 9,7 % von sonstigen Nutzern (Selbsthilfe, Mitarbeiter) (vgl. Tab. 15).

Gruppe	N	%	Alter	N	%	Geschlecht	N	%
Patienten	239	43,1	< 20	4	0,7	Frauen	322	58,1
Bürger	180	32,5	20-39	79	14,3	Männer	206	37,2
Angehörige	74	13,4	40-59	242	43,7	Ehepaare	16	2,9
Sonstige	57	9,7	> 60	206	37,2			

Tabelle 15: Anfragen nach Gruppen, Alter und Geschlecht[227]

Inanspruchnahme der Mediothek
Von allen Anfragen wurden 71,8 % (398) persönlich vor Ort in der Mediothek, 26,0 % telefonisch und 2,0 % schriftlich (E-Mail oder Brief) gestellt. Die Analyse der Inanspruchnahme nach Monaten zeigt, dass durchschnittlich 46 Nutzer pro Monat bzw. 11 Nutzer pro Woche Kontakt mit der Mediothek hatten. Insgesamt zeigt sich eine leicht ansteigende Tendenz, wobei speziell in den Monaten Oktober, November und Februar viele Anfragen dokumentiert wurden. Die Verteilung der Anfragen auf einzelne Wochentage ist ausgeglichen (20,0 % bis 22,9 %). Lediglich freitags (13,9 %) kommen weniger Besucher in die Mediothek.

Die Auswertung der Uhrzeit der Inanspruchnahme zeigt, dass insbesondere vormittags zwischen 9.00 und 12.00 Uhr (49,1 %) und nachmittags zwischen 14.00 und 16.00 Uhr (28,0 %) die Mediothek in Anspruch genommen wird. Aber auch mit Blick auf die Länge der Inanspruchnahme zeigt sich ein klarer Trend. So war mit 58,5 % aller Anfragen eine Besuchszeit vor Ort bzw. eine telefonische Beratung von bis zu 15 Minuten verbunden. Eine Besuchs- bzw. Beratungszeit von mehr als 30 Minuten war dennoch in 24,1 % der Anfragen erforderlich.

---

227 Fehlende bis 544 (100%) nicht dokumentiert

In Bezug auf die inhaltliche Inanspruchnahme der Mediothek zeigt die Analyse, dass 37,2 % der Besucher Informationen bzw. Informationsmaterial erhalten und 28,3 % im Internet recherchiert haben. Zudem haben 32,5 % die Bibliothek genutzt und waren 32,3 % auf der Suche nach einem Ansprechpartner. Weniger Besucher waren auf der Suche nach sozialer Unterstützung (7,2 %) oder benötigten Hilfe bei der Auswahl eines gesundheitlichen Dienstleisters (3,3 %).

Die wichtigsten Maßnahmen zur Öffentlichkeitsarbeit der Mediothek waren das Verteilen von Flyern und das Aufhängen von Plakaten. 27,4 % der Nutzer gaben an, dadurch vom PIZ erfahren zu haben. Aber auch die interne Information im Krankenhaus (Mitarbeiter, Sozialdienst, Hausfernsehen) (24,9 %) und regionale Zeitungen (10,8 %) waren eine wichtige Informationsquelle (vgl. Tab. 16).

Anlass*	N	%	Kenntnis durch**	N	%
Informationsmaterial	200	37,2	Flyer / Poster	152	27,4
Recherche Internet	152	28,3	Interne Information	125	24,9
Recherche Literatur	175	32,5	Zweiter Besuch	102	18,4
Ansprechpartner	174	32,3	Zeitung	60	10,8
Soziale Unterstützung	39	7,2	Familie / Freunde	13	2,3
Auswahlunterstützung	18	3,3	Selbsthilfe	6	1,1

Tabelle 16: Anlass der Inanspruchnahme und Öffentlichkeitsarbeit[228]

Behandlungs- und Versorgungsprozess
Mit Blick auf den Zeitpunkt der Inanspruchnahme im Behandlungs- und Versorgungsprozess wird deutlich, dass 7,6 % der Anfragen sich auf die Vorbereitung einer Krankenbehandlung bezogen, 36,1 % allgemeine Anfragen während des Ausaufenthaltes waren, und 10,3 % die Vorbereitung der Entlassung zum Gegenstand hatten. Weitere 8,8 % der Anfragen wurden von Patienten nach der Entlassung oder in ambulanter Versorgung gestellt. Anfragen, welche sich nicht auf eine konkrete Behandlungssituation bezogen, hatten einen Anteil von 35,9 %.

In Bezug auf eine mögliche Vermittlungsfunktion der Mediothek zeigt die Analyse, dass eine Weiterleitung innerhalb des Krankenhauses (Sozialdienst u.a.) in 28,9 % und eine Weiterleitung an Angebote außerhalb des Krankenhauses (Krankenkasse u.a.) in 20,6 % aller Anfragen erfolgte. Am häufigsten wurden dabei intern die Nutzer an den Sozialdienst (31,6 %) oder eine Fachklinik verwiesen (28,2 %). Aber auch die Seelsorge (7,9 %) und die Beschwerdestelle (6,2 %) waren wichtige weiterführende Angebote. Mit 30,3 % aller externen Weitervermittlungen hatten Selbsthilfeeinrichtungen eine große Bedeutung. Es

---

228 *Mehrfachnennungen möglich; **Fehlende bis 544 (100%) nicht dokumentiert oder sonstiges

folgen Beratungsstellen mit 23,2 %, gesundheitliche Dienstleister mit 16,9 %, niedergelassene Ärzte mit 14,1 % und die Pflegeberatung mit 4,9 %.

12.2.2 Subgruppenanalyse

Mit der Subgruppenanalyse wurden die Besuchergruppen (Patienten, Angehörige, Bürger), Altersgruppen (20-39; 40-59, ≥ 60) sowie Frauen und Männer in Bezug auf die Inanspruchnahme der Mediothek verglichen.

Vergleich von Besuchergruppen
Obwohl Frauen einen Anteil von 58,1 % an allen Besuchern haben, waren nur 48,8 % aller Patienten in der Mediothek weiblich. Demgegenüber waren Frauen mit 60,8 % bei Angehörigen und 62,6 % bei Bürgern leicht überrepräsentiert. Statistisch signifikant waren diese Unterschiede jedoch nicht. Signifikante Unterschiede zwischen den Besuchergruppen zeigen sich allerdings bei der Inanspruchnahme. Während 25,5 % der Patienten und 36,1 % der Bürger auf der Suche nach einem Ansprechpartner waren, gilt dies für 47,3 % der Angehörigen (P<0,01). Ein ähnliches Bild zeigt sich bei dem Wunsch nach sozialer Unterstützung. So war für 19,0 % der Angehörigen, aber nur für 10,4 % der Patienten und 4,8 % der Bürger soziale Unterstützung ein Anliegen im PIZ (P<0,01).

Anlass	Patienten	Angehörige	Bürger
Informationsmaterial	36,5	33,8	33,9
Recherche Internet	27,4	21,6	32,2
Recherche Literatur	35,6	25,7	32,8
Ansprechpartner (P<0,01)	25,5	47,3	36,1
Soziale Unterstützung (P<0,01)	10,4	19,0	4,8
Vermittlung			
Intern gesamt (P<0,001)	32,2	51,4	25,0
Sozialdienst (P<0,001)	13,5	21,6	4,4
Fachklinik	6,8	14,9	12,8
Seelsorge (P<0,05)	1,9	8,1	2,2
Extern gesamt (P<0,001)	13,0	14,9	31,1
Selbsthilfe	6,8	4,1	8,3
Beratungsstelle (P<0,01)	3,4	5,4	12,8
Arzt / Dienstleister (P<0,01)	3,3	9,4	14,4

Tabelle 17: Inanspruchnahme nach Besuchergruppen (%)

Aber auch in Bezug auf die interne oder externe Weitervermittlung der Besucher zeigen sich klare Unterschiede mit der Analyse der Dokumentation. Deutlich erkennbar wurde etwa, dass Angehörige (51,4 %) häufiger als Patienten (32,2 %) und Bürger (25,0 %) intern an weiterführende Angebote verwiesen wurden (P<0,001). Insbesondere der Sozialdienst (P<0,001) und Angebote der Seelsorge (P<0,05) hatten dabei eine große Bedeutung. Demgegenüber war (erwartungsgemäß) die externe Vermittlung für Bürger (31,4 %) relevanter als für Patienten (13,0) und Angehörige (14,9 %) (P<0,001) (vgl. Tab. 17).

Vergleich von Altersgruppen
Signifikante Unterschiede in Bezug auf den Frauenanteil zeigen sich bei der Betrachtung der Altersgruppen. So sind Frauen in den Altersgruppen 20 bis 39 Jahre (63,6 %) und 40 bis 59 Jahre (65,7 %) über- und in der Altersgruppe über 60 Jahre (54,1 %) unterrepräsentiert (P<0,05). Demgegenüber bestehen bei der Inanspruchnahme keine signifikanten Unterschiede zwischen den Altersgruppen. Auch nicht signifikante Unterschiede zeigten sich kaum mit der Analyse. Lediglich beim Anlass der Inanspruchnahme zeigen sich erkennbare Unterschiede. Wie die Auswertung zeigt, haben die über 60-Jährigen mehr Interesse an schriftlichem Informationsmaterial und war für die 20 bis 39-Jährigen insbesondere die Recherche nach Literatur relevant (vgl. Tab. 18).

Anlass	20-39	40-59	≥ 60
Informationsmaterial	35,4	31,4	41,3
Recherche Internet	25,3	30,2	26,2
Recherche Literatur	41,8	32,6	27,7
Ansprechpartner	31,6	28,1	35,9
Soziale Unterstützung	5,6	8,2	10,5
Vermittlung			
Intern gesamt	31,6	25,6	33,5
Sozialdienst	12,7	8,3	11,7
Fachklinik	11,4	8,3	9,2
Seelsorge	1,3	2,1	3,9
Extern gesamt	17,7	19,0	22,8
Selbsthilfe	8,9	6,6	7,8
Beratungsstelle	3,8	7,0	8,3
Arzt / Dienstleister	5,6	8,0	10,1

Tabelle 18: Inanspruchnahme nach Altersgruppen (%)

Vergleich von Männern und Frauen
Noch weniger Unterschiede zeigen sich bei der Betrachtung der Inanspruchnahme von Männern und Frauen. Weder in Bezug auf den Anlass, noch in Bezug
auf die interne oder externe Vermittlung zeigen sich signifikante oder zumindest
erkennbare Unterschiede. Insgesamt ist die Verteilung der Inanspruchnahme
zwischen Männern und Frauen sehr ausgeglichen (vgl. Tab. 19).

Anlass	Frauen	Männer
Informationsmaterial	33,9	38,3
Recherche Internet	26,7	28,6
Recherche Literatur	29,8	35,0
Ansprechpartner	29,8	35,0
Soziale Unterstützung	8,0	9,7
Vermittlung		
Intern gesamt	28,3	33,0
Sozialdienst	10,6	10,7
Fachklinik	8,7	10,2
Seelsorge	2,5	2,9
Extern gesamt	18,6	21,8
Selbsthilfe	6,2	8,7
Beratungsstelle	7,5	6,8
Arzt / Dienstleister	7,4	8,9

Tabelle 19: Inanspruchnahme nach Geschlecht (%)

12.2.3 Signifikanzanalyse

Während mit der Subgruppenanalyse Unterschiede zwischen den Besuchergruppen betrachtet wurden, sollten mit der Signifikanzanalyse mögliche
Unterschiede der Inanspruchnahme in Abhängigkeit von der Behandlungsphase
analysiert werden (Inanspruchnahme während der Krankenhausbehandlung,
zur Vorbereitung der Entlassung aus dem Krankenhaus, zur Vorbereitung der
Aufnahme ins Krankenhaus und nach der Behandlung im Krankenhaus).
   Signifikante Unterschiede in Abhängigkeit von der Behandlungsphase zeigen
sich mit der Analyse für die Recherche nach Literatur. Die Auswertung der
Dokumentation macht deutlich, dass insbesondere Besucher, die zur Vorbereitung
oder während des Krankenhausaufenthaltes die Mediothek aufsuchen, häufiger
nach Literatur recherchieren als Besucher, die zur Vorbereitung bzw. nach der
Entlassung aus dem Krankenhaus kommen (P<0,01) (vgl. Tab. 20).

Phase der Krankenhausbehandlung	N	ja%	P<
Während	200	37,5	
Vorbereitung Entlassung	57	19,3	
Vorbereitung Krankenhaus	42	31,0	
Nach Entlassung	30	6,7	0,01

Tabelle 20: Recherche nach Literatur

Demgegenüber war die Suche nach einem Ansprechpartner speziell für die Nutzer relevant, die zur Vorbereitung des Krankenhausaufenthaltes (50,0 %) oder nach der Entlassung (66,7 %) die Mediothek in Anspruch genommen haben. Zur Vorbereitung der Entlassung (31,6 %) oder während der Krankenhausbehandlung (25,0 %) waren die Besucher deutlich seltener auf der Suche nach einem Ansprechpartner (P<0,001) (vgl. Tab. 21).

Phase der Krankenhausbehandlung	N	ja%	P<
Während	200	25,0	
Vorbereitung Entlassung	57	31,6	
Vorbereitung Krankenhaus	42	50,0	
Nach Entlassung	30	66,7	0,001

Tabelle 21: Suche nach einem Ansprechpartner

Auch für den Wunsch nach sozialer Unterstützung zeigten sich mit der Auswertung signifikante Unterschiede in Abhängigkeit von der Behandlungsphase. So war insbesondere zur Vorbereitung der Entlassung (35,7 %) der Wunsch nach sozialer Unterstützung besonders groß. Demgegenüber hatte diese zur Vorbereitung (6,7 %), während (5,4) oder nach der Krankenhausbehandlung (14,3 %) eine deutlich geringere Bedeutung (P<0,001) (vgl. Tab. 22).

Phase der Krankenhausbehandlung	N	ja%	P<
Während	200	5,4	
Vorbereitung Entlassung	57	35,7	
Vorbereitung Krankenhaus	42	6,7	
Nach Entlassung	30	14,3	0,001

Tabelle 22: Soziale Unterstützung

12.2.4 Analytische Statistik

Mit Methoden der analytischen Statistik (binomiale Regression) wurde getestet, ob durch die Zugehörigkeit zu einer Besuchergruppe (Patient, Bürger, Angehörige) oder die Phase der Krankenhausbehandlung (Während, Entlassung, Vorbereitung, Nachstationär) Aspekte der Inanspruchnahme vorhergesagt werden können. Berücksichtigt wurden dabei nur Charakteristika, für welche signifikante Unterschiede gezeigt werden konnten.

Die Ergebnisse der binomialen Regression machen insgesamt deutlich, dass sich in Abhängigkeit von der Besuchergruppe die Nutzungsintention (Anlass) und der Bedarf an weiterführenden Unterstützungsangeboten (Vermittlung) signifikant unterschieden. Die Auswertung zum Zusammenhang zwischen Besuchergruppe und Anlass der Inanspruchnahme zeigt beispielsweise, dass eine deutlich höhere Wahrscheinlichkeit besteht, dass Angehörige auf der Suche nach einem Ansprechpartner sind als Patienten (OR: 1,6; $P<0{,}01$). Dies gilt auch für den Bedarf an sozialer Unterstützung (OR: 2,1; $P<0{,}01$) (vgl. Tab. 23).

Anlass	Kategorie	SE	df	P	OR	CI 95%	
Ansprechpartner	Patient*		2	0.002			
	Bürger	0,140	1	0.924	1,014	0,771	1,333
	Angehörige	0,172	1	0.006	1,609	1,149	2,254
	Konstante	0,107	1	0.000	0,558		
Unterstützung	Patient*		2	0,009			
	Bürger	0,291	1	0,007	0,453	0,256	0,801
	Angehörige	0,263	1	0,004	2,117	1,265	3,542
* Referenzkategorie	Konstante	0,186	1	0,000	0,111		

Tabelle 23: Nutzungsintention und Besuchergruppe

Zudem zeigt die Analyse einen Zusammenhang zwischen der Besuchergruppe und der internen Vermittlung. So ist die Wahrscheinlichkeit, dass Angehörige an den Sozialdienst oder die Seelsorge vermittelt werden im Vergleich zu Patienten mehr als doppelt so hoch (OR: 2,2; $P<0{,}01$ bzw. OR: 2,6; $P<0{,}05$) (vgl. Tab. 24).

Erwartungsgemäß hat die Weitervermittlung an externe Angebote für Bürger eine größere Bedeutung als für Patienten oder Angehörige. Die binomiale Regression zeigt, dass die Wahrscheinlichkeit bei Bürgern, an ein externes Angebot weitervermittelt zu werden, im Vergleich zu Patienten doppelt so hoch ist (OR: 2,0; $P<0{,}0001$). Insbesondere Beratungsstellen (z.B. Pflegeberatung) (OR: 2,2; $P<0{,}01$) und gesundheitsbezogene Versorgungsangebote (z.B. niedergelassene Ärzte) (OR: 2,9; $P<0{,}01$) haben dabei eine Bedeutung (vgl. Tab. 25).

Vermittlung intern	Kategorie	SE	df	P	OR	CI 95%	
Gesamt	Patient*		2	0,000			
	Bürger	0,147	1	0,001	0,605	0,454	0,807
	Angehörige	0,173	1	0,000	1,916	1,366	2,687
	Konstante	0,108	1	0,000	0,551		
Sozialdienst	Patient*		2	0,001			
	Bürger	0,268	1	0,000	0,369	0,219	0,624
	Angehörige	0,234	1	0,001	2,191	1,386	3,463
	Konstante	0,167	1	0,000	0,126		
Seelsorge	Patient*		2	0,036			
	Bürger	0,403	1	0,317	0,668	0,304	1,471
	Angehörige	0,371	1	0,010	2,595	1,255	5,365
* Referenzkategorie	Konstante	0,277	1	0,000	0,034		

Tabelle 24: Weiterführende interne Unterstützungsangebote und Besuchergruppe

Vermittlung extern	Kategorie	SE	df	P	OR	CI 95%	
Beratungsstelle	Patient*		2	0,003			
	Bürger	0,261	1	0,002	2,209	1,326	3,682
	Angehörige	0,373	1	0,690	0,862	0,415	1,792
	Konstante	0,227	1	0,000	0,066		
Arzt / Dienstleister	Patient*		2	0,003			
	Bürger	0,251	1	0,006	2,007	1,227	3,285
	Angehörige	0,327	1	0,516	1,236	0,652	2,346
* Referenzkategorie	Konstante	0,213	1	0,000	0,084		

Tabelle 25: Weiterführende externe Unterstützungsangebote und Besuchergruppe

Anlass	Kategorie	SE	df	P	OR	CI 95%	
Ansprechpartner	Während*		3	0,000			
	Entlassung	0,250	1	0,056	0,620	0,379	1,012
	Vorbereitung	0,264	1	0,264	1,343	0,800	2,253
	Nach	0,312	1	0,002	2,685	1,458	4,945
	Konstante	0,149	1	0,047	0,745		
Soziale Unterstützung	Während*		3	0,000			
	Entlassung	0,342	1	0,000	3,979	2,037	7,771
	Vorbereitung	0,577	1	0,245	0,512	0,165	1,584
	Nach	0,459	1	0,700	1,194	0,486	2,934
* Referenzkategorie	Konstante	0,255	1	0,000			

Tabelle 26: Nutzungsintention und Phase der Krankenhausbehandlung

Deutliche Unterschiede werden mit der Analyse auch für die Nutzungsintention in Abhängigkeit von der Phase der Krankenhausbehandlung bestätigt. Wie die Auswertung zeigt, ist die Wahrscheinlichkeit, dass die Besucher auf der Suche nach einem Ansprechpartner sind, in der Phase „Vorbereitung des Krankenhausaufenthaltes" (OR: 1,3; n.s.) und in der Phase „nach dem Krankenhausaufenthalt" (OR: 2,7; P<0,01) deutlich größer als während des Krankenhausaufenthaltes. Zur Vorbereitung der Entlassung aus dem Krankenhaus hat soziale Unterstützung eine besondere Bedeutung (OR: 4,0; P<0,0001) (vgl. Tab. 26).

12.3 Schriftliche Befragung

12.3.1 Deskriptive Analyse

Insgesamt wurden im Befragungszeitraum 76 Fragebögen ausgefüllt. Bei 398 persönlichen Anfragen vor Ort in der Mediothek entspricht dies einer Quote von 19,1 %. Da jedoch viele Anfragen sehr kurz und einige Nutzer aufgrund der Schwere ihrer individuellen Problemsituation keinen Fragenbogen ausgefüllt haben, wurden insgesamt nur 183 Fragebögen ausgehändigt. Dies entspricht einem Rücklauf von 41,5 %. Eine Übersicht zum Rücklauf gibt Abbildung 18.

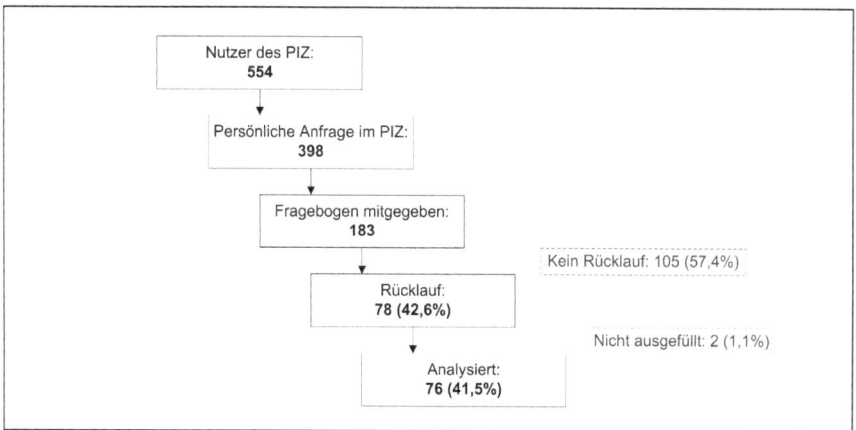

Abbildung 18: Flowchart Besucher-Befragung

Charakteristika der Befragungsteilnehmer
Die Auswertung der Ergebnisse zeigt, dass Frauen einen Anteil von 59,2 % und alle Nutzer ein durchschnittliches Alter von 54,3 Jahren (SD 15,1) hatten. Betrachtet nach Altersgruppen waren 12,5 % der Befragten zwischen 20 und 39 Jahre, 58,3 % zwischen 40 und 59 Jahre, und 29,1 % 60 Jahre oder älter. In Bezug auf Nutzergruppen verteilen sich die ausgefüllten Fragebögen zu 77,0 % auf Patienten, 9,5 % Angehörige und 13,6 % auf Bürger oder sonstige Nutzer. Zudem zeigt die Betrachtung des Bildungsniveaus, dass 13,7 % der befragten Nutzer einen Abschluss an einer Haupt- bzw. Volksschule und 30,1 % an einer Ober- oder Realschule hatten. Zudem gaben 19,2 % an, das Abitur und 31,5 % einen Hochschulabschluss abgeschlossen zu haben.

Inanspruchnahme der Mediothek
Mit welchem Anliegen die Nutzer die Mediothek aufsuchen und inwieweit unterschiedliche Angebote in Anspruch genommen werden, waren wesentliche Fragestellungen der Untersuchung. Dazu zeigt die deskriptive Auswertung, dass die Besucher sich am häufigsten informieren wollten (90,3 %), einen Ansprechpartner suchten (18,7 %) oder ins PIZ verwiesen wurden (6,7 %). Bezogen auf die Nutzung der Mediothek gaben die Befragten am häufigsten an, dass sie mit einer Mitarbeiterin gesprochen haben (86,6 %). Auch die Recherche in der Bibliothek (78,9 %) oder am PIZ-Computer (42,1 %) wurde von vielen Befragten genannt. Weniger Bedeutung hatten Broschüren (38,2 %) oder die Pinnwand (19,7 %).

Die Auswertung von relevanten Themen zeigte, dass speziell Informationen zu medizinischen und gesundheitsbezogenen Themen für die Befragten von Interesse waren. Aber auch Informationen zum Behandlungsverlauf, speziell zur nachstationären Versorgung sowie Informationen zu Angeboten der Patientenunterstützung waren wichtige Themen für die befragten Nutzer (vgl. Tab. 27).

Medizin, Gesundheit	N	%	Behandlung	N	%	Unterstützung	N	%
Krankheiten und Behandlung	59	78,7	Vorbereitung Krankenhaus	4	5,3	Angebote im Klinikum	17	25,3
Diagnose und Untersuchung	19	25,3	Krankenhausentlassung	6	8,0	Angebote der Selbsthilfe	11	14,7
Ernährung und Gesundes Leben	14	18,7	Nachstationäre Versorgung	20	26,7	Ansprechpartner in Bielefeld	4	5,3
Hilfe- und Pflegebedürftigkeit	1	1,3	Beschwerdemöglichkeiten	8	10,7	Ansprechpartner im Klinikum	3	4,0

Tabelle 27: Relevante Themen der befragten Besucher (Auswahl)

Neben Angeboten und Themen sollte auch der Frage nachgegangen werden, ob die Besucher der Mediothek notwendige Unterstützung erhalten haben. Auf die Frage „Haben Sie im PIZ Unterstützung erhalten?" gaben 88,2 % der Befragten an, Unterstützung bei der Nutzung im Allgemeinen, 79,4 % bei der Nutzung der PIZ-Bibliothek und 55,6 % bei der Nutzung des PIZ-Computers erhalten zu haben. Unzureichend unterstützt fühlten sich demgegenüber 11,5 % bei der Inanspruchnahme des PIZ im Allgemeinen, 9,2 % bei der Inanspruchnahme der PIZ-Bibliothek und 16,7 % bei der Inanspruchnahme des PIZ-Computers. Auf die Frage „Sind Probleme bei Ihrem PIZ-Besuch entstanden?" gaben zudem 14,7 % an, das PIZ nicht sofort gefunden zu haben, 2,9 % sagten, dass benötigte Informationen nicht vorhanden waren und 10,3 %, dass sonstige Probleme existierten. Dass keine Probleme aufgetreten sind, sagen 82,4 % der befragten Nutzer.

Die Auswertung des Freitextfeldes „Wie könnte Ihrer Meinung nach das PIZ-Angebot verbessert werden" zeigt darüber hinaus, dass insbesondere die Auffindbarkeit des Patienten-Informations-Zentrums verbessert werden sollte. So wurde am häufigsten die Ausschilderung des PIZ bemängelt und gefordert, den Bekanntheitsgrad beim Krankenhauspersonal zu erhöhen. Darüber hinaus sehen die Patienten Verbesserungspotenziale in Bezug auf die Integration des PIZ in den Behandlungsprozess, die Ausstattung der Bibliothek sowie die Infrastruktur im Allgemeinen. Besonders häufig wurde in Bezug auf diese Aspekte geäußert, dass die Ausstattung der Bibliothek mit Fachliteratur sowie die Einbindung in die ärztliche und pflegerische Betreuung verbessert werden sollte (vgl. Tab. 28).

Zugänglichkeit
Auffindbarkeit der Räumlichkeiten verbessern
Flyer bei der Aufnahme aushändigen
Behandlungs- und Versorgungsprozess
Behandelnde Ärzte sollten Patienten das PIZ gezielt empfehlen
Stärkere Einbindung des PIZ in die ärztliche und pflegerische Betreuung
Bekanntheitsgrad beim Personal verbessern
Ausstattung der Mediothek
Bibliothek sollte noch umfangreicher werden (Fachbücher, Zeitschriften)
Bücher sollten (kurzfristig) ausgeliehen werden können
Fremdsprachiges Informationsmaterial sollte vorhanden sein
Infrastruktur
Breitere Türen für Rollstuhlfahrer
Kopierer, um Informationen aus Büchern mitnehmen zu können
Kostenpflichtige Telefonhotline, um weitere Informationen zu erhalten

Tabelle 28: Vorschläge zur Weiterentwicklung in Freitextantworten

Zur Einschätzung des PIZ-Besuches wurden die Befragten gebeten, sich zu unterschiedlichen Aspekten zu äußern („stimme voll zu" bis „stimme gar nicht zu"). Den Aussagen „Insgesamt bin ich sehr zufrieden mit meinem PIZ-Besuch" und „Ich werde das PIZ weiterempfehlen" stimmten die Befragten dabei mit jeweils 97,1 % am häufigsten voll zu. Auch die Aussagen „Mir wurde im PIZ meinem Anliegen entsprechend geholfen" und „Das PIZ ist eine gute Ergänzung im Städtischen Klinikum" erhielten über 90 % volle Zustimmung. Neben der Beurteilung dieser ausgewählten Aspekte sollten die Befragten das PIZ auch insgesamt auf einer Notenskala von 1 (sehr gut) bis 6 (ungenügend) bewerten. Von allen Befragten (N=76) gaben 65,8 % die Note „sehr gut", 25,0 % die Note „gut" und 9,2 % machten keine Angabe.

Behandlungs- und Versorgungsprozess
Die Analyse der Behandlungs- und Versorgungssituation zeigte, dass von 57 Patienten, die den Fragebogen ausgefüllt haben, 65,0 % vor 4 oder mehr Tagen aufgenommen wurden. Zur Entlassung aus dem Krankenhaus gaben jeweils ein Drittel (34,0 %) an, am nächsten Tag entlassen zu werden bzw. dass der Termin noch nicht fest steht. Die Auswertung der Dauer zeigte, dass die meisten Befragten angaben, bis zu 6 Tagen im Krankenhaus behandelt zu werden (vgl. Tab. 29).

Aufnahme	N	%	Entlassung	N	%	Dauer	N	%
Vor	5	8,8	Nach	4	8,5	1-6 Tage	22	47,8
Gestern	7	12,3	Morgen	16	34,0	7-10 Tage	4	8,7
Vor 2-3 Tagen	8	14,0	2-3 Tagen	5	10,6	11-15 Tage	10	21,7
Vor 4-5 Tagen	12	21,1	≥4 Tagen	6	12,8	16-20 Tage	3	6,5
> 5 Tage	25	43,9	unbekannt	16	34,0	> 20 Tage	7	15,2

Tabelle 29: Befragungsteilnehmer nach Aufnahme, Entlassung und Dauer

Weitere Schritte	N	%
Ich werde demnächst eine Patienten-Vortragsreihe besuchen	9	14,3
Ich werde mich an den Krankenhaus-Sozialdienst wenden	9	14,3
Ich werde mich an den Gesundheitssport e.V. wenden	4	6,3
Ich werde die medizinische Fachbibliothek aufsuchen	16	25,4
Ich werde mich an die Selbsthilfe wenden	14	22,2
Ich werde mich an eine sonstige Stelle wenden	20	31,8
Ich werde keine weiteren Schritte unternehmen	19	30,2

Tabelle 30: Weitere Schritte der Befragten nach dem Besuch in der Mediothek

Die Analyse in Bezug auf die Vermittlungsfunktion der Mediothek zeigte, dass lediglich 30,2 % der Befragten keine weiteren Schritte unternehmen werden. Demgegenüber gaben 25,4 % an, die medizinische Fachbibliothek aufzusuchen, 22,2 % dass sie sich an eine Selbsthilfeorganisation und 14,3 %, dass sie sich an den Sozialdienst wenden werden. Zudem wollen 14,3 % der Befragten demnächst eine Patienten-Vortragsreihe besuchen (vgl. Tab. 30).

12.3.2 Subgruppenanalyse

Mit der Subgruppenanalyse wurden die Besuchergruppen (Patienten, Angehörige, Bürger), Altersgruppen (20-39; 40-59, $\geq$ 60) sowie Frauen und Männer in Bezug auf die Inanspruchnahme der Mediothek verglichen. Dargestellt werden nur ausgewählte Ergebnisse.

Vergleich von Besuchergruppen
Die Betrachtung der Besuchergruppen zeigt, dass keine signifikanten Unterschiede zwischen Patienten, Angehörigen und Bürgern in Bezug auf das Alter, den Frauenanteil und Bildung (> 10 Jahre) bestehen. Auffällig ist aber, dass die Bürger (59,3 Jahre; SD=14,9) älter als die befragten Patienten (52,9; SD=18,8) sind und auch der Frauenanteil höher ist (70,0 % vs. 57,9 %) (vgl. Tab 31).

	Patienten	Angehörige	Bürger[229]	Alle[230]
N	57	7	10	76
Alter (SD)	52,9 (14,9)	58,4 (14,1)	59,3 (18,8)	54,3 (15,1)
Frauen	57,9 %	57,1 %	70,0 %	59,2 %
Bildung > 10 Jahre	51,0 %	33,3 %	70,0 %	53,6 %

Tabelle 31: Soziodemografische Aspekte nach Besuchergruppen

Signifikante Unterschiede (P<0,01) zwischen Patienten, Angehörigen und Bürgern wurden mit der Subgruppenanalyse für das Anliegen der Inanspruchnahme deutlich. Während „Ich wollte mich informieren" von Patienten zu 96,4 % und Bürgern zu 80,0 % angegeben wurde, lag der Anteil bei Angehörigen nur bei 57,1 %. Demgegenüber waren diese häufiger auf der Suche nach einem Ansprechpartner (28,6 % vs. 17,9 % bei Patienten und 20,0 % bei Bürgern).

---

229 Bürger und sonstige wurden für die Subgruppen- und Signifikanzanalyse zusammengefasst
230 Fehlende bis 76: keine Angabe

Interessante Unterschiede (nicht signifikant) zeigten sich zwischen Patienten und Angehörigen. Während Patienten zu 29,8 % an Informationen zur Patientenunterstützung interessiert sind, ist dieses Thema für 71,4 % der Angehörigen relevant. Demgegenüber sind Patienten häufiger an medizinischen und gesundheitsbezogenen Informationen interessiert (86 % vs. 71,4 %). Die Analyse der weiteren Vorgehensweise nach dem Besuch zeigte zudem, dass Patienten und Bürger seltener weitere Schritte unternehmen als Angehörige (vgl. Tab. 32).

Anliegen	Patienten	Angehörige	Bürger	Alle
Informieren (P<0,05)	91,2	57,1	70,0	85,1
Ansprechpartner	17,9	28,6	20,0	18,7
Verwiesen	8,9	0,0	0,0	6,7
Nutzung				
PIZ-Bibliothek	91,1	100,0	87,5	91,5
PIZ-Computer	72,2	100,0	50,0	72,7
Mitarbeiterin gesprochen	98,0	100,0	90,0	97,1
Infomaterial mitgenommen	90,2	83,3	77,8	88,2
Mehr Unterstützung gewünscht	13,5	16,7	12,5	11,8
Weitere Schritte unternehmen	68,8	83,3	66,7	69,8
Probleme sind aufgetreten	24,0	16,7	0,0	20,6
Themen				
Medizin und Gesundheit	86,0	71,4	70,0	82,9
Behandlungsverlauf	45,6	28,6	10,0	39,5
Patientenunterstützung	29,8	71,4	20,0	31,6

Tabelle 32: Inanspruchnahme nach Besuchergruppen (%)

Vergleich von Altersgruppen
Der Vergleich von Altersgruppen zeigte, dass signifikante Unterschiede im Bildungsniveau (P<0,05) bestanden. Während alle Befragten im Alter von 20 bis 39 Jahren mehr als 10 Jahre Schulbildung haben, waren dies in der Gruppe 40 bis 59 Jahre nur 45,0 % und in der Gruppe ≥ 60 Jahre 60,0 %. (vgl. Tab 33).

	20-39	40-59	≥ 60	Alle[231]
N	10	42	20	76
Frauen	50,0%	59,5%	60,0%	59,2%
Bildung > 10 Jahre (P<0,05)	100,0%	45,0%	60,0%	53,6%

Tabelle 33: Soziodemografische Aspekte nach Altersgruppen

---

[231] Fehlende bis 76: keine Angabe

Die Analyse der Altersgruppen zeigte, dass jüngere Patienten häufiger auf der Suche nach einem Ansprechpartner waren. Während dies bei 30% der 20 bis 39-Jährigen der Fall war, gaben nur 17,1 % der 40 bis 59-Jährigen und 15,0 % der 60-Jährigen und Älteren an, dass sie einen Ansprechpartner suchen. Aber auch bei der Nutzung der Mediothek bestanden Unterschiede. So haben 50,0% der 30 bis 39-Jährigen, 69,6 % der 40 bis 59-Jährigen und 100,0 % der 60-Jährigen und Älteren am Computer recherchiert (P<0,05). Zudem wurde deutlich (n.s.), dass ältere Besucher (≥60) mehr Unterstützungsbedarf sehen als jüngere (vgl. Tab. 34).

Anliegen	20-39	40-59	≥ 60	Alle
Informieren	85,0	100,0	90,2	90,7
Ansprechpartner	30,0	17,1	15,0	18,7
Verwiesen	6,7	7,3	0,0	5,0
Nutzung				
PIZ-Bibliothek	100,0	94,4	81,8	91,5
PIZ-Computer (P<0,05)	50,0	69,6	100,0	72,7
Mitarbeiterin gesprochen	100,0	97,4	94,1	97,1
Infomaterial mitgenommen	66,7	89,2	100,0	88,2
Mehr Unterstützung gewünscht	0,0	10,8	22,2	11,8
Weitere Schritte unternehmen	37,5	75,7	78,6	69,8
Probleme sind aufgetreten	25,0	20,0	22,2	20,6
Themen	20-39	40-59	≥ 60	Alle
Medizin und Gesundheit (P<0,05)	100,0	88,1	66,7	82,9
Behandlungsverlauf	44,4	42,9	33,3	39,5
Patientenunterstützung	11,1	33,3	38,1	31,6

Tabelle 34: Inanspruchnahme nach Altersgruppen (%)

Unterschiede zwischen den Altersgruppen bestanden aber auch in Bezug auf relevante Themen. So wurde erkennbar, dass medizinische und gesundheitsbezogene Informationen für 20 bis 39-Jährige wichtiger sind als für ältere Besucher (≥60) (P<0,05). Auf der anderen Seite waren diese häufiger an Informationen zu Patientenunterstützung interessiert (nicht signifikant). Diese Tatsache spiegelt sich auch in der Ankündigung nächster Schritte wieder. Während nur 37,5 % der 20 bis 39-Jährigen weitere Schritte unternehmen, sind dies bei den 60-Jährigen und älteren Besuchern 78,6 %.

Vergleich von Männern und Frauen

Der Vergleich von Männern und Frauen zeigte keine signifikanten Unterschiede im Alter oder dem Bildungsniveau. Allerdings waren Männer im Durchschnitt 1,4 Jahre älter und hatten häufiger mehr als 10 Jahre Schulbildung (vgl. Tab. 35).

	Männer	Frauen	Alle
N	31	45	76
Alter (SD)	55,1 (16,1)	53,7 (14,6)	54,3 (15,1)
Bildung > 10 Jahre	59,3 %	50,0 %	53,6 %

Tabelle 35: Soziodemografische Aspekte nach Geschlecht

Anliegen	Männer	Frauen	Alle
Informieren	90,3	90,9	90,7
Ansprechpartner	22,6	15,9	18,7
Verwiesen	6,5	6,8	6,7
Nutzung			
PIZ-Bibliothek	92,3	90,9	91,5
PIZ-Computer	73,1	72,2	72,7
Mitarbeiterin gesprochen	100,0	94,7	97,1
Infomaterial mitgenommen	88,0	88,4	88,2
Mehr Unterstützung gewünscht	10,0	13,2	11,8
Weitere Schritte unternehmen	76,0	65,8	69,8
Probleme sind aufgetreten	28,6	15,0	20,6
Themen			
Medizin und Gesundheit	83,9	82,2	82,9
Behandlungsverlauf	45,2	35,6	39,5
Patientenunterstützung	35,5	28,9	31,6

Tabelle 36: Inanspruchnahme nach Geschlecht (%)

Die Subgruppenanalyse für Männer und Frauen zeigte keine signifikanten und insgesamt wenige erkennbare Unterschiede zwischen den Geschlechtern. Sowohl für das Anliegen als auch für Themen und gewünschte Unterstützung unterschieden sich Frauen und Männer sehr wenig. Lediglich bei Problemen zeigten sich Differenzen und gaben Männer (28,6 %) häufiger als Frauen (15,0 %) an, dass Probleme bei der Inanspruchnahme der Mediothek aufgetreten sind. Zudem unternehmen Männer häufiger weitere Schritte als Frauen (vgl. Tab. 36).

12.3.3 Signifikanzanalyse

Mit der Signifikanzanalyse wurde getestet, ob in Bezug auf Behandlungs- und Versorgungsaspekte (KH-Aufnahme, KH-Dauer, KH-Entlassung) sowie Bildung (in Jahren) Unterschiede bei der Inanspruchnahme der Mediothek bestanden. Dargestellt werden nur ausgewählte Ergebnisse.

Die Auswertung des Anliegens zeigte, dass in Abhängigkeit von Behandlungs- und Versorgungsaspekten, signifikante Unterschiede bestanden. So gaben Patienten, welche bis zu 10 Tagen im Krankenhaus behandelt wurden, häufiger an, dass sie sich informieren wollten. Zudem scheint der Termin zur Entlassung aus dem Krankenhaus eine Bedeutung zu haben. Während Patienten, die in bis zu 3 Tagen entlassen werden, eher an einem Ansprechpartner interessiert waren, gaben Patienten mit einem späteren Entlassungstermin häufiger an, dass sie in die Mediothek verwiesen wurden (vgl. Tab. 37).

Abhängige Variable	Unabhängige Variable	Kategorie	N	ja%	P<
Informieren	KH-Dauer	≤ 10 Tage	26	96,2	
		> 10 Tage	21	71,4	0,05
Ansprechpartner	KH-Entlassung	< 3 Tage	23	30,4	
		≥ 4 Tage	20	5,0	0,05
Verwiesen	KH-Entlassung	< 3 Tage	25	0,0	
		≥ 4 Tage	22	18,2	0,05

Tabelle 37: Anliegen der Besucher

Zur Ankündigung nächster Schritte zeigt die Analyse, dass Patienten mit bis zu 10 Jahren Bildung häufiger angeben, sich demnächst an den Krankenhaus-Sozialdienst zu wenden. Zudem wollen Patienten, welche länger als 10 Tage im Krankenhaus behandelt werden ($P < 0,01$) öfter die medizinische Fachbibliothek aufsuchen als Patienten mit einer kürzeren Verweildauer (vgl. Tab. 38).

Abhängige Variable	Unabhängige Variable	Kategorie	N	ja%	P<
Kontakt Sozialdienst	Bildung	≤ 10 Tage	27	29,6	
		> 10 Tage	31	0,0	0,01
Med. Fachbibliothek	KH-Dauer	≤ 10 Tage	22	4,8	
		> 10 Tage	14	100,0	0,01

Tabelle 38: Nächste Schritte der Besucher

Auch bei der Auswahl der Themen spielte der Entlassungstermin eine Rolle. So gaben Patienten, welche in bis zu 3 Tagen entlassen werden sollten, häufiger an, dass sie an Informationen zu Beschwerdemöglichkeiten und medizinischen, gesundheitsbezogenen Informationen interessiert sind. Zudem bestand bei Patienten mit einer Behandlungsdauer von bis zu 10 Tagen ein größeres Interesse an Diagnosen und Untersuchungsmethoden. Darüber hinaus wurde deutlich, dass sich Patienten mit bis zu 10 Jahren Bildung stärker für die Themen Ernährung und gesundes Leben sowie den Sozialdienstes interessieren (vgl. Tab. 39).

Abhängige Variable	Unabhängige Variable	Kategorie	N	ja%	P<
Beschwerdemöglichkeiten	KH-Entlassung	< 3 Tage	25	20,0	
		≥ 4 Tage	21	0,0	0,05
Medizin / Gesundheit	KH-Entlassung	< 3 Tage	25	100,0	
		≥ 4 Tage	22	72,7	0,01
Diagnose / Untersuchung	KH-Dauer	≤ 10 Tage	26	42,3	
		> 10 Tage	19	10,5	0,05
Ernährung / Gesundheit	Bildung	≤ 10 Tage	31	6,9	
		> 10 Tage	37	42,3	0,05
Angebote Sozialdienst	Bildung	≤ 10 Tage	31	19,2	
		> 10 Tage	37	0,0	0,05

Tabelle 39: Relevante Themen

12.3.4 Analytische Statistik

Wie bei der Auswertung der Dokumentation wurde auch bei der Analyse der Besucherbefragung mit Methoden der analytischen Statistik (binomiale Regression) getestet, ob für Aspekte, bei welchen sich signifikante Unterschiede in der Subgruppen- und Signifikanzanalyse zeigten, auch ein statistischer Zusammenhang nachgewiesen werden kann. Aufgrund der Stichprobengröße konnte eine Regression jedoch nicht für alle Variablen durchgeführt werden.

Die Analyse des Zusammenhangs zwischen Besuchergruppen und Nutzung zeigt, dass Patienten sich mit einer größeren Wahrscheinlichkeit informieren als Bürger und Angehörige. Allerdings ist nur das Gesamtmodell ($P<0,05$) und nicht der Unterschied zwischen den Gruppen signifikant (vgl. Tab. 40).

Nutzung	Kategorie	SE	df	P	OR	CI 95%	
Informieren	Patient*		2	0,036			
	Bürger	0,580	1	0,133	0,418	0,134	1,304
	Angehörige	0,548	1	0,570	0,732	0,250	2,145
* Referenzkategorie	Konstante	0,377		0,002	3,187		

Tabelle 40: Nutzung und Besuchergruppen

Zudem zeigt die Auswertung, dass in Abhängigkeit von der Dauer der Kranken-hausbehandlung einzelne Themen eine unterschiedliche Relevanz haben. So sind Patienten die bis zu 10 Tage im Krankenhaus behandelt werden, deutlich häufiger an Informationen zur Diagnose und am Ablauf der Untersuchung interessiert (OR: 2,8; P<0,05) (vgl. Tab. 41).

Themen	Kategorie	SE	df	P	OR	CI 95%	
Diagnose,	< 10 Tage*						
Untersuchung	> 10 Tage	0,421	1	0,015	2,777	1,216	6,344
* Referenzkategorie	Konstante	0,421	1	0,005	3,240		

Tabelle 41: Themen und Dauer der Krankenhausbehandlung

12.3.5 Bestimmung von Test-Gütekriterien

Analyse fehlender Werte
Fehlende Werte von bis zu 10 % weisen insgesamt 12 Items des Fragebogens auf. Zudem haben 7 Items zwischen 10 % und 19 %, 4 Items zwischen 20 % und 29 %, 5 Items zwischen 30 % und 39 % und 2 Items zwischen 40 % und 49 % fehlende Werte. Über 50 % fehlende Werte wurden bei 3 Items gezählt. Beachtet werden muss bei der Interpretation der Ergebnisse jedoch, dass 4 Items nur an Patienten (75 % aller Befragten) adressiert waren. Fehlende Werte von 20 % bis unter 30 % waren bei diesen Items entsprechend zu erwarten.

Boden- Deckeneffekte
Die Analyse von Boden- und Deckeneffekten für Frage 7 (Inwieweit stimmen Sie folgenden Aussagen zu?) zeigt, dass bei keiner der zur Auswahl gestellten Aussagen „Stimme gar nicht zu" angekreuzt wurde. Die Antwortmöglichkeit „Stimme voll zu" wurde demgegenüber sehr häufig gewählt. Neben tatsächlich hoher Zustimmung können dafür auch Effekte sozialer Erwünschtheit oder eine unzureichende Abstufung der Antworten mögliche Ursachen sein.

Non-Responder-Analyse

Die Non-Responder-Analyse macht deutlich, dass Patienten in der Besucher-Befragung deutlich überrepräsentiert sind. Während die Dokumentation der Mediothek zeigt, dass 43,1 % der Besucher Patienten waren, lag der Anteil von Patienten in der Besucherbefragung bei 77,0 %. Für Bürger zeigt sich ein anderes Bild. Obwohl 32,5 % aller Besucher Bürger waren, nahmen nur 9,5 % an der Befragung teil. In Bezug auf Altersgruppen zeigt die Analyse, dass der Anteil der 40 bis 59-Jährigen an der Besucher-Befragung im Vergleich zur Dokumentation größer und der Anteil der über 60-Jährigen niedriger ist (vgl. Tab. 42).

Besuchergruppen	Besucher-Befragung		Dokumentation Mediothek	
	N	%	N	%
Patienten	57	77,0	208	43,1
Angehörige	7	9,5	74	13,4
Bürger	7	9,5	180	32,5
Sonstige	3	4,1	57	9,7
Altersgruppen	Besucher-Befragung		Dokumentation Mediothek	
< 20	0	0,0	4	0,7
20-39	10	13,2	79	14,3
40-59	42	55,3	242	43,7
≥ 60	20	26,3	206	37,2
Geschlecht				
Weiblich	45	59,2	322	58,1
Männlich	31	40,8	206	37,2

Tabelle 42: Non-Responder-Analyse

Reliabilität des Instruments

Für die gegenstandsbezogenen Items 1 bis 8 wurde mit der Reliabilitätsanalyse ein Cronbach-α-Koeffizient von 0,679 berechnet.

12.4 Experteninterviews

12.4.1 Kategoriesystem

Das Kategoriensystem (Suchraster) zur Analyse der Texte wird auf Grundlage der Forschungsfragen vor einer inhaltlichen Betrachtung des Materials definiert. Dennoch ist es zugleich aber auch offen. Tauchen neue Informationen auf, kann das Material während der Extraktion angepasst und können existierende Kategorien verändert oder neue konstruiert werden.[223] In der vorliegenden Auswertung wurde das Kategoriensystem während der Analyse nur geringfügig im Bereich „Informations-Agentur" verändert (vgl. Tab. 43). Nachfolgend werden die Ergebnisse der Auswertung vorgestellt. Zur Gewährleistung der Übersichtlichkeit werden am Ende der Darstellung einer Kategorie Unterkategorien und Ergebnisse in einer Tabelle zusammengefasst.

Analysebereiche	Kategorie
Ausgangsituation	Bedeutung schriftlicher Patienteninformation
	Erstellung schriftlicher Patienteninformation
Mediothek	Einschätzung der Mitarbeiter
Informations-Agentur	Gründe für die Zusammenarbeit
	Erstellung schriftlicher Patienteninformationen

Tabelle 43: Kategoriesystem der Analyse

12.4.2 Ausgangssituation

Bedeutung schriftlicher Patienteninformation
In einem ersten Schritt zur Analyse der Ausgangsituation wurde betrachtet, wie medizinische Klinikleitungen (Chefärzte) die Bedeutung schriftlicher Patienteninformationen einschätzen. Relevant ist speziell deren Meinung, da diese bis heute in den Fachklinken von Krankenhäusern nicht nur die medizinische Ausrichtung sondern auch die Organisationsstrukturen prägen.

Insgesamt wurde mit den Gesprächen ersichtlich, welche große Bedeutung dem Thema Patienteninformation heute zugesprochen wird. Vorbei scheint die Zeit zu sein, in welcher Patienteninformation als ergänzende Maßnahme gesehen wurde. Die Interviews mit den Chefärzten offenbaren ein modernes Verständnis, in dem Patienteninformation ein wichtiges Element der Patientenversorgung ist.

„Modernes Patientenmanagement erfordert eine bessere Informationsstruktur." (P12: 31)

Wie in diesem Zitat wird oft betont, dass modernes Patientenmanagement ohne eine verbesserte Informationsstruktur nicht mehr denkbar ist. Aus der Perspektive der Behandlung und Versorgung liegen die Schwerpunkte bei der Weiterentwicklung von Informationsstrukturen in Krankenhäusern und Fachkliniken insbesondere im Bereich von Prozessen und Serviceleistungen.

„Die Klinikabläufe sowie Serviceleistungen könnten im Rahmen von Patienteninformationen standardisiert und besser vermittelt werden." (P14: 87-88)

Dabei gilt es aus der Perspektive der Chefärzte, Patienteninformation dafür zu nutzen, Abläufe und ergänzende Leistungen weiter zu standardisieren und mehr Transparenz zu gewährleisten. Eine klare Informationsstruktur, welche sich sowohl an den Bedürfnissen der Patienten als auch an den Erfordernissen des Klinikalltags orientiert, ist dafür eine wichtige Voraussetzung.

„Bei bestimmten Krankheitsbildern ist die Patienteninformation für den Erfolg der Behandlung von großer Bedeutung, z.B. bei Neurodermitis." (P12: 73-74)

Zudem besteht bei den Klinikleitungen Einigkeit darüber, dass bei ausgewählten Krankheiten Patienteninformation eine wichtige Voraussetzung für den Behandlungserfolg ist. Entsprechend wurde in den Interviews auch immer wieder die Bedeutung von Patienteninformation auf die Behandlungsqualität diskutiert.

„Der Ausbau von Patienteninformationen hat einen Einfluss auf die Behandlungsqualität. Gut vermittelte Informationen erhöhen die Behandlungsbereitschaft der Patienten." (P14: 92-94)

Wie in diesem Zitat wurde auch in anderen Gesprächen deutlich, dass aus der Perspektive der Chefärzte Patienteninformation einen großen Einfluss auf die Behandlungsqualität hat. Grundlage für diese Überzeugung ist die Erfahrung, dass gut vermittelte Informationen die Behandlungsbereitschaft sowie die Motivation zur aktiven Unterstützung der Behandlung erhöhen. Auch die Bedeutung von Informationen für die Patientenzufriedenheit wurde thematisiert.

„Nur zufriedene Patienten machen die Behandlung und damit auch die Heilung einfacher. Die Aufklärung und Information verbessert die Zufriedenheit der Patienten." (P12: 37-39)

Die Analyse der Interviews zeigt dazu, dass eine gründliche Aufklärung und Information des Patienten auch dessen Zufriedenheit spürbar verbessert. Damit verbunden ist aber nicht nur, dass die Behandlung des Patienten unterstützt wird, sondern auch eine bessere Arbeitsatmosphäre im Ärzte- und Pflegeteam.

„Der Werbeeffekt von Patienteninformation kann dabei unterstützen (...) klinik-interne Prozesse öffentlichkeitswirksam nach außen zu tragen." (P15: 26-28)

Nicht übersehen werden darf aber auch, dass den Klinikleitungen die Bedeutung von Patienteninformation für das Marketing ihrer Klinik sehr bewusst ist. Offen thematisiert werden etwa Aspekte wie der Werbeeffekt von Patienteninformation oder die öffentlichkeitswirksame Darstellung von Klinikprozessen. Neben der werbewirksamen Darstellung von Leistungen durch Patienteninformation wird diese selbst auch als Service und mögliches Alleinstellungsmerkmal angesehen.

„Das Klinikum sollte sich auf Grundlage von Serviceleistungen überregional behaupten. Auf diese Weise besteht die Möglichkeit, das Image stetig zu verbessern." (P14: 26-28)

Entsprechend gilt es aus Sicht der Klinikleitungen Patienteninformation zum einen als wichtiges Servicemerkmal zu etablieren und zum anderen dafür zu nutzen, sowohl medizinische als auch serviceorientierte Leistungen stärker überregional zu vermarkten. Eine Übersicht zu allen Kategorien gibt Tabelle 44.

Unterkategorie	Ergebnisse
Behandlungsqualität	- Grundlage Patientenmanagement
	- Unterstützung des Behandlungsprozesses
	- Behandlungsbereitschaft von Patienten erhöhen
	- Heilungschancen und Zufriedenheit verbessern
Marketing	- Werbewirksame Darstellung von Prozessen
	- Wichtiger Bestandteil der Servicequalität
	- Steigerung der Nachfrage

Tabelle 44: Kategorie „Bedeutung schriftlicher Patienteninformationen" – Sicht von Klinikleitungen

In einem zweiten Schritt wurde betrachtet, wie Mitarbeiter (Ärzte, Pflegende u.a.) die Bedeutung schriftlicher Patienteninformationen einschätzen. Dabei wurde gleich zu Beginn ein sehr ambivalentes Verhältnis der Mitarbeiter deutlich. Diese Ambivalenz zeigt sich in vielen Interviews und ist dadurch gekennzeichnet, dass auf der einen Seite die große Bedeutung von Patienteninformationen betont, auf der anderen Seite aber auch immer eingeschränkt wird, dass diese nicht in dem gewünschten Umfang zur Verfügung stehen.

„Ich fände es gut, wenn wir Informationsmaterial zum Lesen hätten für die Patienten. Wir haben ein paar Sachen (…) das reicht aber nicht aus." (P9: 537-539)

Auffällig war in den Gesprächen insgesamt, dass zum Thema Bedarf an schriftlichen Informationsmaterialien wenige Details genannt wurden. Für die Interviewpartner scheint klar zu sein, dass ein großer Bedarf besteht. Entsprechend standen eher Aspekte der Verfügbarkeit schriftlicher Informationen in den Gesprächen im Vordergrund. Thematisiert wurde dabei häufig, dass der Bestand an schriftlichen Informationen auf vielen Stationen nicht transparent ist. Dies scheint insbesondere für Broschüren oder Flyer, die den Behandlungsverlauf oder Organisationsstrukturen im Krankenhaus näher darstellen, zu gelten.

„Ich hab jetzt nicht so genau den Überblick, was es im Moment an Informationsmaterial und Broschüren gibt, die bei uns die häufigsten Dinge näher erläutern." (P2: 372-374)

Große Herausforderungen sind für die Mitarbeiter auch damit verbunden, in einer konkreten Situation Informationsmaterial zeitnah für einen Patienten zur Verfügung zu stellen. Welche Anforderungen im Einzelfall damit verbunden sein können, wird anschaulich im folgenden Interviewausschnitt dargestellt:

„Der Ausgangspunkt war ein Patient, der mit einem Stoma versorgt werden musste. Der war völlig verzweifelt, weil er sich überhaupt nicht vorstellen konnte, wie sein Leben nach dieser Stomaanlage aussehen würde. Dachte das riecht und so weiter. Der Patient war völlig verunsichert. (…) ich habe dem Patienten (…) versprochen, dass ich versuchen werde, Informationsmaterial zu beschaffen. Daraufhin habe ich zunächst eine Kollegin gefragt. Die wusste aber nur, dass wir mal was hatten. Und dann habe ich angefangen zu suchen. Ich habe kistenweise Informationsmaterial zu anderen Themen gefunden (…), die nie ausgepackt wurden. Dann habe ich die Nachbarstation angerufen, die wussten auch nichts. Und dann wusste ich, dass Prof. XY eine Stomasprechstunde anbietet (…) und dachte die Chefarztsekretärin muss doch was wissen. Und da bin ich dann hingelaufen. Da habe ich gar nicht erst angerufen, weil ich dachte, vielleicht kann ich schon selber suchen und die sagte dann: ,Ja, eigentlich müssten wir noch was haben' und dann hat sie auch angefangen, Schränke zu durchsuchen (…) und ist fündig geworden. (…) Der Patient war ganz happy." (P9: 825-852)

Beispielhaft zeigt dieser Ausschnitt zunächst sehr klar, mit welchen individuellen Problemlagen Krankenhauspatienten konfrontiert sein können. Insbesondere im Umgang mit Unsicherheit in Bezug auf neue Lebenssituationen können dabei schriftliche Informationsmaterialien einen wichtigen Beitrag leisten. Sehr deutlich wird aber auch, wie aufwendig es für Mitarbeiter sein kann, bei Bedarf entsprechende Informationsmaterialien zur Verfügung zu stellen. So findet der Mitarbeiter auf der Suche nach Informationen zum Thema „Leben mit Stoma" zunächst nur zahlreiche Broschüren zu anderen Themen. Auch Rücksprachen mit Kollegen der eigenen und der Nachbarstation führen zu keinem Ergebnis. Erst seine Kenntnisse über interne Strukturen führen ihn schließlich zum gesuchten Informationsmaterial. Erkennbar werden damit aber auch wesentliche Charakteristika der Organisation von Informationsmaterial. So ist die schriftliche Patienteninformation in diesem Beispiel stark fragmentiert und findet Austausch nur selten statt. Deutlich wird zudem, dass die Organisation schriftlicher Materialien nach wie vor stark durch tradierte Strukturen bestimmt wird.

Der Interviewausschnitt zeigt aber auch, dass vorhandenes Informationsmaterial nicht ausreichend in organisatorische Strukturen eingebunden ist. Deutlich wird in anderen Gesprächen dazu, dass selbst grundlegende Voraussetzungen zur Nutzung schriftlicher Patienteninformationen nicht gegeben sind. Dies beginnt schon bei der Frage, wo und wie Informationsmaterial auf den Stationen gelagert und bei Bedarf zugänglich gemacht wird. Nicht selten wird eine bedarfsgerechte Vermittlung von Informationsmaterial schon dadurch erschwert, dass wenige Möglichkeiten bestehen, dieses auf den Stationen zugänglich zu machen.

„Wir haben keinen Standort, wo wir was hin packen können. Wir haben alles im Dienstzimmer (...) oder im Intranet, ich druck das bei Bedarf aus." (P5: 504-506)

Die Interviews zeigen zudem, dass bisher keine klare Strategie der Informationsvermittlung existiert. Ein wichtiger Aspekt dabei ist die Tatsache, dass Patienten und Angehörige zwar von unterschiedlichen Diensten und Angeboten innerhalb des Krankenhauses Informationen erhalten, diese Informationsvermittlung jedoch stark an den Strukturen des Krankenhauses und der jeweiligen Verfügbarkeit orientiert ist. So bekommen Patienten schriftliches Informationsmaterial nicht nur von Ärzten (meist Aufklärungen), Pflegenden oder Therapeuten, sondern auch von ehrenamtlichen Mitarbeitern.

„Wir (Grüne Damen) *haben ein Selbsthilfeheft auf dem Bücherwagen, und das teilen wir auch aus. Was wir auch haben (...) ich hab mir mal von der Bundeszentrale für gesundheitliche Aufklärung Broschüren in Fremdsprachen schicken lassen"* (P10: 349:352)

Wie dieses Zitat zeigt, werden schriftliche Patienteninformationen auch von den Grünen Damen weitergegeben. Interessant ist an diesem Beispiel weniger die Frage, ob diese Weitergabe immer situationsgerecht ist, sondern vielmehr die Tatsache, dass keiner der befragten Mitarbeiter von den Aktivitäten der Grünen Damen wusste. Exemplarisch verdeutlicht dieses Beispiel damit die aktuelle Situation bei der Weitergabe von schriftlichen Informationen. Diese ist auf der einen Seite im Einzelfall durch viel Engagement und Kreativität gekennzeichnet. Auf der anderen Seite existieren aber kaum Absprachen zwischen den Akteuren, wer welche Informationen zur Verfügung stellt. Insgesamt scheint die Weitergabe von schriftlichen Informationen oftmals weniger am Bedarf als vielmehr von Strukturen und dem Engagement Einzelner abzuhängen (vgl. Tab. 45).

Unterkategorie	Ergebnisse
Bedarf	- Großer Bedarf an schriftlichem Informationsmaterial
Verfügbarkeit	- Organisatorische Einbindung ist nicht gewährleistet
	- Vorhandenes Angebot ist oftmals intransparent
	- Fragmentierte Informationsvermittlung
	- Tradierte Strukturen

Tabelle 45: Kategorie „Bedeutung schriftlicher Patienteninformationen" – Sicht von Mitarbeitern

Erstellung schriftlicher Patienteninformationen
Neben dem Aspekt des Bedarfs und der Verfügbarkeit sollten zur Beschreibung der Ausgangssituation auch die bestehenden Rahmenbedingungen und Prozesse zur Erstellung schriftlicher Patienteninformationen erhoben werden. Sehr deutlich zeigen die Gespräche dazu, dass die Notwendigkeit der Erstellung situations-gerechter Informationsmaterialien gesehen wird, allerdings bislang zahlreiche Barrieren bestehen. Insbesondere werden fehlende Ressourcen beklagt.

„Derzeit ist die Erstellung weiterer Informationsbroschüren geplant, für die jedoch bisher sowohl finanzielle und im Besonderen personelle Ressourcen fehlen" (P14: 57-59)

Wie in diesem Ausschnitt wird in zahlreichen Interviews zwar die schwierige finanzielle Situation betont, allerdings werden als größeres Problem fehlende personale Ressourcen benannt. Insbesondere zur inhaltlichen Gestaltung und Koordination der Erstellung von Informationsmaterialien stehen nur sehr begrenzt Mitarbeiter zur Verfügung. Zwar sind in vielen Fachkliniken formal die Oberärzte für die Erstellung von Informationsmaterial zuständig. Allerdings hat diese Aufgabe nur eine nachgeordnete Bedeutung. In der täglichen Arbeitsroutine bedeutet das, dass Tätigkeiten zur Entwicklung oder Aktualisierung von Patienteninformationen von den verantwortlichen Ärzten zusätzlich zu ihren medizinischen Aufgaben und oftmals in der Freizeit übernommen werden. Zwar werden in einigen Kliniken die Oberärzte durch Assistenzärzte unterstützt, allerdings sind deren zeitliche Möglichkeiten ebenso stark beschränkt. Insgesamt ist damit verbunden, dass neue Angebote nur entstehen, wenn es der Klinikalltag erlaubt und hohes Engagement der Ärzte vorhanden ist.

„Mit Patienteninformation sind vor allen die Oberärzte betraut." (P15: 30-32)
„Eine Unterstützung durch Assistenzärzte ist gegeben, diesen fehlt jedoch aufgrund bestehender Überstunden die Zeit für zusätzliche Aufgaben." (P14: 50-52)

Schwierigkeiten entstehen auch dadurch, dass für die Gestaltung schriftlicher Patienteninformationen bisher klinikübergreifend keine klare Infrastruktur existierte. Zwar können die Kliniken formal durch die Öffentlichkeitsarbeit des Krankenhauses unterstützt werden. Allerdings sind deren Aufgaben dabei wenig transparent und insgesamt nicht am Bedarf der Kliniken ausgerichtet ist. Bedingt durch unklare Verantwortlichkeiten und zahlreiche Zuständigkeiten ist darüber hinaus das Zeitbudget der Mitarbeiter in der Verwaltung stark begrenzt.

„Für die Gestaltung von Patienteninformationen fehlt die Infrastruktur." (P12: 54-55)

Auch wurde in den Interviews thematisiert, dass lange Zeit keine einheitlichen Regelungen zur formalen oder inhaltlichen Gestaltung von schriftlicher Patienteninformation existierten. Damit war verbunden, dass Flyer und Broschüren einzelner Fachkliniken sehr unterschiedlich gestaltet waren und ein heterogenes und unprofessionelles Erscheinungsbild des Krankenhauses entstand.

„Bislang fehlte eine Regelung zur Patienteninformation durch die Verwaltung." (P16: 37)

Die Interviews zeigten auf der anderen Seite aber auch, dass Unterstützung bei der Erstellung schriftlicher Informationen trotz Bedarf oftmals nicht nachgefragt wurde. Ursächlich dafür scheinen zum einen Aspekte der Unternehmenskultur und zum anderen die individuelle Einstellung der einzelnen Mitarbeiter zu sein. So gibt ein Mitarbeiter im Interview an, dass er nie auf die Idee gekommen wäre, Unterstützung bei der Erstellung zu erfragen (P6: 140-143).

Insgesamt spiegeln sich die bis hierher beschriebenen Rahmenbedingungen auch in den Prozessen zur Erstellung von schriftlichen Patienteninformationen wieder. Sehr deutlich zeigte sich dies insbesondere für die Kontinuität des Erstellungsprozesses. Vor dem Hintergrund fehlender Strukturen in den Kliniken und der Tatsache, dass die Erstellung häufig in der Verantwortung der Ärzte liegt, wurde der Entwicklungsprozess in den Gesprächen als sprunghaft und nicht linear beschrieben. In Abhängigkeit von den zeitlichen Ressourcen der Ärzte können sich Projekte zur Entwicklung von Patienteninformationen über einen sehr langen Zeitraum erstrecken oder auch gar nicht zu Ende geführt werden. Zeiträume von einem halben Jahr und mehr scheinen keine Seltenheit zu sein.

„Seit einem Vierteljahr wurde an der Broschüre nicht mehr gearbeitet, seit einem halben Jahr besteht das Projekt (...) den Ärzten fehlt die Zeit." (P16: 31-35)

Vor dem Hintergrund fehlender Infrastrukturen im Krankenhaus kommt hinzu, dass von den verantwortlichen Mitarbeitern der Kliniken neben der inhaltlichen Erstellung der schriftlichen Patienteninformation auch noch die Herstellung der Flyer oder Broschüren durch eine externe Agentur organisiert werden musste. Zudem wurde in vielen Gesprächen deutlich, dass notwendige Qualifikationen zur Erstellung von schriftlichen Informationen (z.B. Recherche und Darstellung wissenschaftlicher Ergebnisse, patientenorientierte Formulierung und Aufarbeitung) oftmals nicht vorhanden sind. Diese müssen durch die Mitarbeiter erst in einem Prozess des „learning by doing" über Jahre entwickelt werden.

„(...) und dann war es einfach auch schwieriger - das ist auch ein Lernprozess gewesen im Laufe der Jahre (...) - so etwas zu formulieren." (P6: 246-249)

Entsprechend zeigen die Interviews auch, dass bisher entwickelte Informationsmaterialien nicht immer den Bedürfnissen der Patienten entsprachen. Zwar führten die Informationen, im Gegensatz zum nachfolgenden Beispiel, selten zur Verunsicherung der Patienten, oftmals wäre aber eine stärker laienverständliche Formulierung oder eine übersichtlichere Gestaltung wünschenswert gewesen.

„...wir hatten vorher auch schon ein Patientenmerkblatt, das war aber nicht so gut, das hat die Patienten eher verunsichert." (P6: 124-126)

Insgesamt wird durch die Gespräche mit den Mitarbeitern deutlich, dass in unterschiedlichsten Bereichen sehr interessante Ansätze und oftmals auch eine hohe Motivation zur Weiterentwicklung schriftlicher Patienteninformationen vorhanden sind. Vor dem Hintergrund der Rahmenbedingungen und Prozesse, warten die meisten guten Ideen aber noch auf ihre Realisierung (vgl. Tab. 46).

Unterkategorie	Ergebnisse
Rahmenbedingungen	- Geringe personelle und finanzielle Ressourcen
	- Unklare Infrastruktur und Unterstützung
	- Wenige Regelungen und Standards
Prozesse	- Sprunghafte Entwicklung
	- Hoher Zeitaufwand
	- Unklarer Verlauf
Ergebnisse	- Geringe Bedarfsorientierung
	- Nutzung durch Patienten eingeschränkt
	- Sinnvolles Informationsmaterial wird nicht entwickelt

Tabelle 46: Kategorie „Erstellung schriftlicher Patienteninformationen"

12.4.3 Mediothek

Obwohl mit den Interviews in erster Linie die Arbeit der Informations-Agentur betrachtet werden sollte, wurden die Mitarbeiter zu Beginn der Gespräche auch gefragt, welchen Eindruck sie bisher vom Patienten-Informations-Zentrum (PIZ) insgesamt haben. Deutlich wurde dabei, dass die Mitarbeiter nicht zwischen Mediothek und Informations-Agentur unterscheiden, sondern das PIZ in erster Linie mit der Mediothek assoziieren. Entsprechend beziehen sich die Einschätzungen der Mitarbeiter zunächst primär auf die Mediothek. Dabei wurden speziell die gut gestalteten Räume der Mediothek thematisiert. Allerdings wurde auch die Auffindbarkeit sowie die Ausschilderung innerhalb des Krankenhauses kritisiert. Insgesamt scheint das PIZ bei den Mitarbeitern eine hohe Akzeptanz zu genießen.

„Von Räumlichkeiten ist es schon mal sehr hell. Das finde ich schon ganz toll." (P8: 723)

Speziell die Möglichkeit, Patienten oder Angehörige mit Fragen an das PIZ zu verweisen, wird als angenehm empfunden. Zudem zeigen die Interviews, dass in Bezug auf die Information und Beratung von Patienten und Angehörigen das PIZ nicht als Konkurrenz, sondern als Ergänzung gesehen wird. In vielen Gesprächen wurde die gute Zusammenarbeit betont.

„Das ist schön, wenn ich weiß, dass ich so nette Kolleginnen unten sitzen habe und wenn ich sagen kann: „Gehen Sie bitte runter falls Sie noch Fragen haben." (P8:548-550)

Dennoch wurde in den Interviews sehr deutlich, dass die Mediothek kein Gespräch mit einem Arzt oder einer Pflegekraft ersetzt. Vielmehr soll es weiterführende Informationen anbieten und ergänzende Unterstützungsangebote koordinieren. Wie im folgenden Interviewausschnitt wurde in vielen Gesprächen der Anspruch von Pflegekräften und Ärzten deutlich, während der Behandlung auf Station Informationen zu vermitteln und Beratung anzubieten. Vor dem Hintergrund der Anforderungen im Stationsalltag wird die Mediothek aber als Entlastung erlebt.

„Es (das PIZ) ersetzt kein Arztgespräch (...) und auch nicht den Rat der Pflegekraft vor Ort. Wir beraten auch als Pflegekraft. Das PIZ ist nur eine Ergänzung." (P8: 573-576)

Hingewiesen wurde aber auch darauf, dass mittlerweile im Klinikum sehr viele Unterstützungsangebote für Patienten existieren. Mit Blick auf diese Tatsache wurde festgestellt, dass klare Strukturen zur Patientenunterstützung notwendig sind, um Intransparenz und Doppelaufwand zu vermeiden.

„Wir haben inzwischen so viele Dienste im Haus, dass man aufpassen muss, dass nicht alles doppelt läuft. Das wäre nicht gut" (P7: 800-802)

In Bezug auf mögliche Perspektiven zur Weiterentwicklung können sich viele Interviewpartner vorstellen, zukünftig mehr Veranstaltungen und Schulungen für Patienten oder interessierte Bürger in den Räumlichkeiten des PIZ anzubieten. Thematisch ist dabei aus Sicht der Befragten vieles möglich, wobei speziell eine Verzahnung mit Angeboten der Selbsthilfe als wichtig angesehen wird. So wurde beispielsweise die Idee entwickelt, künftig Vorträge anzubieten, welche neben inhaltlichen Aspekten auch entsprechende Angebote der Selbsthilfe beinhalten.

„Wir haben ein Programm „Pflege Dementer - welche Selbsthilfegruppen gibt es in Bielefeld?" Solche kurzen Vorträge im PIZ (...) wären auch eine Möglichkeit." (P3: 99-103)

Aber auch Informationsveranstaltungen mit Kooperationspartnern, etwa Rehabilitationseinrichtungen, sollten nach Ansicht der Befragten verstärkt etabliert werden. Diese existieren zwar schon, allerdings ist das Angebot noch deutlich erweiterbar (P8: 475-478). Zudem wurde von den Gesprächspartnern thematisiert, inwieweit die Mediothek zukünftig auch für Fortbildungen und die individuelle Information der Mitarbeiter genutzt werden kann. Die dazu geäußerten Ideen waren jedoch nicht sehr konkret. Insgesamt wird eine Möglichkeit aber darin gesehen, das PIZ für die Information der Mitarbeiter zu nutzen.

„Vielleicht wäre es ja auch eine Möglichkeit, das Patienten-Informations-Zentrum auch als Mitarbeiter-Informations-Zentrum zu nutzen" (P5: 338-339)

Insgesamt zeigt die Auswertung in diesem Analysebereich, dass die Mediothek bei den Gesprächspartnern eine hohe Akzeptanz genießt. In allen Interviews wird die gute Kooperation zwischen den Stationen und der Mediothek betont. Da eine klare Abgrenzung zur Information durch Ärzte und Pflegende gegeben ist, wurden in den Gesprächen auch keine Schwierigkeiten in Bezug auf Zuständigkeiten erkennbar. Eine Übersicht zu den Ergebnissen gibt Tabelle 47.

Unterkategorie	Ergebnisse
Mediothek	- Ansprechende Räumlichkeiten
	- Hohe Akzeptanz durch Mitarbeiter
	- Gute Zusammenarbeit mit den Stationen
	- Klare Abgrenzung zur med. Information durch den Arzt
	- Eingeschränkte Auffindbarkeit
Perspektiven	- Vorträge und Schulungen anbieten
	- Kooperation mit Selbsthilfegruppen
	- Veranstaltungen mit Kooperationspartnern
	- Mitarbeiter-Informations-Zentrum

Tabelle 47: Kategorie „Einschätzung der Mitarbeiter"

12.4.4   Informations-Agentur

Gründe für die Zusammenarbeit
Zur Evaluation der Arbeit der Informationsagentur (Info-Agentur) sollten mit den Interviews zunächst die Gründe für eine Zusammenarbeit analysiert werden. Daher sollten die Befragten darstellen, welchen Vorteil sie in der Kooperation mit der Info-Agentur sehen. Dabei wurde erkennbar, dass viele Mitarbeiter es als positiv erleben, wenn ihnen administrative Aufgaben abgenommen werden.

„So administrative Aufgaben (...) Am Anfang (...) da lief das ja irgendwie mit."
(P1: 49-51)

Deutlich wurde in den Gesprächen auch, dass der zunehmende Bedeutungsgewinn von schriftlichen Informationsmaterialien durch die Mitarbeiter wahrgenommen wird. Wie der vorangegangene Interviewausschnitt zeigt, wird die
Erstellung und Aktualisierung von schriftlichen Patienteninformationen nicht
mehr als Aufgabe, die „einfach so mitläuft", sondern als selbständiges Arbeits-
gebiet gesehen. Zudem ist den Mitarbeitern bewusst, dass die bedarfsgerechte
Zurverfügungstellung von Informationen eine wachsende Bedeutung hat. Dass sie
dabei von der Informations-Agentur unterstützt werden, ist eine Entlastung.

„Es ist gut, dass es nun eine Person gibt, die uns das abnimmt." (P16: 31-35)

Aber auch die Übernahme der bisher schwierigen internen und externen
Organisation der Zusammenarbeit mit unterschiedlichen Ansprechpartnern innerhalb des Krankenhauses sowie bei externen Dienstleistern ist ein wichtiger Grund
für die Zusammenarbeit mit der Informationsagentur. Zudem zeigte auch schon
die Analyse der Ausgangsituation, dass vor der Einrichtung der Informations-
Agentur bei weitem nicht alle Ideen zur schriftlichen Patienteninformation
realisiert werden konnten. Häufig haben die Mitarbeiter über die Jahre zahlreiche
Ideen gesammelt, die nicht umgesetzt werden konnten.

*„Das liegt eigentlich schon hier in der Schublade, das muss nur noch reaktiviert
werden. Ideen sind sicherlich da, es fehlt gelegentlich der Anstoß, das durch-
zusetzen."* (P1: 111-112)

Nicht selten gaben die Gesprächspartner in den Interviews an, jetzt mit Projekten
zur schriftlicher Patienteninformationen zu beginnen, da mit der Etablierung des
PIZ nun auch die strukturellen und personellen Voraussetzungen gegeben sind.
Insgesamt scheint die Einrichtung der Informations-Agentur entsprechend der
ausschlaggebende Punkt gewesen zu sein, länger geplante Vorhaben umzusetzen
oder neue Ideen zu entwickeln. Das Thema Patientenorientierung gewinnt in
diesem Zusammenhang zusätzlich an Gewicht.

*„Wir haben vielleicht die Ideen und Wissen, aber das dann wirklich (...)
patientengerecht zu gestalten und formell richtig, da ist entsprechende Unterstützung notwendig."* (P6: 367-369)

Dabei wird erkannt, dass neben fachlichem und organisationsbezogenem Wissen speziell Kenntnisse zur patientenorientierten Gestaltung von Informationsmaterial notwendig sind. Da diese Expertise in der Informations-Agentur gesehen wird, ist auch die Unterstützung bei der patientenorientierten Gestaltung von Informationsmaterialien ein wichtiger Grund für die Zusammenarbeit. Die Interviews zeigen aber auch, dass mit der Etablierung der Informations-Agentur von Ärzten, Pflegenden und Funktionsbereichen die Möglichkeit erkannt wird, ihren Arbeitsbereich besser darzustellen.

„Pflege und Ärzte wollen ihren Bereich vorstellen...alleine ist das zu schwierig." (P6: 365)

Insgesamt sehen die befragten Mitarbeiter die Unterstützung der Administration und Erstellung von schriftlichen Patienteninformationen als wesentliche Gründe für eine Zusammenarbeit mit der Informations-Agentur. Zudem zeigte sich, dass in vielen Fällen die Etablierung der Informations-Agentur ein wichtiger Grund war, länger geplante Projekte umzusetzen. Auch Projekte zur Darstellung des eigenen Aufgabenbereichs haben dabei eine große Bedeutung. Eine Übersicht zu den Ergebnissen gibt Tabelle 48.

Unterkategorie	Ergebnisse
Administration	- Delegation von Aufgaben
	- Distribution von Informationsmaterial
	- Unterstützung bei der Organisation
Umsetzung	- Anstoß zur Realisierung
	- Unterstützung der formalen Gestaltung
	- Unterstützung der patientenorientierten Gestaltung
	- Darstellung des Arbeitsbereich

Tabelle 48: Kategorie „Gründe für die Zusammenarbeit"

Prozess der Erstellung schriftlicher Informationsmaterialien
Mit der Analyse der Prozesse zur Erstellung von Informationsmaterial sollte die Arbeit der Informationsagentur näher betrachtet werden. Besonderes Interesse galt den Abläufen und möglichen Problemfeldern im Erstellungsprozess. Aber auch die Kontaktaufnahme sowie die organisatorische Einbindung sollten analysiert werden. Entsprechend der Tatsache, dass das Projekt „Patienten-Informations-Zentrum" von der Pflegedienstleitung initiiert wurde, kamen Anfragen an die Informations-Agentur häufig auch aus diesem Kontext.

„Das war im Zuge des Qualitätsmanagement (...). Wir arbeiten ja eng mit der Pflegedienstleitung zusammen (...) der hat uns dann an Frau XY verwiesen." (P6: 170-171)

Dabei war es oftmals der konkrete Arbeitszusammenhang, durch welchen eine erste Kontaktaufnahme mit der Informations-Agentur ermöglicht wurde. Aber auch die regelmäßigen Informationsveranstaltungen und die frühzeitige Einbindung der Fachkliniken leisteten einen Beitrag dazu, dass das Angebot schnell bekannt wurde. Damit war verbunden, dass zahlreiche Anfragen an die Informations-Agentur gestellt wurden und spezielle Maßnahmen zur Bekanntmachung nicht nötig waren. Der folgende Ausschnitt gibt einen Einblick in einen typischen Ablauf bei der Erstellung schriftlicher Informationsmaterialien:

„Wir haben Kontakt mit Frau XY aufgenommen, wir haben ihr unser Merkblatt gegeben, haben noch mal besprochen (...). Frau XY hat es dann überarbeitet (...). Und dann haben wir die Änderungen besprochen und die endgültige Fassung zusammen entwickelt." (P6: 185-188)

Wie in diesem Zitat erfolgte die Anfrage an die Informationsagentur oftmals vor dem Hintergrund einer konkreten Problemstellung und auf Grundlage eigener Vorarbeiten. In dem dargestellten Interviewausschnitt sollte beispielsweise ein Merkblatt überarbeitet werden. Dazu wurde nach der ersten Kontaktaufnahme ein Gesprächstermin vereinbart und die Aufgabenstellung besprochen. Auf Grundlage dieses Gespräches wurde das Merkblatt von der Informations-Agentur überarbeitet und das Ergebnis zur Diskussion gestellt. Im anschließenden Gespräch wurde mit dem Auftraggeber eine finale Version entwickelt.

„Dann haben wir unsere Entwürfe an sie geliefert, sie hat die redaktionell überarbeitet und uns wieder zur Korrektur zur Verfügung gestellt. Dann haben wir noch ein paar Feinabstimmungen gemacht, auch wo Missverständnisse deutlich wurden." (P3: 27-30)

Auch in diesem Gesprächsausschnitt zeigt sich noch einmal der beschriebene Verlauf zur Erstellung von Informationsmaterialien. Konkrete Problemfelder oder Diskontinuitäten wurden mit der Analyse nicht erkennbar. Dies bezieht sich nicht nur auf die Erstellung des Informationsmaterials, sondern auch auf die Umsetzung als fertigen Flyer oder Merkzettel. Anders als vor der Implementierung liegt nun die Organisation der Herstellung des Informationsmaterials, soweit von den Auftraggebern gewünscht, in der Verantwortung der Informations-Agentur.

„Dann haben wir es Frau XY gegeben (...) die hat veranlasst, dass es umgesetzt wird." (P3: 30)

Dies beinhaltet alle notwendigen Rücksprachen und die Koordination der Layoutgestaltung, des Drucks sowie die (Nach-) Bestellung der Informationsmaterialien. Eine offene Frage bei der Planung der Informations-Agentur war zudem, wie Mitarbeiter, teilweise Ober- und Chefärzte, mit kritischen Rückmeldungen zur ihren Ideen oder Entwürfen umgehen. Allerdings entstanden an dieser Stelle keine Probleme. Ganz im Gegenteil zeigt die Analyse sehr deutlich, dass die befragten Mitarbeiter sehr zufrieden mit den konstruktiven Anmerkungen der Informations-Agentur waren. Die Tatsache, dass eine thematisch unabhängige Person eine Rückmeldung gibt, wurde als positiv wahrgenommen.

Hatten Sie ein Problem damit, dass Frau XY Anmerkungen zum Infoblatt hatte?
„Nein überhaupt nicht. Ich finde das ja gerade gut, wenn auch mal ein anderer (...) uns sagt, das kann ich so nicht verstehen (...) das fand ich sehr interessant und sehr konstruktiv" (P6: 206-208)

Interessant war bei der Analyse des Erstellungsprozesses nicht zuletzt, ob im Vergleich zum Zeitpunkt vor der Einrichtung der Informationsagentur auch die benötigte Zeit von der Idee zum fertigen Produkt verkürzt werden konnte. Dazu wurde mit der Analyse klar ersichtlich, dass im Gegensatz zur Ausgangssituation alleine die Zeit zur Erstellung des Informationsmaterials um mindestens die Hälfte verkürzt wurde. Auch die Gesamtlaufzeit von Projekten zur Erstellung von schriftlichen Patienteninformationen verkürzte sich deutlich. Wie im folgenden Ausschnitt war die Projektlaufzeit häufig zwischen drei und vier Wochen lang.

Wie lange hat das gedauert? *„Nicht so lange, 3 Wochen bis 4 Wochen"* (P3: 37)

Neben dem konkreten Prozess sollte mit der Analyse auch eine persönliche Einschätzung zum Projektverlauf erhoben werden. Ziel war es, einen Eindruck zur Zusammenarbeit mit der Informations-Agentur aus der Perspektive der beteiligten Mitarbeiter zu erhalten. Dabei wurde auch die professionelle Arbeitsbeziehung von den Gesprächspartnern betont. Diese scheint eine wichtige Voraussetzung für eine vertrauensvolle Arbeitsatmosphäre gewesen zu sein.

„Da haben wir gesagt: „Das ist ja nett", und ich hatte den Eindruck, das wird professionell angepackt und dann haben wir uns ganz in ihre Hände begeben." (P3: 10-11)

Zudem wurde in den Gesprächen deutlich, dass die Kenntnisse zur patienten-orientierten Gestaltung schriftlicher Informationsmaterialien der Mitarbeiter in der Informationsagentur sehr geschätzt werden. Dass die Mitarbeiter keine Ärzte sind und deshalb medizinische Informationen von den Fachkliniken zur Verfügung gestellt werden müssen, wurde nicht als Nachteil erlebt.

„Sie hat sehr gute Kenntnisse (...) den medizinischen Input muss man geben." (P1: 89)

Ein Kritikpunkt der Befragten war, dass aus ihrer Sicht die Informations-Agentur nicht ausreichend durch das Klinikum unterstützt wird. Speziell die materielle Ausstattung sowie die personelle Unterstützung wurden immer wieder thematisiert. Insofern klang in den Gesprächen immer wieder Anerkennung für die Arbeit der Informationsagentur durch, dass diese unter den als schwierig eingeschätzten Rahmenbedingungen so gute Ergebnisse erzielt.

„Nur was mich wirklich stört ist, (...) dass sie mehr Unterstützung bräuchte (...) so schlecht ausgestattet mit Material, dass es fast unmöglich ist, gute Arbeit zu leisten." (P3: 164-165)

Insgesamt betrachtet wird mit der Analyse erkennbar, dass mit der Einrichtung Informationsagentur ein wichtiges Strukturelement etabliert wurde. Positive Effekte für den Prozesse zur Entwicklung schriftlicher Patienteninformationen zeigen sich aus Sicht der Befragten insbesondere in der geplanten und strukturierten Vorgehensweise und einer deutlichen Verkürzung der Erstellungs-zeit. Eine Übersicht zu den Ergebnissen gibt Tabelle 49.

Unterkategorie	Ergebnisse
Ablauf	- Kontakt durch interne Arbeitszusammenhänge
	- Besprechung von Inhalten und Aufgaben
	- Lieferung von Entwürfen und Überarbeitung
	- Feinabstimmung und Freigabe
	- Kurze Bearbeitungszeit
Einschätzung	- Professionelle Arbeitsbeziehung
	- Fachkenntnisse zur patientenorientierten Gestaltung
	- Fehlende interne Unterstützung

Tabelle 49: Kategorie „Erstellung schriftlicher Patienteninformationen"

13 Einordnung der Ergebnisse

13.1 Stärken und Schwächen der Untersuchung

Mit dieser Arbeit wurde zum ersten Mal im deutschsprachigen Raum ein Patienten-Informations-Zentrum systematisch betrachtet. Wesentliche Bestandteile dieser Untersuchung waren dabei die Dokumentation der Mediothek und der Informations-Agentur, eine schriftliche Besucherbefragung sowie Interviews mit Klinikleitungen und Krankenhausmitarbeitern. Stärken dieser Arbeit sind entsprechend die methodische Vielfalt der Analyse und die Breite des Betrachtungshorizonts. Eine weitere Stärke dieser Arbeit ist die Länge der Betrachtungszeit. In der Auswertung konnten Daten der Informations-Agentur aus einem Zeitraum von zwei Jahren und Daten der Mediothek für ein Jahr berücksichtigt werden.

Methodische Schwächen bestehen jedoch insbesondere für die schriftliche Besucherbefragung. Diese beginnen bei der Datenerhebung. Statt wie geplant von allen Besuchern der Mediothek wurde der Fragenbogen nur von einem kleinen Teil (76) ausgefüllt. Zudem zeigt die Non-Responder-Analyse, dass mit der schriftlichen Befragung kein repräsentatives Sample aller Besucher der Mediothek erreicht wurde. Im Vergleich zu allen Besuchern sind die Befragungsteilnehmer jünger und Patienten überrepräsentiert. Während der Anteil der Patienten an allen Besuchern bei 43 Prozent lag, nahmen an der Befragung 77 Prozent teil.

Zudem zeigt die Auswertung der Besucherbefragung, dass auch die Güte des Instruments eingeschränkt ist. So wird mit der Analyse fehlender Werte ersichtlich, dass für 21 von 33 Items keine Angaben von mehr als 10 Prozent aller Probanden gemacht wurden. Ergänzend dazu zeigt die Analyse von Boden- und Deckeneffekten, dass die Frage „Inwieweit stimmen Sie folgenden Aussagen zu?" nicht ausreichend diskriminiert. Für keine der insgesamt 9 angebotenen Antwortmöglichkeiten wurde „Ich stimme überhaupt nicht zu" angekreuzt.

Letztlich werden Schwächen des Instruments auch mit der Reliabilitätsanalyse ersichtlich. Mit einem Cronbach-α-Koeffizienten von 0,68 konnte die interne Konsistenz der betrachteten Items nicht bestätigt werden (Schwellenwert 0,7). Bei der Analyse der Ergebnisse wurde versucht, die beschriebenen Schwächen zu berücksichtigen. So wurden einige Items nicht in die Auswertung einbezogen und nur Aspekte betrachtet, zu denen auch unter den gegebenen Einschränkungen Aussagen getroffen werden können.

Die beschriebenen methodischen Einschränkungen der Besucherbefragung gelten nicht für die Dokumentation in der Mediothek. Erstmalig wurden alle Anfragen über einen Zeitraum von einem Jahr systematisch ausgewertet. Mit den gewonnenen Ergebnissen können entsprechend klare Rückschlüsse auf die Inanspruchnahme und Besucherpräferenzen abgeleitet werden. Zudem wurden in der statistischen Analyse die Daten nicht nur deskriptiv, sondern auch mit analytischen Verfahren (binomiale Regression) betrachtet.

Auch in der qualitativen Datenanalyse wurden keine methodischen Schwächen erkennbar. Diskutiert werden muss jedoch die inhaltliche Ausrichtung des qualitativen Forschungsansatzes. Mit diesem war nicht das Ziel verbunden, generalisierbare Ergebnisse zu erheben. Vielmehr sollten bezogen auf die konkrete Situation im Klinikum Bielefeld Prozesse und Strukturen zur schriftlichen Patienteninformation sowie der Arbeit der Informations-Agentur beschrieben werden. Inwieweit diese Ergebnisse auch auf andere Einrichtungen übertragen werden können, muss vor dem Hintergrund sehr heterogener Organisationsstrukturen im Krankenhaussektor kritisch hinterfragt werden. Allerdings darf auch nicht übersehen werden, dass mit der qualitativen Analyse wichtige Erkenntnisse zur Arbeit der Informations-Agentur gewonnen und wesentliche Grundlagen zur Erschließung dieses Forschungsfeldes gelegt wurden.

13.2   Beantwortung der Forschungsfragen

Wie mit der Darstellung der Ausgangssituation deutlich wurde (vgl. Abschnitt „Stand der Entwicklung"), existieren bislang in Deutschland wenige Erkenntnisse zur Nutzung von Patienten-Informations-Zentren. Ein wichtiges Ziel dieser Untersuchung war daher, die Inanspruchnahme der Mediothek am Klinikum Bielefeld systematisch zu betrachten. Zudem sollten mit der Untersuchung erste Rückschlüsse ermöglicht werden, ob mit der Einrichtung der Informations-Agentur ein Beitrag zur Struktur- und Prozessentwicklung geleistet werden konnte. Zur Erschließung beider Themenfelder wurden Forschungsfragen sowohl für die Mediothek als auch für die InformationsAgentur definiert. Diese werden nachfolgend für beide Arbeitsbereiche getrennt beantwortet.

Mediothek

Von welchen Besuchergruppen wird Mediothek wie in Anspruch genommen?

Die Analyse der Inanspruchnahme zeigt, dass im Untersuchungszeitraum 544 Anfragen an das PIZ gerichtet wurden. Mit 398 Besuchern in der Mediothek hatten persönliche Kontakte den größten Anteil. Etwa ein Viertel aller Anfragen erfolgte telefonisch. Insgesamt waren Patienten dabei die wichtigste Nutzergruppe (43 %). Aber auch von Bürgern (33 %) und Angehörigen (13 %) wurde das PIZ regelmäßig in Anspruch genommen. Signifikante Unterschiede zwischen Patienten, Angehörigen und Bürgern in Bezug auf Alter, Geschlecht und Bildung konnten mit der Untersuchung nicht gezeigt werden.

Allerdings scheinen Frauen und Menschen im mittleren Alter eine wichtige Zielgruppe zu sein. Mit der Auswertung wird ersichtlich, dass mehr Anfragen von Frauen (58 %) als von Männern (37 %) gestellt wurden (fehlende bis 100 % Ehepaare). Zudem hatten Besucher zwischen 40 und 59 Jahren (44 %) den größten Anteil. Anfragen von Menschen mit 60 oder mehr Lebensjahren (37 %) folgen an zweiter Stelle. Wenige Anfragen wurden von 20 bis 39-Jährigen (14 %) gestellt.

Klare Präferenzen haben die Besucher der Mediothek in Bezug auf die Öffnungszeiten. So wurden die meisten Anfragen Montag bis Donnerstag zwischen 9.00 und 12.00 Uhr und in der Zeit von 14.00 bis 16.00 Uhr gestellt. Offen bleibt mit der Untersuchung allerdings die Frage, ob die Mediothek auch am Wochenende in Anspruch genommen wird. Samstag und Sonntag werden im Augenblick keine Öffnungszeiten angeboten.

Die Auswertung zeigt zudem, dass mit mehr als der Hälfte der Anfragen eine Besuchszeit vor Ort bzw. eine telefonische Beratung von bis zu 15 Minuten verbunden war. In einem Viertel aller Anfragen wurden mehr als 30 Minuten dokumentiert. Damit deutet sich an, dass für einen großen Teil der Anfragen ein klar umrissener Informationsbedarf bestand, zudem für jeden vierten Nutzer aber ein umfassendes Informationsbedürfnis mit dem Besuch im PIZ verbunden war.

Zur inhaltlichen Inanspruchnahme der Mediothek zeigt die Analyse, dass die Suche nach einem Ansprechpartner oder die Recherche nach Informationen die wichtigsten Gründe für die Inanspruchnahme der Mediothek waren. Dazu haben viele Besucher mit einer Mitarbeiterin gesprochen oder individuell in der Bibliothek bzw. im Internet recherchiert. Relevant waren dabei Informationen zu Krankheiten, Untersuchungs- und Bchandlungsmethoden und zur nachstationären Versorgung. Aber auch Informationen zu Unterstützungsangeboten im Klinikum oder zu Angeboten der Selbsthilfe wurden von den Besuchern nachgefragt.

Unterschiede der Inanspruchnahme der Mediothek werden im Vergleich von Patienten, Bürgern und Angehörigen erkennbar. Während Bürger und Patienten sich hauptsächlich informieren wollten, waren Angehörige häufiger auf der Suche nach einem Ansprechpartner und sozialer Unterstützung. Speziell der Unterschied zwischen Patienten und Angehörigen spiegelt sich auch in den Informationsbedürfnissen wieder. Während Informationen zur Patientenunterstützung nur für jeden dritten Patienten relevant sind, hatten diese für über 70 Prozent der Angehörigen eine Bedeutung. Demgegenüber sind Patienten häufiger als Angehörige an medizinischen Informationen interessiert.

Männer und Frauen scheinen sich demgegenüber kaum in der Inanspruchnahme zu unterscheiden. Die Analyse zeigte sowohl für das Anliegen, als auch für Themen und gewünschte Unterstützung keine relevanten Unterschiede. Anders sieht das für Unterschiede zwischen den Altersgruppen aus. Entgegen der Annahme, Computer werden häufiger von Jüngeren genutzt, zeigte die Auswertung, dass eher ältere Besucher den Computer für Recherchen im Internet nutzen. Zudem haben für ältere Besucher Informationen zu Unterstützungsangeboten eine besondere Bedeutung. Jüngere Besucher sind demgegenüber häufiger an medizinischen und gesundheitsbezogenen Informationen interessiert.

Insgesamt bestätigen damit die Ergebnisse zur Inanspruchnahme die aus der Literatur bekannten Erfahrungen. Auch die Tatsache, dass sich der Informationsbedarf von Patienten und Angehörigen weniger in der thematischen Auswahl, sondern eher in der Schwerpunktsetzung unterscheidet, wurde mit dieser Untersuchung deutlich. Zudem zeigen die Ergebnisse, dass Angehörigen Informationen zur Versorgungsorganisation oftmals wichtiger sind als medizinisches Wissen.[232]

Welche Bedeutung hat die Mediothek im Behandlungs- und Versorgungsprozess?

Interessant war auch die Frage, zu welchem Zeitpunkt im Behandlungs- und Versorgungsprozess die Mediothek in Anspruch genommen wird. Die Untersuchung zeigt dazu sehr klar, dass Anfragen an die Mediothek in allen Phasen der Behandlung und Versorgung gestellt wurden. Insbesondere während des Krankenhausaufenthaltes nahmen viele Patienten das PIZ in Anspruch. Aber auch Anfragen zur Vorbereitung der Aufnahme und zur Vorbereitung der Entlassung aus dem Krankenhaus waren von Bedeutung. Zudem wurde das PIZ auch von Patienten oder Angehörigen nach der Behandlung im Krankenhaus in Anspruch genommen. Ein Drittel aller Kontakte stand darüber hinaus in keinem Zusammenhang mit einer Krankenhausbehandlung (vgl. Abb. 19).

---

232 vgl. Adams, Boulton, Watson 2009

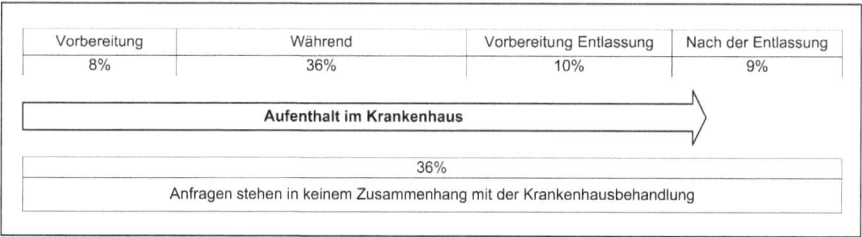

Vorbereitung	Während	Vorbereitung Entlassung	Nach der Entlassung
8%	36%	10%	9%

Aufenthalt im Krankenhaus

36%
Anfragen stehen in keinem Zusammenhang mit der Krankenhausbehandlung

Abbildung 19: Zeitpunkt der Inanspruchnahme im Versorgungsprozess

In Bezug auf den Zeitpunkt der Inanspruchnahme während des Krankenhausaufenthaltes werden mit der Besucherbefragung interessante Aspekte sichtbar. Wie die Analyse zeigt, hat die Nähe zum Entlassungstermin eine besondere Bedeutung. So gaben ein Drittel der befragten Patienten an, am nächsten Tag entlassen zu werden. Zudem waren Patienten, die in den nächsten drei Tagen entlassen werden, häufiger auf der Suche nach einem Ansprechpartner und hatten mehr Interesse an medizinischen Informationen oder Beschwerdemöglichkeiten.

Aber auch die Dauer der Behandlung insgesamt hat anscheinend einen Einfluss auf die Nutzung der Mediothek. So haben Besucher, die bis zu zehn Tage im Krankenhaus behandelt werden, mehr Interesse an Diagnosen und Untersuchungsmethoden als Patienten mit einer Behandlungsdauer von mehr als 10 Tagen. Demgegenüber wurde dieser Besuchergruppe (>10 Tage) die Inanspruchnahme der Mediothek häufiger durch Mitarbeiter des Klinikums empfohlen.

In Bezug auf eine mögliche Koordinationsfunktion zeigt die Analyse sehr deutlich, dass die Mediothek im Untersuchungszeitraum ein wichtige Aufgabe zur Vermittlung von Patienten, Angehörigen und Bürgern an weiterführende Unterstützungsangebote und gesundheitliche Dienstleister übernommen hat. Wie die Dokumentation der Mediothek zeigt, wurde knapp jeder dritte Besucher innerhalb und jeder vierte Besucher an einen Ansprechpartner außerhalb des Krankenhauses verwiesen. Die größte Bedeutung bei internen Vermittlungen hatten der Sozialdienst und Ansprechpartner innerhalb einzelner Fachkliniken. Bei externen Vermittlungen hatten insbesondere Angebote der Selbsthilfe und Beratungsstellen in Bielefeld einen großen Anteil. Diese Ergebnisse werden auch durch die Besucherbefragung bestätigt. Diese zeigt zudem, dass Patienten mit Haupt- oder Realschulabschluss häufiger angeben, sich demnächst an den Sozialdienst zu wenden (vgl. Abb. 20).

Auf der anderen Seite wurde mit den Interviews deutlich, dass auch die Fachkliniken die Möglichkeit, Patienten oder Angehörige mit Fragen an das PIZ zu verweisen, als angenehm empfinden. Das PIZ soll in diesem Zusammenhang keine Gespräche mit Ärzten ersetzen, sondern weiterführende Informationen anbieten und ergänzende Unterstützungsangebote koordinieren. Ärzte und Pflegende sehen es als ihre Aufgabe an, im Behandlungsprozess zu informieren. Das PIZ wird dabei nicht als Konkurrenz, sondern als Ergänzung gesehen.

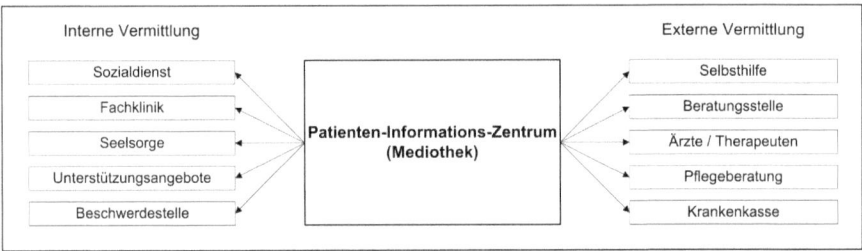

Abbildung 20: Vermittlung von weiterführenden Angeboten

Welche Entwicklungsperspektiven bestehen?

Trotz der positiven Rückmeldung in vielen Interviews scheint die Kooperation der Mediothek mit anderen Stationen und Fachkliniken nicht immer entsprechend den Vorstellungen von Patienten und Angehörigen zu funktionieren. Wie die Besucherbefragung zeigt, wünschen sich die Nutzer eine bessere Verzahnung der Mediothek mit der Versorgung im Behandlungsverlauf. Zudem sollte aus Sicht der Besucher der Bekanntheitsgrad innerhalb des Krankenhauses sowie die Ausschilderung der Mediothek verbessert werden. Potenziale bestehen aber auch in Bezug auf die Ausstattung der Mediothek mit medizinischer Fachliteratur und die Unterstützung der Besucher bei der Computernutzung.

Während von den Besuchern viele Vorschläge zur Verbesserung der Mediothek gemacht wurden, thematisierten die Mitarbeiter eher konzeptionelle Ideen zur Weiterentwicklung. Dabei sehen sie als eine wichtige Perspektive, zukünftig mehr patientenbezogene Veranstaltungen und Schulungen in der Mediothek anzubieten. Dabei wird eine enge Verzahnung mit Selbsthilfegruppen und regionalen Partnern als sehr wichtig erachtet.

In eine ganz andere Richtung geht die Idee, das Patienten-Informations-Zentrum auch als Mitarbeiter-Informations-Zentrum zu nutzen. Aus Sicht der Interviewpartner bietet die Mediothek zahlreiche Möglichkeiten für Mitarbeiter, sich über krankheits- und gesundheitsrelevante Themen zu informieren. Zudem könnte das PIZ auch für Schulungen und Fortbildungen genutzt werden.

Informations-Agentur

Welche Bedeutung haben schriftliche Patienteninformationen?

In den Gesprächen mit den Klinikleitungen (Chefärzten) wurde schnell deutlich, dass Patienteninformation heute als ein wesentliches Element der Patientenversorgung gesehen wird. Aus Sicht der Klinikleitungen ist ohne eine verbesserte Informationsstruktur im Behandlungsverlauf modernes Patientenmanagement nicht mehr denkbar. Insbesondere zur Stärkung der Transparenz und zur Optimierung von Prozessen ist Patienteninformation notwendig. Diese muss sich an den Patienten und an den Erfordernissen des Klinikalltags orientieren.

Offen thematisiert wird in diesem Zusammenhang auch die große Bedeutung von schriftlicher Patienteninformation für das Klinikmarketing. Neben der werbewirksamen Darstellung von Leistungen der Klinik wird auch ein Werbeeffekt durch die öffentlichkeitswirksame Darstellung von Klinikprozessen gesehen. Entsprechend gilt es aus Sicht der Klinikleitungen, Patienteninformation zum einen als wichtiges Servicemerkmal zu etablieren und zum anderen dafür zu nutzen, sowohl medizinische als auch serviceorientierte Leistungen stärker überregional zu vermarkten. Zudem hat Patienteninformation aus der Perspektive der Chefärzte einen großen Einfluss auf die Behandlungsqualität und den Behandlungserfolg. So können gut vermittelte Informationen die Behandlungsbereitschaft der Patienten und die Motivation zur aktiven Unterstützung erhöhen. Aus Sicht der Chefärzte wird dadurch auch die Patientenzufriedenheit verbessert.

Während in den Gesprächen mit den Klinikleitungen eher übergeordnete Gesichtspunkte der Patientenversorgung im Vordergrund standen, wurden in den Interviews mit Krankenhausmitarbeitern eher Aspekte der schriftlichen Patienteninformation im Klinikalltag thematisiert. Speziell die Verfügbarkeit und bedarfsgerechte Vermittlung standen im Vordergrund. Dabei zeigte sich, dass oftmals Informationen vorhanden sind, der Bestand jedoch intransparent und die Verfügbarkeit im konkreten Einzelfall eingeschränkt ist. Wie die Untersuchung deutlich macht, sind nicht selten gute Kenntnisse interner Organisationsstrukturen notwendig, um situationsgerecht Informationen zur Verfügung zu stellen. Nach wie vor ist schriftliche Patienteninformation häufig fragmentiert und wird stark durch gewachsene Strukturen bestimmt.

Ein wichtiger Aspekt ist dabei auch die Tatsache, dass Patienten und Angehörige schriftliches Informationsmaterial nicht nur durch Ärzte, sondern auch durch Pflegende und andere Mitarbeiter erhalten. Allerdings existieren kaum Absprachen, wer wann welche Informationen weitergibt. Insgesamt scheint damit die Weitergabe von Patienteninformationen weniger am Bedarf als vielmehr vom Engagement Einzelner und den vorhandenen Strukturen abzuhängen.

Welche Barrieren bestehen zur Erstellung schriftlicher Patienteninformationen?

Trotz der oftmals schwierigen Situation wird der zunehmende Bedeutungsgewinn von schriftlichen Patienteninformationen im Behandlungsprozess von den Mitarbeitern wahrgenommen. Allerdings zeigt die Untersuchung auch sehr klar, dass bislang zahlreiche Barrieren bei der Erstellung schriftlicher Informationen für Patienten bestehen. Eine wesentliche Barriere dabei ist, dass zur inhaltlichen Gestaltung und Koordination sehr begrenzt Mitarbeiter zur Verfügung stehen. Zwar sind in vielen Fachkliniken Ärzte (oftmals Oberärzte mit Unterstützung der Assistenzärzte) dafür zuständig. Diesen fehlt es jedoch an Zeit und notwendigen Qualifikationen (z.B. patientenorientierte Gestaltung). Entsprechend können Aufgaben zur Erstellung oder Aktualisierung schriftlicher Patienteninformationen teilweise von den Mitarbeitern nur in der Freizeit wahrgenommen und müssen relevante Fähigkeiten „learning by doing" über Jahre entwickelt werden.

Damit ist auch verbunden, dass in Abhängigkeit der zeitlichen Ressourcen des verantwortlichen Mitarbeiters die Kontinuität der Entwicklung stark eingeschränkt sein kann. In zahlreichen Interviews wird der Entwicklungsprozess als diskontinuierlich beschrieben. Entsprechend können sich Projekte zur Erstellung oder Aktualisierung schriftlicher Patienteninformationen über einen sehr langen Zeitraum erstrecken oder auch gar nicht zu Ende geführt werden.

Barrieren entstehen aber auch dadurch, dass klinikübergreifend bisher keine klare Struktur zur internen und externen Zusammenarbeit existierte. Zwar werden die Fachkliniken formal durch den Bereich Öffentlichkeitsarbeit unterstützt. Allerdings sind dessen Aufgaben wenig transparent und existieren häufig keine klaren Zuständigkeiten. Selbst einheitliche Regelungen zur formalen oder inhaltlichen Gestaltung schriftlicher Patienteninformation existierten lange Zeit nicht.

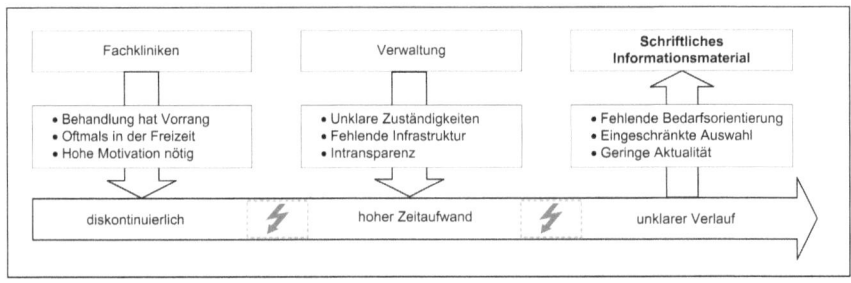

Abbildung 21: Barrieren zur Erstellung schriftlicher Patienteninformationen

Insgesamt ist damit verbunden, dass erstellte Materialien im Erscheinungsbild sehr heterogen und nicht immer aktuell sind. Da unter den gegebenen Voraussetzungen nicht alle benötigten Informationsmaterialien erstellt werden konnten, ist das Angebot sehr eingeschränkt und nicht immer am Bedarf der Patienten orientiert. Auch eine stärker patientenorientierte Gestaltung wäre aus Sicht der interviewten Mitarbeiter häufig notwendig gewesen (vgl. Abb. 21).

Konnte mit der Einrichtung der Informations-Agentur ein Beitrag zu Struktur- und Prozessentwicklung am Krankenhaus geleistet werden?

Mit Blick auf diese Situation sollten mit der Einrichtung der Informations-Agentur die Strukturen und Prozesse zur Entwicklung und Aktualisierung von schriftlichen Patienteninformationen verbessert werden. Während vorher alle Aufgaben im Entwicklungsprozess von der Abteilung übernommen werden mussten, sollte diese nun von der Informations-Agentur unterstützt werden.

In den Gesprächen mit den Mitarbeitern wurde gleich zu Beginn erkennbar, dass bislang vor dem Hintergrund der beschriebenen Barrieren bei weitem nicht alle Projekte zur schriftlichen Patienteninformation umgesetzt werden konnten. Viele Ideen liegen schon seit Jahren in den Schubladen. Die Etablierung von strukturellen Voraussetzungen zur Entwicklung schriftlicher Informationen für Patienten durch die Einrichtung der Informations-Agentur scheint oftmals der entscheidende Impuls gewesen zu sein, geplante Vorhaben umzusetzen.

Dazu zeigt die Auswertung sehr deutlich, dass sich diese Einschätzung nicht nur auf einzelne Fachkliniken oder Arbeitsbereiche, sondern auf das gesamte Krankenhaus und alle Berufsgruppen bezieht. Zwar wurden im Untersuchungszeitraum die meisten Projekte mit Ärzten als primäre Ansprechpartner realisiert, allerdings aus unterschiedlichen Fachkliniken und mit sehr unterschiedlichen Fragestellungen. Zudem hatten Projekte mit Pflegenden und Ansprechpartnern zur Patientenunterstützung eine große Bedeutung. Insgesamt reicht das Spektrum von Projektpartnern aus der Krankenhausdirektion, der Öffentlichkeitsarbeit und Funktionsbereichen über Ärzte und Pflegende in Fachkliniken bis hin zu Partnern aus der ehrenamtlichen Arbeit oder der Selbsthilfe. Mit diesen wurden im Untersuchungszeitraum 52 Projekte realisiert. Diese beziehen sich größtenteils auf die Erstellung (52 %) und Aktualisierung (25 %) von schriftlichen Patienteninformationen. Insbesondere wurden Flyer, Merkblätter und Broschüren aktualisiert oder erstellt. Thematisch beziehen diese sich etwa auf Informationen für Fachkliniken (Behandlungsverlauf), ergänzende Kursangebote im Krankenhaus oder Informationen zum Umgang mit präoperativer Angst. Aber auch Flyer über die Krankenhausseelsorge, die „Grünen Damen" oder zu psychosozialen Unterstützungsangeboten für Tumorpatienten, wurden entwickelt. Darüber hinaus unterstützte die Informations-Agentur die Gründung von Selbsthilfegruppen und war an der Organisation von Patientenveranstaltungen beteiligt.

Inhaltlich sind bei der Erstellung oder Aktualisierung schriftlicher Patienteninformationen zunächst die Übernahme administrativer Tätigkeiten und die Organisation der internen und externen Zusammenarbeit wichtige Aufgaben der Informations-Agentur. Aber auch die Unterstützung der patientenorientierten Gestaltung und die Sicherstellung inhaltlicher Qualität sowie eines einheitlichen Erscheinungsbildes (Corporate Identity) sind ein wesentlicher Bestandteil der Arbeit. Zudem stellt die Informations-Agentur sicher, dass alle entwickelten Informationen aktuell im Intranet des Krankenhauses zur Verfügung stehen.

Die Untersuchung zeigt zudem deutlich, dass mit der Einrichtung der Informations-Agentur auch eine strukturierte Vorgehensweise zur Bearbeitung von schriftlichem Informationsmaterial etabliert werden konnte. Während zuvor oftmals eine diskontinuierliche Entwicklung beklagt wurde, ist nun ein kontinuierlicher Prozess erkennbar. Dieser war in vielen Fällen dadurch gekennzeichnet, dass nach der Kontaktaufnahme mit der Informations-Agentur zunächst ein gemeinsamer Termin vereinbart wurde. In diesem Gespräch wurde die Aufgabenstellung besprochen und das weitere Vorgehen vereinbart. In einem nächsten Schritt wurden vom Auftraggeber die notwendigen Fachinformationen zur Verfügung gestellt und ein erster Vorschlag durch die Informations-Agentur erarbeitet. Dieser Vorschlag wurde dann mit dem Auftraggeber in einem weiteren Treffen diskutiert. Dieser Prozess wiederholte sich, bis eine finale Version entstanden war. Auch konnten die Projektpartner entscheiden, ob die Organisation zur Herstellung des Informationsmaterials (z.B. Rücksprachen mit der Druckerei) auch von der Informations-Agentur übernommen werden sollte (vgl. Abb. 22).

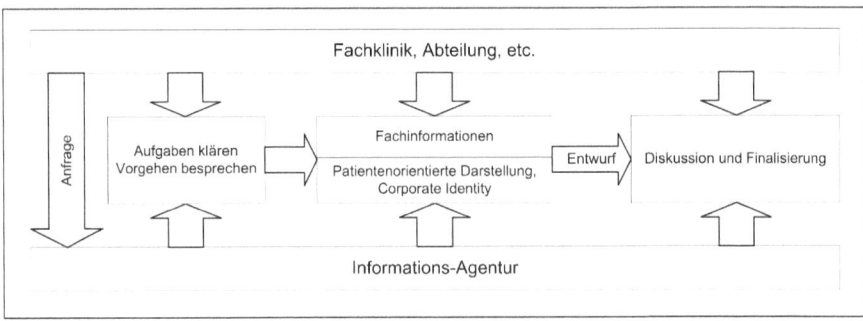

Abbildung 22: Erstellung schriftlicher Patienteninformationen

Insgesamt wird mit den Ergebnissen der Untersuchung klar erkennbar, dass mit der Einrichtung der Informations-Agentur ein wichtiges Strukturelement zur Entwicklung und Aktualisierung schriftlicher Patienteninformationen etabliert werden konnte. Positive Prozesseffekte zeigen sich in strukturierten Vorgehensweise und einer Verkürzung der Erstellungszeit von schriftlichen Informationen.

Ein kritischer Erfolgsfaktor sind allerdings die Fähigkeiten und die Motivation der Mitarbeiter in der Informations-Agentur. Immer wieder wurde in den Gesprächen deutlich, dass weniger mit einem weiteren Strukturelement im Krankenhaus als vielmehr mit einer Person zusammengearbeitet wurde. Die professionelle und vertrauensvolle Arbeitsgestaltung sowie die individuelle Qualifikation der leitenden Mitarbeiterin hatten einen maßgeblichen Einfluss auf die Akzeptanz und die Inanspruchnahme der Informations-Agentur. Dabei war es auch kein Problem, dass die Mitarbeiterin keine Ärztin ist. Die Tatsache, dass eine unabhängige Person eine Rückmeldung und konstruktiven Anmerkungen gibt, wurde auch von ärztlichen Mitarbeitern als positiv wahrgenommen.

13.3 Forschungsstand und Ausgangssituation

Nachdem im zurückliegenden Kapitel die Forschungsfragen beantwortet wurden, werden anschließend die wichtigsten Ergebnisse der Untersuchung kritisch diskutiert. Dabei werden zunächst der Forschungsstand und die Ausgangssituation betrachtet. Anschließend wird der theoretische Bezugsrahmen in den Blick genommen. Vor dem Hintergrund der Ausgangssituation soll insbesondere herausgearbeitet werden, welche Stärken und Schwächen mit der Umsetzung des Konzeptes verbunden sind und welche Entwicklungsherausforderungen bestehen.

Vor dem Hintergrund der Ausgangssituation kann als wichtiges Ergebnis zunächst festgehalten werden, dass mit der Mediothek nicht nur Patienten und Angehörige, sondern auch durch Bürger der Region erreicht wurden. Damit wurde ein wichtiges konzeptionelles Ziel erreicht. Insbesondere die Nutzung durch Bürger ist eine Voraussetzung dafür, dass das PIZ perspektivisch einen Beitrag zur Vernetzung der regionalen Gesundheitsversorgung leisten kann.

Allerdings zeigt die Auswertung auch, dass im Untersuchungszeitraum die Inanspruchnahme der Mediothek im Vergleich zu anderen Einrichtungen eher gering ist. Übertragen auf eine monatliche Betrachtungsweise werden etwa für das PIZ in Lüdenscheid 350-400[233], für das PIZ in Trier 300[234] für das PIZ in Bad

---

233 Abt-Zegelin 2007(b):60
234 Adler, Loercks 2007:80

Krozingen ca. 85[235] und für das PIZ in Essen ca. 25[236] Kontakte angegeben (PIZ Bielefeld: 46). Einschränkend muss allerdings festgehalten werden, dass in der Literatur wenige Erkenntnisse zur Datenhebung und Datenauswertung der Besucherzahlen in den genannten Zentren vorhanden sind. Inwieweit Angaben zu Besucherzahlen vergleichbar sind, ist zumindest fraglich. Auch muss beachtet werden, dass das PIZ in Lüdenscheid schon über zehn Jahre existiert und durch seinen Modellcharakter sehr viel Aufmerksamkeit in den Medien erhalten hat.

Mit der Tatsache, dass Frauen die Mediothek häufiger in Anspruch nehmen als Männer, entsprechen die Ergebnisse zudem der Beobachtung, dass insgesamt gesundheitsbezogene Informationsangebote häufiger von Frauen nachgefragt werden. Ein möglicher Erklärungsansatz dafür ist, dass Frauen und Männer im Versorgungssystem unterschiedlich behandelt werden. So haben Frauen häufiger den Eindruck, nicht ausreichend über ihre gesundheitlichen Belange informiert zu werden oder individuell relevante Fragen stellen zu können.[237] Die Mediothek scheint Frauen die Möglichkeit zu geben, diesem Defizit zu begegnen.

Im Gegensatz zu anderen gesundheitsbezogenen Beratungsangeboten scheinen mit dem PIZ auch ältere Menschen erreicht zu werden. Während die Modellprojekte zur unabhängigen Patientenberatung von wenigen Menschen über 65 Jahre (16 %) in Anspruch genommen werden,[237] lag der Anteil von Besuchern über 60 Jahre im PIZ Bielefeld bei 37 Prozent. Auch wenn sich beide Altersgruppen unterscheiden, kann vermutet werden, dass durch die Einbindung der Mediothek im Versorgungsprozess die Wahrscheinlichkeit der Inanspruchnahme durch ältere Menschen erhöht wird. Im Gegensatz dazu ist die „Kommstruktur" anderer Angebote oftmals eine Barriere für diese Zielgruppe.[237]

In eine ähnliche Richtung gehen die Ergebnisse, dass möglicherweise Angehörige vom Angebot der Mediothek besonders profitieren. Diese werden bisher im Verlauf der Krankenhausbehandlung nicht immer als Zielgruppe wahrgenommen und entsprechend mit ihren individuellen Informationsbedürfnissen berücksichtigt. Für Angehörige scheint das PIZ vor diesem Hintergrund eine gute Möglichkeit zu sein, einen ersten Ansprechpartner, soziale Unterstützung und Informationen zu weiterführenden Unterstützungsangeboten zu finden.

Die Nutzung der Mediothek scheint speziell für Patienten mit einer kurzen oder einer langen Verweildauer interessant zu sein. Während Patienten mit einer langen Verweildauer das PIZ für sehr unterschiedliche Informationen nutzen, sind für Patienten mit einer kurzen Verweildauer speziell Diagnosen und Untersuchungsmethoden von Bedeutung. Dieser Aspekt könnte die These bestärken,

---

235 Imbery, Sailer 2009:153
236 Albrecht 2007:83
237 Dierks, Seidel 2006:207ff

dass Patienten mit einem kurzen Krankenhausaufenthalt nicht alle Informationen im Behandlungsprozess erhalten, welche in ihrer individuellen Situation relevant sind. Unterstützt wird diese Vermutung durch die Tatsache, dass die Mediothek von vielen Patienten zur Entlassungsvorbereitung genutzt wurde. Dabei waren diese häufig auf der Suche nach Informationen oder einem Ansprechpartner.

Nicht übersehen werden darf in diesem Zusammenhang, dass die Mediothek für viele Patienten, Angehörige und Bürger auch eine wichtige Funktion zur Vermittlung an weiterführende Unterstützungsangebote übernommen hat. Speziell an den Sozialdienst oder Ansprechpartner in Fachkliniken wurden Besucher intern vermittelt. Zudem hatten bei externen Vermittlungen Angebote der Selbsthilfe und Beratungsstellen in Bielefeld eine große Bedeutung.

Interessante Aspekte zur Struktur- und Prozessentwicklung wurden mit der Betrachtung der Informations-Agentur sichtbar. Sehr deutlich zeigen die Ergebnisse, dass schriftliche Patienteninformationen ein wichtiger Teil der Krankenhausversorgung sind. Aus der Perspektive des Managements bieten diese zahlreiche Möglichkeiten, Behandlungsprozesse zu optimieren und die Transparenz von Leistungen zu erhöhen. Auch wird schriftliche Patienteninformation als wichtiges Marketingelement und eine Voraussetzung zur Gewährleistung von „Kundenzufriedenheit" gesehen. Aus der Perspektive der täglichen Behandlungsroutine können schriftliche Informationen einen Beitrag leisten, die Motivation der Patienten zu erhöhen und medizinische Ergebnisse zu verbessern.

Allerdings zeigen die Ergebnisse auch, dass die Weitergabe von schriftlichen Patienteninformationen für Ärzte und Pflegende mit zahlreichen Problemen verbunden ist. Nicht selten scheint es so zu sein, dass die Vermittlung von Informationen weniger am individuellen Bedarf des Patienten, als vielmehr an etablierten Organisationsstrukturen orientiert ist. Dies hat auch zur Konsequenz, dass die Weitergabe von Informationen maßgeblich von der Motivation der Mitarbeiter und deren Kenntnis interner Strukturen abhängig ist. Besonders problematisch ist zudem, dass selbst vorhandene schriftliche Informationen oftmals nicht den Anforderungen der Patienten entsprechen. Ursächlich dafür war am Klinikum Bielefeld bislang, dass Strukturen zur Entwicklung von schriftlichen Patienteninformationen nicht ausreichend tragfähig waren. Durch die Etablierung der Informations-Agentur sollte sich diese Situation ändern.

Deutlich zeigen die Ergebnisse der Untersuchung, dass dieses Ziel erreicht wurde. Während vor der Einrichtung der Informations-Agentur die Prozesse zur Erstellung von schriftlichen Patienteninformationen als diskontinuierlich beschrieben wurden, sind nun klare Prozesse und Strukturen erkennbar. Für das Krankenhaus ist damit die Möglichkeit verbunden, schrittweise das Angebot schriftlicher Informationen auszubauen und sich verändernden Anforderungen anzupassen. Mit Blick auf die im Kapitel „Herausforderungen" beschriebenen

Problemfelder bedeutet das, dass mit der Einrichtung der Mediothek und der Informations-Agentur nun notwendige Strukturelemente bestehen, um die Information des Patienten entlang des Behandlungsprozesses weiterzuentwickeln. Allerdings dürfen dabei die Möglichkeiten des PIZ nicht überschätzt werden. Zwar können beispielsweise durch die Informations-Agentur schriftliche Informationen entwickelt werden, die den Ablauf im Krankenhaus besser erklären. Die individuelle Kommunikation mit dem Patienten im Behandlungsverlauf ist und bleibt jedoch die Aufgabe von Ärzten und Pflegenden. Probleme der Patienteninformation, welche durch die kommunikative Qualifikation der Mitarbeiter oder unzureichende Zusammenarbeit der Berufsgruppen entstehen, entziehen sich weitestgehend dem Einflussbereich des PIZ.

Erfahrungen aus den USA zeigen, wie verschiedene Elemente der Patienteninformation in einem Konzept zusammengeführt werden können. Das am Crouse Hospital in New York umgesetzte „transfer model for patient information services" ist ein Beispiel dafür. Zentraler Ansatzpunkt dieses Managementkonzeptes ist die Annahme, dass wenn die Kommunikation zwischen den Berufsgruppen untereinander sowie mit vorhandenen Unterstützungsangeboten funktioniert, für Patienten auch Verfügbarkeit von Informationen gewährleistet ist. Um dieses Ziel zu erreichen, wird am Crouse Hospital die interdisziplinäre Zusammenarbeit von einem „Informationsspezialisten" unterstützt.

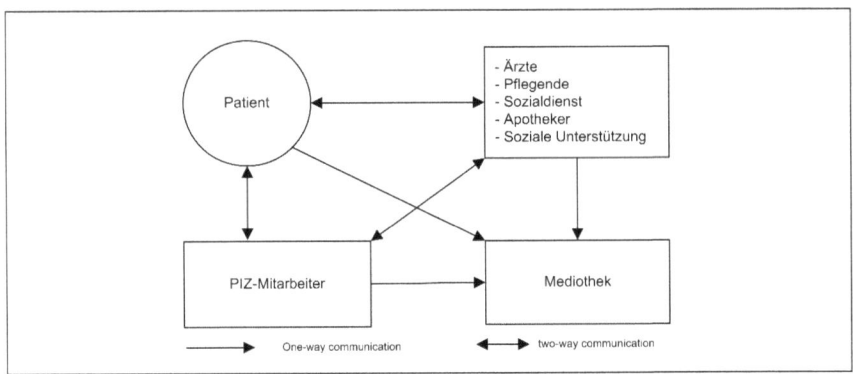

Abbildung 23: Adaptiertes Transfermodel der Patienteninformation[238]

Übertragen auf das Konzept im Klinikum Bielefeld würde dies bedeuten, dass die PIZ-Mitarbeiter stärker in den Behandlungsprozess einbezogen werden und

---

238 vgl. Tarby, Hogan 1997:163

fallbezogen (entsprechend dem individuellen Bedarf) koordinative Aufgaben übernehmen. Allerdings wäre damit verbunden, die personellen Ressourcen des PIZ deutlich zu erweitern – mit 1,5 Stellen kann ein solcher Service nicht angeboten werden. Auch muss genau geprüft werden, in welchen Situationen diese stärker intervenierende Funktion Sinn macht. Auf keinen Fall sollten damit Doppelstrukturen aufgebaut werden (vgl. Abb. 23).

Beachtet werden muss zudem, dass dieser Ansatz auf die Information von Patienten im Behandlungsverlauf abzielt. An den Schnittstellen der Versorgung (Vorbereitung des Krankenhausaufenthaltes und nachstationäre Weiterversorgung) ist die Gewährleistung eines zentralen Zugangs zu Informationen und Unterstützungsangeboten durch die Mediothek auch für Angehörige und Bürger von großer Bedeutung. Speziell für vulnerable Zielgruppen scheint es ein Vorteil zu sein, dass kein „zusätzliches Angebot" in Anspruch genommen werden muss, sondern die Mediothek ein Bestandteil des Versorgungsprozesses ist.

Trotz vieler positiver Aspekte, die mit der Untersuchung deutlich wurden, bestehen noch zahlreiche Entwicklungsherausforderungen. Speziell die Auffindbarkeit und der Bekanntheitsgrad innerhalb des Krankenhauses müssen deutlich verbessert werden. Zudem sollten Möglichkeiten gefunden werden, die von den Besuchern wiederholt geforderte Verzahnung der Mediothek mit dem Behandlungsprozess zu gewährleisten. Damit ist auch verbunden, dass die Besucherzahlen erhöht werden müssen. Nur wenn die Mediothek von vielen Patienten in Anspruch genommen wird, macht es aus organisatorischer Perspektive Sinn, definierte Prozesse zur Vernetzung von Mediothek und Behandlung zu etablieren.

Nicht übersehen werden darf, dass mit der Einrichtung der Informations-Agentur nur ein erster Schritt getan wurde, die Patienteninformation im Behandlungsverlauf zu verbessern. Weitere müssen folgen. Dies bedeutet, dass die Ergebnisse dieser Untersuchung nicht überbewertet werden dürfen. Zwar wurde erkennbar, dass mit der Etablierung einer Informations-Agentur ein Beitrag zur Strukturentwicklung geleistet werden kann. Es bleiben aber auch Fragen offen.

So wurde mit dieser Arbeit nicht thematisiert, inwieweit die entwickelten Patienteninformationen auch tatsächlich den Anforderungen von Patienten und Angehörigen entsprechen. Zudem wurde nicht betrachtet, welchen Beitrag diese Informationen leisten können, Strukturen und Prozesse im Krankenhaus transparenter zu gestalten. Auch die Frage wie Ärzte und Pflegende bei der Weitergabe von schriftlichen Informationen unterstützt werden können, muss noch in weiteren Untersuchungen betrachtet werden.

13.4   Theorie- und Konzeptentwicklung

Ein wesentlicher Ausgangspunkt im theoretischen Bezugsrahmen war die Betrachtung der gesundheitlichen Versorgung als Dienstleistung. Allerdings ist diese Sichtweise umstritten. Dabei steht weniger die Dienstleistung als kooperativer Prozess, sondern eher die ökonomische Implikation in der Kritik. So werden am Begriff „Dienstleistung", sinnbildlich für Konsequenzen aus einem als „Ökonomisierung" beschriebenen Prozess, etliche Veränderungen festgemacht.

Speziell auf den Bedeutungsverlust der zwischenmenschlichen Beziehung von Arzt und Patient wird immer wieder hingewiesen. So stellte Kühn (1996) schon in der 1990er Jahren fest, dass „innerhalb weniger Jahrzehnte aus der Arzt-Patient-Beziehung als einer Begegnung zweier Menschen, die in der Regel persönlich miteinander bekannt waren, eine wichtige Schnittstelle zwischen einem hoch arbeitsteiligen Medizinsystem und dem Individuum [...] geworden ist".[239] Immer seltener werden Patienten als notleidende Menschen und stattdessen immer häufiger als Verbraucher von medizinischen Dienstleistungen gesehen. Aus dieser Perspektive ist damit verbunden, dass die medizinische Behandlung heute weniger ein einzigartiges Hilfsangebot eines speziellen Arztes, sondern eine beliebig austauschbare und von jedem Arzt gleich zu erbringende Gesundheitsdienstleistung ist. An die Stelle der persönlichen Beziehung zwischen Arzt und Patient ist eine sachliche Vertragsbeziehung zwischen einem Dienstleistungsanbieter und einem Dienstleistungsnachfrager getreten.[240,241]

Auch wenn die generelle Übertragbarkeit dieser Sichtweise in Frage gestellt werden kann, öffnet sie dennoch eine wichtige Perspektive zur kritischen Reflexion der Untersuchungsergebnisse. Unbestritten waren mit der schrittweisen Etablierung von marktwirtschaftlichen Elementen seit Beginn der 1990er Jahre auch Veränderungen der Arzt-Patienten Beziehung verbunden. Welche Implikationen damit für Patienten und Bürger verbunden sind, soll auch Gegenstand der kritischen Diskussion in diesem Kapitel sein.

Gesundheitsversorgung als Dienstleistung
Aus der Perspektive der Krankenhausversorgung als Dienstleistung ist das Behandlungsergebnis auch maßgeblich von der Eigenbeteiligung des Patienten abhängig. In dieser Sichtweise können autonome (z.B. Compliance) und interaktive Eigenanteile des Patienten (z.B. Kommunikation) unterschieden werden. Ähnliche Argumente werden auch in der sozialwissenschaftlichen Debatte be-

---

239 Kühn 1996:96ff
240 Maio 2009:972; vgl. Holst 2008
241 Der Begriff „Ökonomisierung" beschreibt die Einführung von privatwirtschaftlichen Steuerungs-
    und Allokationsroutinen in bis dato markfernen Dienstleistungssektoren (Bode 2010:63)

nannt. Im Gegensatz zur dienstleistungsorientierten Betrachtung, haben in dieser Sichtweise kooperative Aspekte eine größere Bedeutung. Während aus ökonomischer Sicht mit der Zusammenarbeit des Patienten eher Effizienzziele verbunden sind, stehen in einem sozialwissenschaftlichen Verständnis eher Ansätze für eine gelingende Interaktion im Vordergrund. Entsprechend ist aus dieser Perspektive auch die Organisation von zentraler Bedeutung. Durch die Organisation können bei Abstimmungsproblemen zwischen Anbieter und Nachfrager institutionelle Lösungen angeboten werden.

Trotz divergierender Zielsetzungen sind die sozialwissenschaftliche und die ökonomische Betrachtungsweise nicht unvereinbar. Insbesondere im Kontext der Krankenhausbehandlung, wo neben gemeinwohlorientierten Prinzipien Effizienzgesichtspunkte eine entscheide Rolle spielen, sind mit beiden Perspektiven wichtige konzeptionelle Ansätze verbunden. Allerdings ist in beiden Ansätzen die Einbeziehung der Patienten nur möglich, wenn diese entsprechend ihrer Fähigkeiten und Bedürfnissen unterstützt und informiert werden.

Obwohl konzeptionelle Aspekte der Einbeziehung des Patienten in den beschriebenen Kontexten umfassend diskutiert werden, wird der Umgang mit Informationsdefiziten oftmals vernachlässigt. Im theoretischen Teil dieser Arbeit wurden daher Ansätze der Neuen Institutionenökonomik näher betrachtet. Im Verständnis der Neuen Institutionenökonomik ist mit Informationsdefiziten ein hohes Maß an Verhaltensunsicherheit beim Anbieter aber insbesondere beim Nachfrager einer Dienstleistung verbunden. Ein Ausgangspunkt ist die Annahme, dass Nachfrager und Anbieter auf Grundlage unvollständiger Informationen beschränkt rational handeln. So besteht für Patienten ein Informationsdefizit in Bezug auf die Leistungsfähigkeit gesundheitsbezogener Anbieter (transaktionspartnerbezogenes Informationsproblem) und das Ergebnis der Dienstleistung (leistungsbezogenes Informationsproblem). Zudem ist mit ökonomischen Ansätzen verbunden, dass der Nachfrager auf Grundlage von Informationen selbstbestimmt eine Entscheidung trifft. Die Information des Patienten wird damit zum Dreh- und Angelpunkt der Legitimation ökonomischer Modelle.[242]

Insgesamt zeigen die Ergebnisse der Untersuchung zunächst, dass eine gezielte Einbeziehung der Patienten im Behandlungsprozess bis heute selten stattfindet. Eine Ursache dafür ist auch, dass sich die Vermittlung von Informationen im Behandlungsprozess häufig nicht an der individuellen Problemsituation des Patienten oder seiner Angehörigen orientiert. Vielmehr haben bis heute tradierte Organisationsstrukturen einen maßgeblichen Einfluss auf die Weitergabe von Patienteninformationen. Der Bedeutungsgewinn von Patienteninformationen im Behandlungsprozess wird von den Mitarbeitern allerdings wahrgenommen.

---

242 Kuhlmann 1999:147

Unter den gegebenen Voraussetzungen können die in der Literatur beschriebenen Potenziale zur Stärkung der Interaktion und Effizienz im Behandlungsverlauf nicht genutzt werden. Notwendig dafür wäre zum einen, dass Informationsangebote im Behandlungsverlauf stärker an den Bedürfnissen der Patienten und den Erfordernissen des Klinikalltags ausgerichtet werden. Zum anderen müssen die Strukturen zur Weitergabe von Informationen weiterentwickelt und den veränderten Rahmenbedingungen angepasst werden.

Im Konzept des PIZ hat in diesem Zusammenhang die Informations-Agentur eine besondere Bedeutung. Eine wesentliche Aufgabe dieses Angebotes ist es, die Struktur- und Prozessentwicklung zur Patienteninformation im Behandlungsverlauf zu unterstützen. Dass dies möglich ist, konnte im Untersuchungszeitraum in zahlreichen Entwicklungsprojekten gezeigt werden. Perspektivisch sollte die Arbeit der Informations-Agentur noch mehr dafür genutzt werden, Abläufe zu standardisieren und Transparenz im Behandlungsverlauf zu gewährleisten.

Notwendig dafür ist allerdings, die Krankenhausversorgung noch stärker als Prozess mit unterschiedlichen Behandlungsphasen und entsprechenden Informationsbedürfnissen zu betrachten. Problematisch ist dabei, dass bis heute wenige empirische Erkenntnisse vorliegen. Zwar existieren Studien, welche Aspekte der Patienteninformation in unterschiedlichen Kontexten der Krankenhausversorgung betrachten. Phasenbezogene Analysen spezifischer Informationsbedürfnisse existieren jedoch nicht. Auch mit den Ergebnissen dieser Untersuchung ist keine ausführliche Betrachtung möglich.

Dennoch wurden interessante Aspekte ersichtlich. So zeigt die Auswertung der Mediothek sehr deutlich, dass sich der Informations- und Unterstützungsbedarf der Besucher erwartungsgemäß am Behandlungsprozess orientiert und in den einzelnen Phasen unterscheidet. Während beispielsweise zu Beginn der Krankenhausbehandlung eher Informationen zu Diagnosen und Therapien relevant sind, hat bei der Entlassung soziale Unterstützung eine große Bedeutung.

Aus der Perspektive der Organisation kann die Mediothek zudem eine wichtige Funktion im Umgang mit Abstimmungsproblemen zwischen Krankenhausmitarbeitern und Patienten übernehmen. Bezogen auf die Ergebnisse dieser Arbeit können dazu unterschiedliche Aspekte diskutiert werden. Zum einen können in diesem Verständnis Abstimmungsprobleme auf die Interaktion zwischen Arzt und Patient für eine gemeinsame Behandlungsstrategie bezogen sein. Liegen diesem Abstimmungsproblem „Informationsdefizite" des Patienten zugrunde, kann die Mediothek aus der Perspektive der Organisation einen Beitrag leisten, notwendige Informationen zur Verfügung zu stellen. Dass die Mediothek von Patienten zur Information genutzt wird, zeigen die Ergebnisse sehr deutlich.

Zum anderen können Abstimmungsprobleme auch in Bezug auf die weitere Versorgung oder durch Fehlverhalten von Mitarbeitern entstehen. Zwar gibt es zur Lösung dieser Problemsituationen schon heute institutionelle Angebote (z.B. Sozialdienst, Beschwerdestelle). Allerdings sind diese nicht immer für Patienten und Angehörige transparent. In solchen Situationen kann die Mediothek eine wichtige Koordinationsfunktion innerhalb des Krankenhauses übernehmen und einen Beitrag zur Lösung dieser Abstimmungsprobleme leisten.

Auch wenn die Bedeutung von Patienteninformationen im Umgang mit Unsicherheiten in dieser Arbeit nur am Rande thematisiert wurde, zeigen sich dennoch einige interessante Aspekte. Insgesamt wird klar erkennbar, dass aus Sicht der Mitarbeiter die situationsgerechte zur Verfügungstellung von Informationen dem Patienten helfen kann, mit unterschiedlichen Formen der Unsicherheit umzugehen. Sehr bildhaft wurde dies in einem Interview dargestellt. In diesem berichtete die Mitarbeiterin von einem Patienten, der mit einem Stoma versorgt werden musste und verzweifelt war, da er sich nicht vorstellen konnte, wie sein Leben nach der Stomaanlage aussehen würde.

Diese Situation des Patienten kann aus Sicht der Neuen Institutionen-ökonomik als leistungsbezogenes Informationsproblem charakterisiert werden. Das bedeutet, dass personenbezogene Dienstleistungen häufig nur nach der Inanspruchnahme beurteilt werden können. An dieser Tatsache können auch Patienteninformationen nichts ändern. Allerdings können sie dem Patienten helfen, indem sie einen Ausblick auf ein mögliches Ergebnis geben. Durch die Broschüre „Leben mit Stoma" konnte in diesem Beispiel dem Patienten ein Teil seiner Unsicherheit („das riecht doch bestimmt") genommen werden.

Ansatzpunkte zum Umgang mit dem „transaktionspartnerbezogenem Informationsproblem" bietet die Mediothek. Durch die Gewährleistung des Zugangs zu medizinischem Wissen und Informationen zur Behandlung im Krankenhaus kann die Informationsasymmetrie zwischen Arzt und Patient zwar nicht aufgehoben, aber zumindest reduziert werden. Allerdings ist dieser Informationsaustausch aus Sicht des Krankenhauses eine Einbahnstraße. Informationen zu spezifischen Anforderungen des Patienten werden im Augenblick nicht erhoben. Im Sinne der Neuen Institutionenökonomik kann die Arbeit der Mediothek entsprechend als „Signaling-Maßnahme" (Informationen werden von der besser zur schlechter informierten Marktseite übertragen) gesehen werden.

Ein zentraler Ausgangspunkt in der kritischen Betrachtung der Gesundheitsversorgung als Dienstleistung ist die klassisch ökonomische Sichtweise des Menschen als rational handelndes Wesen. Ergänzend zu dieser Einschätzung basieren wichtige Ansätze der Neuen Institutionenökonomik auf der Annahme, dass Menschen auf Grundlage unvollständiger Informationen nur eingeschränkt rational handeln. Damit wird zwar die generelle Sichtweise des Menschen als rational handelndes Wesen nicht aufgegeben, aber diese zumindest in Abhängigkeit zur Verfügbarkeit von Informationen gesetzt.

Allerdings reicht das Erfahrungswissen des einzelnen Arztes oftmals nicht aus, den veränderten Anforderungen gerecht zu werden. Stattdessen gewinnt zunehmend evidenzbasiertes Wissen aus klinischen Studien an Bedeutung. Dieses ermöglicht jedoch keine konkreten Aussagen zur individuellen Situation eines Patienten, sondern häufig nur zu durchschnittlichen Erfolgswahrscheinlichkeiten (z.B. die Überlebensrate bei Tumorpatienten bei einer bestimmten Therapie oder in einem speziellen Krankenhaus). Kritisiert wird an dieser Entwicklung, dass dem Arzt als Dienstleister zunehmend nur noch die Aufgabe zugesprochen wird, den Patienten über vorhandene Eintrittswahrscheinlichkeiten zu informieren, die Interpretation dieser Informationen aber dem Patienten als "mündigem Kunden" überlassen wird. Mit der Anwendung auf die eigene Lebenssituation sind diese oder ihre Angehörigen aber oftmals überfordert.[243]

Insgesamt stellt sich damit die Frage, ob zunehmend am Kollektiv orientierte Patienteninformationen überhaupt geeignet sind, individuelle Informationsdefizite auszugleichen und „rationale" Entscheidungen (im Sinne der Neuen Institutionen-ökonomik) zu ermöglichen. Aufbauend auf diesen Überlegungen muss auch eine zweite Grundannahme kritisch hinterfragt werden. Im Verständnis der Neuen Institutionenökonomik werden Freiräume, welche durch die unvoll-ständige Information der Transaktionspartner bestehen, opportunistisch zur Maximierung des eigenen Vorteils genutzt. Auch wenn diese These nur schwer widerlegt werden kann, ist sie häufig Gegenstand der Auseinandersetzung. Kritisiert wird, dass diese Sichtweise ausblendet, dass menschliches Handeln nicht nur durch selbstbezogene Nutzenmaximierung motiviert ist, sondern auch Faktoren wie Gruppenzugehörigkeit, soziales Engagement oder psycho-emotionale Beweggründe von Bedeutung sind.[244]

Übertragen auf die Überlegungen in dieser Arbeit bedeutet dies, dass die mit der Neuen Institutionenökonomik verbundenen Ansätze zum Umgang mit Verhaltensunsicherheit eine wichtige Perspektive zur Auseinandersetzung mit Patienteninformationen im Verlauf der Krankenhausbehandlung öffnen. Allerdings müssen zugrundeliegende Hypothesen kritisch hinterfragt werden. Im Unterschied zu Kunden auf anderen „Märkten" zeichnen sich Patienten durch eine Reihe von besonderen Eigenschaften aus. So haben diese nicht immer die Möglichkeit, sich für oder gegen Leistungen zu entscheiden oder den Zeit-punkt der Inanspruchnahme frei zu wählen.[245] Sollen zudem Informationsdefizite ausgeglichen werden, müssen sich vermittelte Informationen streng an den individuellen Bedürfnissen und Möglichkeiten des Patienten orientieren.

243 Rogler 2008:77
244 Holst 2008:16f
245 Gerlinger 2009:17f

Kundenorientierung im Relationship Marketing
Neben der Analyse der Gesundheitsversorgung als Dienstleistung war die Betrachtung der Kundenorientierung im Relationship Marketing ein wesentlicher Schwerpunkt der theoretischen Auseinandersetzung in dieser Arbeit. Ausgehend von Bruhns Definition (2007) wurde Kundenorientierung dabei als die Ermittlung und Analyse individueller Kundenerwartungen und deren Umsetzung in unternehmerischen Leistungen charakterisiert.

Eine wichtige Voraussetzung zur Erreichung dieser Ziele ist der kontinuierliche Dialog mit den Kunden. Entsprechend müssen in Ansätzen des Relationship Marketings alle Kommunikationselemente nach dem Kriterium ihrer Interaktionseigenschaften bewertet und ausgewählt werden. Individuelle Informations- und Kommunikationsbedürfnisse des Kunden stehen dabei im Mittelpunkt der Betrachtung. Zudem sollten Kunden die Möglichkeit haben, aktiv einen Kommunikationsprozess zu initiieren und ihre Wünsche zu äußern. Eine wesentliche Barriere zur Umsetzung von Ansätzen des Relationship Marketings ist allerdings nicht nur im Gesundheitswesen, dass die Kommunikationsarbeit vieler Unternehmen sehr einseitig durch Massenmedien gekennzeichnet ist (Push-Kommunikation). Im Unterschied dazu stehen im Kommunikationskonzept des Relationship Marketings die individuelle Kommunikation und der Dialog mit dem Kunden im Mittelpunkt (Pull-Kommunikation). Mit der Umsetzung dieses Ansatzes ist die Herausforderung verbunden, unterschiedliche Kommunikationsangebote im Unternehmen zu bündeln und für die Ausgestaltung einer kundenorientierten Interaktion zu nutzen. Dabei beschränkt sich diese Integration nicht nur auf eine formale Abstimmung, sondern müssen auch inhaltliche und zeitliche Aspekte berücksichtigt werden. Nur so kann ein einheitliches Erscheinungsbild des Unternehmens gewährleistet werden.

Im Sinne dieses Konzeptes wurden mit der Implementierung des Patienten-Informations-Zentrums unterschiedliche Elemente eines kundenorientierten Managementansatzes umgesetzt. So wurde mit der Einrichtung der Informations-Agentur eine Voraussetzung geschaffen, schriftliche Patienteninformationen im Behandlungsverlauf weiterzuentwickeln und bestehende Angebote zu vereinheitlichen. Nicht selten waren schriftliche Informationen zuvor sehr heterogen gestaltet und nur unzureichend an den Bedürfnissen der Patienten orientiert. Deutlich wurde mit der Analyse, dass durch die Arbeit der Informations-Agentur ein wichtiger Beitrag zur inhaltlichen und formalen Integration schriftlicher Patienteninformationen geleistet wurde. Viele Angebote konnten im Projektverlauf überarbeitet oder erstellt werden.

Klar erkennbar wurde mit der Auswertung die enge Verzahnung von Kundenorientierung und Marketing. Sehr bewusst ist den Klinikleitungen, dass eine verbesserte Informationsstruktur eine große Bedeutung für das Marketing ihrer Fachkliniken hat. Wiederholt wurde dazu festgestellt, dass im Bereich von Prozessen und Serviceleistungen bestehende Strukturen der Patienteninformation weiterentwickelt werden müssen. Dabei wird die Information des Patienten als Servicemerkmal gesehen, welches überregional vermarktet werden kann.

Integration im Sinne des dargestellten Konzepts der Kundenorientierung bedeutet aber auch, den Kunden einen einfachen Zugang zu bestehenden Kommunikationsangeboten zu ermöglichen. In dieser Hinsicht leistet speziell die Mediothek einen maßgeblichen Beitrag. Während bisher in vielen Kranken-häusern die „Pforte" oder „Anmeldung" der einzige zentrale Ansprechpartner ist, haben Patienten, Angehörige oder Bürger hier die Möglichkeit, eine erste Orientierung zu erhalten. Ausgehend von diesem Kontakt war es im Projekt-verlauf eine wichtige Funktion der Mediothek, die Besucher über Angebote im Klinikum zu informieren und entsprechend individuellen Anforderungen weiterzuvermitteln. Neben dieser Koordinationsfunktion stand allerdings die Information und Unterstützung von Patienten, Angehörigen und Bürgern im Umgang mit gesundheitlichen Beeinträchtigungen im Vordergrund. Bei Bedarf wurde dazu mit Ärzten und Pflegenden in den Kliniken kooperiert. Diese sehen die Arbeit der Mediothek nicht als Konkurrenz, sondern als sinnvolle Ergänzung.

Auch wenn mit dem Konzept der Kundenorientierung interessante Möglich-keiten zur Weiterentwicklung der Kommunikationsstrukturen im Krankenhaus verbunden sind, müssen dennoch wesentliche Grundlagen dieses Ansatzes kritisch diskutiert werden. Nicht übersehen werden darf, dass mit dem Konzept der Kundenorientierung primär wirtschaftliche Ziele (ökonomischer Erfolg des Unternehmens) verfolgt werden. Entsprechend wird kritisiert, dass mit der freundlichen Formulierung „Kundenorientierung" das eigentliche Interesse des Unternehmens (Rentabilität) verschleiert wird. Dies bedeutet auch, dass der Kunde nur soweit Subjekt ist, wie es das Unternehmen aus Rentabilitätsgründen zulässt. Ist Kundenorientierung nicht rentabel, findet diese auch nicht statt.[246]

Entsprechend werden nicht alle Kunden gleich behandelt – auch wenn der Begriff „Kundenorientierung" das suggeriert. Vielmehr sind für Unternehmen die Kunden relevant, die mit ihrer individuellen Kaufkraft einen hohen Deckungs-beitrag leisten. Im Umkehrschluss bedeutet das, „dass jeder Kundenorientierung (…) notwendigerweise Kundenmissachtung als Form der ökonomisch unum-gänglichen Vernachlässigung schwacher (…) Abnehmer entspricht. Kunden-orientierung und Kundenmissachtung sind zwei Seiten einer Medaille."[247]

Insbesondere im Dienstleistungsbereich ist Kundenorientierung zudem keineswegs nur an den Wünschen der (zahlungskräftigen) Kunden orientiert,

---

246 Hedtke 2000:7
247 Hedtke 2000:13

sondern wird zunehmend versucht, diese auch in den Dienstleistungsprozess einzubinden.[248] Entsprechend werden Ansätze zur Kundenorientierung auch eng verknüpft mit Überlegungen zur Dienstleistungsgestaltung diskutiert. Problematisch ist für die kritische Diskussion insgesamt, dass konzeptionelle Elemente beider Ansätze – Kundenorientierung und Gesundheitsversorgung als Dienstleistung – auf der einen Seite einen wichtigen Beitrag leisten können, den seit langem beschriebenen Defiziten in der Gesundheitsversorgung zu begegnen (vgl. Kap. 5). Auf der anderen Seite ist allerdings die einseitige Ausrichtung auf wirtschaftliche Interessen und den ökonomischen Erfolg beider Ansätze nicht vereinbar mit einem gemeinwohlorientierten Anspruch der Gesundheitsversorgung in Deutschland. Entsprechend werden in der Diskussion häufig nicht die Instrumente dieser Ansätze, sondern deren ökonomischen Ziele kritisiert.

Betrachtet man die Gesundheitsversorgung wie das Bildungswesen oder das Rechtssystem als eine wesentliche Grundlage gemeinschaftlichen Zusammenlebens, haben Krankenhäuser auch eine gesellschaftliche Verpflichtung. Damit ist verbunden, dass nicht nur die „Starken" (ökonomisch, persönlich) sondern speziell vulnerable Gruppen (chronisch Kranke und alte Menschen) adäquat versorgt werden. Ökonomischer Erfolg kann aus dieser Perspektive nicht das alleinige Zielkriterium für die Ausrichtung eines Krankenhauses sein.

Deutlich wird diese Grundhaltung auch in Überlegungen zu Qualitätsanforderungen in der gesundheitlichen Versorgung. So wird beispielsweise im Methodenpapier zur sektorenübergreifenden Qualitätssicherung nach §137a SGB-V „Gerechtigkeit" als ein wesentliches Merkmal der gesundheitlichen Versorgung diskutiert. Im Verständnis dieses Qualitätsmodells bilden „Gerechtigkeit" und „Effizienz" den Rahmen zur Beurteilung der Leistungsfähigkeit eines Gesundheitssystems. Allerdings ist dieser Ansatz nur einer neben vielen anderen und existiert derzeit kein allgemein akzeptiertes Qualitätsmodell in Deutschland.[249] Darin spiegelt sich wider, dass bis heute eine klare Zielformulierung für die gesundheitliche Versorgung fehlt. Offen ist etwa die Frage, ob das Gesundheitswesen eine wirtschaftliche Wachstumsbranche ist oder ob die bestmögliche Gesundheitsversorgung für *alle* Bürger gewährleistet werden soll. Beides zu erreichen, wird – unter dem Vorbehalt der Finanzierbarkeit – nicht möglich sein.

Aus der Perspektive der Krankenhäuser ist mit dieser unklaren Ausrichtung des Gesundheitssystems zunehmend ein Zielkonflikt verbunden. Während politisch in den letzten 20 Jahren Schritt für Schritt markt- und wettbewerbsorientierte Elemente etabliert wurden, hat sich am gemeinwohlorientierten Anspruch gegenüber Krankenhäusern wenig verändert. Gerne übersehen wird

---

248 Dunkel et al. 2004:228; vgl. auch Gerlinger 2009
249 AQUA-Institut 2010

dabei, dass Wettbewerb bedeutet, dass es nicht nur Gewinner, sondern auch Verlierer gibt. Immer deutlicher wird daher, dass Wettbewerb und gemeinwohlorientierte Gesundheitsversorgung zusammen schwer umzusetzen sind.

Bezogen auf das Thema dieser Arbeit ist daher die Umsetzung von *ausschließlich* ökonomisch fokussierten Ansätzen zur Kundenorientierung im Krankenhaus eher problematisch und nicht wünschenswert. Dennoch können Elemente (insbesondere in Bezug auf das Kommunikationskonzept) auf die Arbeit im Krankenhaus übertragen werden. Notwendig dafür ist jedoch auch eine Anpassung der Ziele. Neben ökonomischen Überlegungen müssen auch gemeinwohlorientierte Aspekte berücksichtigt werden. Dies bedeutet in erster Linie, dass das Kriterium „Rentabilität der Kundenorientierung" für die Umsetzung im Krankenhaus nicht greifen kann. Damit ist auch verbunden, dass bei der Ausgestaltung der Kundenorientierung keine Selektion im Sinne der Bevorzugung bestimmter (rentabler) Patientengruppen stattfinden darf. Zur Betonung des Unterschieds zwischen Patienten und Kunden sollte zudem bei der Implementierung von kundenorientierten Elementen des Relationship Marketings im Krankenhaus eher von „Patientenorientierung" gesprochen werden.

Mit der Veränderung der inhaltlichen Zielsetzung des Konzepts zur Kundenorientierung geht auch einher, dass einige Grundannahmen angepasst werden müssen. Insbesondere der lineare Zusammenhang zwischen Kundenorientierung, Kundenzufriedenheit, Kundenbindung und ökonomischem Erfolg („Denken in der Erfolgskette") kann so nicht auf das Krankenhaus übertragen werden.

Patientenorientierung im Gesundheitswesen
Die Vielfältigkeit möglicher Perspektiven und das Fehlen klarer Ziele in der gesundheitlichen Versorgung haben auch dazu geführt, dass das Thema „Patientenorientierung" bis heute sehr heterogen diskutiert wird. Abhängig vom Kontext werden sehr unterschiedliche Ziele benannt und Konsequenzen gefordert.

Diese Heterogenität spiegelt sich auch in der Debatte um Patientenorientierung in der Krankenhausversorgung wieder. Seit über 30 Jahren werden wiederkehrend ähnliche Aspekte in unterschiedlichen Kontexten thematisiert – meistens ohne gegenseitig Bezug zu nehmen. So wurden beispielweise für die Berufsgruppe Pflege wiederholt Veränderungen der Arbeitsorganisation und eine stärkere Ausrichtung auf die Unterstützung des Patienten im Behandlungsverlauf gefordert. Speziell Ansätzen zur Patientenedukation (im Sinne von Information, Beratung und Schulung) wird dabei eine große Bedeutung beigemessen.

Auf der Ebene der Organisationsentwicklung im Krankenhaus waren Baduras (1993) Überlegungen zum lean management ein wichtiger Beitrag. Dieser konzipiert die Beteiligung des Patienten im Behandlungsprozess und die Arbeit in multiprofessionellen Teams als Gestaltungsaufgabe des Krankenhausmanagements. Dazu überträgt Badura Grundlagen der Dienstleistungstheorie und charakterisiert die Krankenhausbehandlung als Prozess, der maßgeblich durch die Ko-Produktion von Patienten Mitarbeitern (Ärzte, Pflegende) gekennzeichnet ist.

Überlagert wurde diese Betrachtung durch den Bedeutungsgewinn von Qualitätsmanagement seit Mitte der 1990er Jahre. Kunden- bzw. Patientenorientierung wird dabei als wichtiger Bestandteil der Krankenhausorganisation gesehen. Damit ist verbunden, dass Instrumente des Qualitätsmanagements aus anderen Branchen nun auch im Krankenhaus implementiert werden. Zur Stärkung der Kundenorientierung werden beispielsweise Initiativen zur Patientensicherheit weiterentwickelt, der Umgang mit Beschwerden systematisiert, Behandlungsprozesse an Leitlinien ausgerichtet und der Patientenservice (Hotelleistungen) verbessert. Patientenzufriedenheit ist das zentrale Betrachtungselement der Kundenorientierung im Qualitätsmanagement.

Diskutiert wurden Ansätze zur Qualitätsentwicklung im Krankenhaus auch im Kontext der Gesundheitsförderung – allerdings aus einer anderen Sichtweise. Während im Qualitätsmanagement „Qualität" eher aus der Perspektive der Organisation und eines medizinorientierten Verständnisses betrachtet werden, stehen in Ansätzen zur Gesundheitsförderung eher die Bedürfnisse des Patienten und ein salutogenetisches Verständnis im Vordergrund. Eine Verbesserung und Intensivierung der Patientenkommunikation sowie eine stärkere Berücksichtigung der psychosozialen Versorgung des Patienten spielen dabei eine wichtige Rolle.

Auch wenn bis heute für das Krankenhaus kein schlüssiges Konzept zur Patientenorientierung existiert, wurden zumindest auf der Ebene des Gesundheitswesens zentrale Elemente im Konzept der „Nutzerorientierung" zusammengefasst. Ein wesentlicher Ansatzpunkt in diesem Konzept ist die Einführung des „Nutzers" als Sammelbegriff für unterschiedliche Rollen, die ein Mensch im Gesundheitswesen (z.B. als Bürger, Patient oder Kunde) einnehmen kann. Ausgehend von dieser Betrachtung ist der zentrale Anspruch des Konzeptes, den Nutzer in die Lage zu versetzen, Angebote im Gesundheitswesen sinnvoll in Anspruch zu nehmen und selbstständig einen Beitrag zum Behandlungserfolg zu leisten. Entsprechend haben die Kompetenz der Nutzer im Umgang mit der eigenen Gesundheit und deren Beteiligung an Entscheidungen zur gesundheitlichen Versorgung eine maßgebliche Bedeutung. Damit Nutzer diese Anforderungen erfüllen können, ist es allerdings notwendig, diese durch Angebote zur Information, Beratung und Schulung zu unterstützen (Empowerment).

Vor dem Hintergrund dieser Entwicklung ist die Implementierung des Patienten-Informations-Zentrums am Klinikum Bielefeld zunächst insbesondere für die Berufsgruppe Pflege relevant. Auch wenn zuvor jahrelang über Patientenedukation als Aufgabe der Pflege gesprochen wurde, konnten sich bis Ende der 1990er Jahre nur wenige Angebote etablieren. Entsprechend waren mit der Übertragung des PIZ-Konzeptes aus den USA große Erwartungen verbunden, dass auch in Deutschland die Bedeutung der Pflege bei der Übernahme edukativer Aufgaben wachsen wird. Diese Erwartung wurde allerdings nur ansatzweise erfüllt. Obwohl von den entstandenen Zentren bis heute zahlreiche positive Impulse ausgegangen sind, konnten sich diese nicht flächendeckend durchsetzen. Ob sich an dieser Situation in absehbarer Zeit etwas ändert, bleibt abzuwarten.

Festgehalten werden kann jedoch, dass aus der Perspektive der Pflege, mit der Einrichtung des Patienten-Informations-Zentrums zumindest am Klinikum Bielefeld neue Arbeitsfelder erschlossen und die Bedeutung der Berufsgruppe für die Organisation Krankenhaus gestärkt wurde. Mit der Strukturentwicklung im Bereich Patienteninformation füllt etwa die Informations-Agentur ein Vakuum, welches an der Schnittstelle interdisziplinärer Zusammenarbeit und dem sprunghaften Bedeutungsgewinn von Patienteninformationen im Behandlungsverlauf an vielen Krankenhäusern sichtbar wird. Mit der Übernahme von Aufgaben zur Entwicklung und Aktualisierung von Patienteninformationen legen Pflegende nicht nur wichtige Grundlagen zur Übernahme edukativer Aufgaben, sondern leisten auch einen Beitrag zur Organisationsentwicklung.

Allerdings beziehen sich edukative Inhalte bislang nur auf die Information und weniger auf Beratung und Schulung. Dies gilt nicht nur für die Informations-Agentur, sondern auch für die Mediothek. Deren Angebote ermöglichen im Augenblick nur teilweise eine gezielte Beratung und nur indirekt (durch Kooperationen) die Schulung von Patienten und Angehörigen. An dieser Stelle besteht viel Potenzial, edukative Angebote durch Pflegende weiterzuentwickeln.

Deutlich wurde mit der Implementierung und Analyse aber auch die Bedeutung interprofessioneller Zusammenarbeit zur Patienteninformation. Die erfolgreiche Umsetzung der Informations-Agentur und der Mediothek wäre ohne die enge Zusammenarbeit von Pflegenden, Ärzten und Mitarbeitern der Verwaltung oder des Sozialdienstes nicht möglich gewesen. Trotz allem bestehen bis heute zahlreiche organisatorische Barrieren, wenn Patienten situationsgerecht Informationen zur Verfügung gestellt werden sollen. Entsprechend sollten perspektivisch die positiven Erfahrungen aus der interdisziplinären Zusammenarbeit dafür genutzt werden, Kooperationsansätze auch auf die mündliche Information des Patienten zu übertragen. Die Mediothek und die Informations-Agentur bieten dazu zahlreiche Möglichkeiten.

Während Ansätze der interdisziplinären Zusammenarbeit immer wieder thematisiert wurden, wurden Aspekte zur Stärkung der Ko-Produktion zwischen Krankenhaus-Mitarbeitern und Patienten in diesem Projekt nur am Rande sichtbar. Ganz deutlich zielt aber die Argumentation der Chefärzte auch in diese Richtung. Wiederholt war eine wichtige Forderung von diesen, die Information der Patienten stärker am Behandlungsverlauf auszurichten. Zudem wurde von den Klinikleitungen betont, dass bei bestimmten Erkrankungen, Patienteninformationen eine wesentliche Voraussetzung für den Behandlungserfolg sind.

Aus der Perspektive der Kundenorientierung im Qualitätsmanagement kann Patienteninformation zunächst als wichtiges Serviceelement und grundlegende Voraussetzung für die Zufriedenheit von Patienten und ihren Angehörigen gesehen werden. Diese Einschätzung der Krankenhausmitarbeiter wurde in den Interviews sehr deutlich. Zudem ist mit der zunehmenden Prozessorientierung die Anforderung verbunden, Krankenhausprozesse transparenter zu gestalten. Die Information von Patienten und Angehörigen im Behandlungsverlauf hat dabei eine große Bedeutung. Bezogen auf das Patienten-Informations-Zentrums bedeutet dies, dass insbesondere die Informations-Agentur mit ihrer Ausrichtung auf die Entwicklung von Patienteninformationen im Behandlungsverlauf einen wichtigen Beitrag auch aus der Perspektive des Qualitätsmanagements leisten kann. Auch ist in dieser Sichtweise eine wichtige Aufgabe der Mediothek, Patienten und Angehörigen einen niederschwelligen Zugang zu ermöglichen und an weiterführende Angebote des Krankenhauses (z.B. Sozialdienst) zu vermitteln.

Obwohl Ansätze zur Gesundheitsförderung ein zentraler Bestandteil im Konzept des Patienten-Informations-Zentrums sind, sind diese nicht immer transparent. Ursächlich dafür ist auch, dass neben offensichtlichen Elementen (z.B. Literatur zu gesunder Ernährung) konzeptionelle Ideen der Gesundheitsförderung eher durch die inhaltliche Zielsetzung zeigen. Dies bedeutet, dass weniger die Instrumente (z.B. Broschüren) sondern ihre Nutzung den Beitrag zur Gesundheitsförderung charakterisieren. Ob mit den entwickelten Informationen tatsächlich eine Intensivierung der Patientenkommunikation erreicht wurde, kann nicht beurteilt werden. Deutlich wurde zumindest mit der Patientenbefragung, dass gesundheitsbezogene Themen eine große Relevanz haben.

In der kritischen Auseinandersetzung mit Patientenorientierung im Gesundheitswesen steht speziell das Konzept der Nutzerorientierung im Mittelpunkt. Insbesondere mit der Wissens- und Informationsorientierung dieses Ansatzes sind wesentliche Kritikpunkte verbunden. So wurde wiederholt darauf hingewiesen, dass mit bildungsorientierten Konzepten am ehesten mittlere und höhere soziale Schichten erreicht werden. Untere soziale Schichten, die zudem die größere Krankheitslast tragen, werden durch solche Ansätze systematisch ausgegrenzt.[250]

Argumentiert wird zudem, dass Information und Beratung zwar eine notwendige, aber keineswegs eine hinreichende Grundlage der Arzt-Patienten-Beziehung sein können. Kranke und pflegebedürftige Menschen müssen auch die Möglichkeit haben, sich schwach zu fühlen und passiv zu verhalten. In dieser Situation möchten sie keine Informationen, sondern eine sorgende und beglei-

---

250 vgl. Friesacher 2010; Braun 2009

tende Unterstützung, Anteilnahme und gesteigerte Aufmerksamkeit.[251] Mit dieser Argumentation wird ein weiteres wichtiges Thema angesprochen.

Bis heute ist Kranksein einer der wenigen Lebensbereiche, in dem Schwachsein und Einschränkungen der Handlungsfähigkeit gesellschaftlich legitimiert sind. Kranke sind davon befreit, den üblichen normativen Verhaltenserwartungen gerecht zu werden. Ein noch so gut begründeter Druck, sich in dieser Situation wie ein Nutzer im Gesundheitssystem zu verhalten, vernachlässigt die individuelle Situation des Betroffenen und holt diesen wieder ein Stück in die möglicherweise krankmachende Normalität zurück.[252]

Diese Tatsache wurde bisher in der konzeptionellen Ausgestaltung des Nutzerkonzepts unzureichend berücksichtigt. Aber auch im täglichen Verlauf der Krankenhausbehandlung sind schon heute (ohne konkret umgesetzte Konzepte zur Nutzerorientierung) folgenreiche Konsequenzen einer zunehmenden Informationsorientierung zu erkennen. Sichtbar wird diese vor allem in einer Fülle an Gesprächen zur Aufklärung, an Formularen, Infozetteln und Checklisten und letztendlich dem Unterschreiben der Einverständniserklärung. Nicht selten tritt dabei die Stärkung der Autonomie hinter die formale Absicherung des Krankenhauses zurück. Information in diesem Verständnis dient nicht dem Interesse des Patienten, sondern schafft Ablaufsicherheit für das Krankenhaus.[251]

Deutlich erkennbar wird diese Entwicklung auch an der Tatsache, dass im Verständnis der Institution Krankenhaus „Patientenorientierung" häufig auf eine Perspektive der Versorgung reduziert wird, der vom Patienten wahrnehmbar und beurteilbar ist. Der Kernprozess medizinischer Leistungserstellung wird dabei nicht betrachtet.[253] Entsprechend wird Patientenorientierung oftmals in der Managementliteratur mit Serviceorientierung gleichgesetzt und im Zusammenhang mit Convenience diskutiert.[254] Damit wird Patientenorientierung zu einer Nebenleistung degradiert, die an die Eigenlogik des Krankenhauses anschlussfähig ist. Patientenorientierung als Wert an sich, der für eine kritische Selbstreflexion nutzbar wäre, gerät ausdrücklich nicht in den Betrachtungshorizont.[253]

Insgesamt kann festgestellt werden, dass mit dem Bedeutungsgewinn von Qualitätsmanagement auch Ansätze zur Kunden- bzw. Patientenorientierung eine thematische Aufwertung erfahren haben. Allerdings wird in diesem Verständnis nur ein kleiner Ausschnitt möglicher Perspektiven betrachtet. Aspekte der Patientenorientierung, die in anderen Zusammenhängen thematisiert wurden, werden heute nur noch am Rande beachtet.

---

251 Friesacher 2010:65f
252 Braun 2009:33f
253 Stratmeyer 2002:260
254 vgl. Braun v. Reinersdorff 2007

Perspektive	Ziele	Ansätze / Instrumente
Berufsgruppe Pflege	Reorganisation von Behandlungsprozessen, Erweiterung des Tätigkeitsspektrums	Ganzheitliche Perspektive, Unterstützung der Krankheitsbewältigung, Patientenedukation
Lean Management	Effizienz der Versorgung durch Ko-Produktion von Patienten und Mitarbeitern	Prozessorientierung, Einbeziehung des Patienten, multiprof. Teams
Gesundheitsförderung	Stärkung von Ressourcen und Bewältigungskompetenzen, aktive Beteiligung	Psychosoziale Orientierung, Intensivierung der Kommunikation
Qualitätsmanagement	Qualität der medizinischen Versorgung, Patientenzufriedenheit	Prozess- / Serviceorientierung, Beschwerdemanagement,
Nutzerorientierung	Kompetenz im Umgang mit Gesundheit und Gesundheitssystem	Information, Beratung und Schulung

Tabelle 50: Ausgewählte Aspekte unterschiedlicher Perspektiven

Auch wenn die in Tabelle 50 dargestellten Perspektiven auf Patientenorientierung stark verengt werden, wird deutlich, dass wesentliche Aspekte der Auseinandersetzung konzeptionell kaum noch berücksichtigt werden. Was ist beispielsweise aus der Forderung nach multiprofessionellen Teams und ganzheitlicher Versorgungsorganisation geworden? Bis heute ist die Behandlung im Krankenhaus stark fragmentiert und nicht berufsgruppenübergreifend ausgerichtet. Damit sind auch weitreichende Konsequenzen für andere wichtige Aspekte (z.B. ganzheitliche und psychosoziale Orientierung, Einbeziehung des Patienten im Behandlungsverlauf) verbunden. Ohne die Umsetzung von grundlegenden Ansätzen zur multiprofessionellen Zusammenarbeit und die Berücksichtigung individueller Patientenbedürfnisse können diese Konzepte nicht realisiert werden.

Bezogen auf das Thema dieser Arbeit bedeutet das zunächst, dass mit der thematischen Aufwertung von Patientenorientierung im Qualitätsmanagement nur ein scheinbarer Bedeutungsgewinn verbunden war. Zu viele relevante Ziele und Ansätze sind im Verlauf der Debatte auf der Strecke geblieben. Mit der konzeptionellen Weiterentwicklung ist zudem die Forderung verbunden, dass Patientenorientierung im Krankhaus die unterschiedlichen Perspektiven berücksichtigen und relevante Ansätze integrieren muss. Damit geht auch ein Perspektivwechsel einher. Nicht medizinische Leistungen sondern der Patient und seine individuelle Behandlung müssen im Mittelpunkt der Betrachtung stehen.

Ausgehend von dieser Sichtweise können bestehende Elemente der Versorgung neu strukturiert und entsprechend den Anforderungen patientenorientierter Strukturen zu einem Gesamtkonzept zusammengeführt werden. Information und Beratung haben dabei eine große Bedeutung, dürfen aber auch nicht überbewertet werden. Die Berücksichtigung individueller Möglichkeiten, sich aktiv an der Behandlung zu beteiligen, bzw. die psychosoziale und emotionale Unterstützung von Patienten und Angehörigen müssen den Schwerpunkt bei der Weiterentwicklung von Konzepten zur Patientenorientierung im Krankenhaus bilden.

14   Fazit

Mit der Einrichtung des Patienten-Informations-Zentrums am Klinikum Bielefeld wurde ein wichtiger Entwicklungsschritt getan, die Information und Unterstützung im Krankenhaus zu verbessern. Davon scheinen insbesondere vulnerable Gruppen und Angehörige zu profitieren. Eine Besonderheit an diesem Konzept ist, dass mit der Etablierung der Informations-Agentur und der Einrichtung der Mediothek ein Ansatz realisiert wurde, der nicht einseitig den Patienten oder das Krankenhaus in den Blick nimmt. Vielmehr wird mit diesem Konzept der Tatsache Rechnung getragen, dass Patienteninformation nur gelingen kann, wenn sowohl die Bedürfnisse von Patienten als auch die Anforderungen des Krankenhauses berücksichtigt werden. Die Einschätzung, inwieweit damit ein Beitrag zur Stärkung der Patientenorientierung im Krankenhaus geleistet werden kann, ist davon abhängig, aus welcher Perspektive die Ergebnisse betrachtet werden.

Sehr deutlich wurde mit der theoretischen Auseinandersetzung in dieser Arbeit, dass bis heute kein einheitliches Verständnis dazu besteht, was Patientenorientierung im Krankenhaus bedeutet. Festgehalten werden kann jedoch, dass in den letzten Jahren Aspekte der Patientenorientierung insbesondere im Kontext des Qualitätsmanagements diskutiert wurden. Dabei haben Patienteninformationen eine große Bedeutung als Serviceelement und sind eine Voraussetzung für Patientenzufriedenheit. In diesem Verständnis kann das PIZ durch die Entwicklung von Angeboten zur Patienteninformation und die Vermittlung an weiterführende Serviceangebote des Krankenhauses einen wichtigen Beitrag zur Patientenorientierung im Qualitätsmanagement leisten. Allerdings darf nicht übersehen werden, dass mit dem Bedeutungsgewinn von Patientenorientierung im Qualitätsmanagement andere Inhalte kaum noch berücksichtigt werden. Wichtige Aspekte, wie multiprofessionelle Teams oder eine ganzheitliche Sichtweise auf den Patienten, werden heute nur noch am Rande diskutiert.

Problematisch für die Auseinandersetzung mit Patientenorientierung ist dabei insgesamt, dass relevante Aspekte nicht aufeinander aufbauend, sondern oftmals in klar abgegrenzten Themenkarrieren diskutiert werden. So werden beispielsweise Ansätze zur Stärkung der Patientenedukation durch Pflegende bisher weitestgehend losgelöst von der Debatte um Patientenorientierung im Qualitätsmanagement betrachtet. Ähnliches lässt sich zudem für Gesundheitsförderung im Krankenhaus konstatieren. Auch Ansätze zur Stärkung von Ressourcen und

Bewältigungskompetenzen finden sich in der aktuellen Auseinandersetzung nur noch selten. Wie im letzten Kapitel ausführlich dargestellt wurde, kann das PIZ in diesem Zusammenhang einen wichtigen Beitrag zur konzeptionellen Weiterentwicklung und inhaltlichen Debatte leisten. Insbesondere für die Berufsgruppe Pflege und die Stärkung von Angeboten zur Patientenedukation sind mit der Einrichtung eines Patienten-Informations-Zentrums zahlreiche Perspektiven verbunden. So konnten im Klinikum Bielefeld neue Tätigkeitsfelder (z.B. zur Entwicklung von Patienteninformationen) für Pflegende erschlossen werden.

Deutlich wurde mit der theoretischen Betrachtung in dieser Arbeit auch, dass Begriffe wie Patienten- oder Kundenorientierung nicht nur in sehr unterschiedlichen Kontexten diskutiert, sondern auch sehr unterschiedliche Zielsetzungen benannt werden. Problematisch ist diese Tatsache bei der Übertragung von ökonomischen Konzepten auf die Krankenhausversorgung. Wirtschaftlicher Erfolg kann für ein Krankenhaus nicht das einzige Zielkriterium sein.

Dies bedeutet allerdings nicht, dass betriebswirtschaftliche Konzepte und deren Instrumente nicht im Krankenhaus umgesetzt werden sollten. Zwar kann das vorgestellte Konzept der Kundenorientierung im Relationship Marketing nicht eins zu eins übernommen werden. Allerdings bietet das „Denken in der Erfolgskette" und die Verknüpfung mit relevanten Managementbereichen einen interessanten Ansatzpunkt zur Weiterentwicklung von Krankenhausstrukturen. Ausgehend von dieser Sichtweise können bestehende Elemente der Versorgung neu betrachtet und entsprechend den Anforderungen patientenorientierter Strukturen zu einem Gesamtkonzept zusammengeführt werden.

Dass dies – konsequent umgesetzt – auch betriebswirtschaftlich Sinn macht, lässt sich nicht nur mit dem Konzept der Kundenorientierung begründen. Krankenhausbehandlung als personenbezogene Dienstleistung erfordert immer die Einbeziehung des Patienten und oftmals auch der Angehörigen. Nur wenn es gelingt, diese entsprechend der jeweiligen Behandlungsphase und der individuellen Fähigkeiten in den Behandlungsprozess zu integrieren, können positive Potenziale für beide Seiten nutzbar gemacht werden. Für Patienten wäre damit verbunden, dass ihre individuelle Situation stärker berücksichtigt und ihr Einfluss auf die Gestaltung der Behandlung gestärkt wird. Aus der Perspektive des Krankenhauses können mit der Integration des Patienten Versorgungsprozesse optimiert und Behandlungsergebnisse verbessert werden.

Insgesamt betrachtet verwundert es schon, warum bis heute die Einbeziehung des Patienten im Behandlungsprozess keine Selbstverständlichkeit ist. Seit über 50 Jahren setzt sich die wissenschaftliche Literatur damit auseinander. So wird in der betriebswirtschaftlichen Literatur die Integration des externen Faktors als notwendige Voraussetzung zur Dienstleistungsproduktion beschrieben, im Marketing die Bedeutung der Kundenintegration für den Unternehmenserfolg betont und in der sozialwissenschaftlichen Auseinandersetzung die medizinische Versorgung als Ko-Produktion zwischen Arzt und Patient gesehen. Nicht zuletzt ist die Einbeziehung des Patienten ein schriftlich fixiertes Patientenrecht und Grundlage für alle Ansätze, die auf Patientenorientierung abzielen.

Ein erster wichtiger Schritt für mehr Patientenorientierung im Krankenhaus ist die Weiterentwicklung bestehender Informations- und Kommunikations-strukturen. Dabei müssen sowohl die Anforderungen des Krankenhauses als auch die Bedürfnisse der Patienten berücksichtigt werden. Aus Sicht des Kranken-hauses ist damit verbunden, dass Strukturen und Prozesse zur Erstellung und Distribution von (schriftlichen) Patienteninformationen klar definiert, Behand-lungsprozesse unterstützt und das medizinische Personal entlastet werden. Aus der Perspektive von Patienten und Angehörigen sollten Informations- und Unterstützungsangebote niederschwellig erreichbar, situationsgerecht und am individuellen Bedarf orientiert sein. Dies bedeutet auch, Patienten und Ange-hörige im Prozess der Krankenhausbehandlung gezielt zu unterstützen. Zudem müssen schriftliche Informationen laienverständlich, aktuell und entsprechend den intellektuellen Fähigkeiten der Zielgruppe gestaltet sein. Charakteristika wie Alter, Geschlecht oder Krankheitsstadium müssen dabei beachtet werden.

Damit bei der Weiterentwicklung sowohl die Anforderungen des Kranken-hauses als auch die Bedürfnisse der Patienten berücksichtigt werden können, ist es notwendig, alle Berufsgruppen im Krankenhaus einzubeziehen. Zudem müssen neben der Weiterentwicklung von Strukturen und Prozessen zur Patienten-information auch die Qualifikationsprofile der Mitarbeiter mit Patientenkontakt in den Blick genommen und verstärkt interne Schulungen angeboten werden.

Mit der empirischen Untersuchung in dieser Arbeit konnte gezeigt werden, dass der konzeptionelle Ansatz des Patienten-Informations-Zentrums – die duale Ausrichtung auf interne Strukturen (Informations-Agentur) und die Bedürfnissen von Patienten und Angehörigen (Mediothek) – prinzipiell funktioniert. Folgende Eckpunkte können zur Weiterentwicklung der Patienteninformation im Kranken-haus zusammengefasst werden:

- Schon heute existieren umfangreiche Ressourcen zur Information, Beratung und Schulung im Krankenhaus. Allerdings sind die damit verbundenen Strukturen über Jahrzehnte gewachsen und entsprechend fragmentiert. Nicht selten werden notwendige Ressourcen von den Fachabteilungen vorgehalten. Damit sind Ineffizienzen und Doppelaufwendungen verbunden.
- Entsprechend ist die grundlegende Idee zur Weiterentwicklung der Patienten-information im Krankenhaus, bestehende Ressourcen in Fachabteilungen und dem Krankenhaus zu bündeln und zu reorganisieren. Dabei müssen sowohl die Anforderungen des Krankenhauses als auch die Bedürfnisse von Patienten und Angehörigen berücksichtigt werden.

- Aufgabe des an den Bedürfnissen und Anforderungen von Patienten, Ange-
  hörigen und Bürgern der Region ausgerichteten Lernzentrums (Mediothek)
  ist die Gewährleistung eines niederschwelligen Zugangs zu Informations-,
  Beratungs- und Schulungsangeboten. Die Nutzer des PIZ sollten die Möglich-
  keit haben, sich in einer Bibliothek zu informieren, persönlich mit einem
  Mitarbeiter zu sprechen und bei Bedarf Informationen zu weiterführenden
  Angeboten, im Krankenhaus oder der Region, zu erhalten. Zudem sollte das
  Lernzentrum eine enge Verzahnung mit der Selbsthilfe ermöglichen und die
  Vernetzung in der Region unterstützen. Darüber hinaus könnte diese Ein-
  richtung als Seminar- und Schulungszentrum genutzt werden.
- In Ergänzung zu diesem Angebot wirkt die Informations-Agentur unter-
  stützend und koordinierend bei der Erstellung von patientenbezogenen
  Informationen, die im Zusammenhang mit dem Krankenhausaufenthalt
  stehen. Dabei arbeitet sie eng mit den Fachkliniken und dem Bereich Öffentlichkeitsarbeit zusammen. Die Informationsagentur stellt sicher, dass alle Informationsangebote definierten Standards entsprechen und situationsgerecht
  den Patienten im Behandlungsverlauf zur Verfügung gestellt werden. Zur
  Gewährleistung der Verfügbarkeit aller entwickelten Medien sind diese in der
  Informations-Agentur verfügbar. Perspektivisch bietet sich zudem an, dass
  bestehende Unterstützungsangebote zentral von der Informations-Agentur
  koordiniert und Mitarbeiter in kommunikativen Grundlagen geschult werden.

Beachtet werden muss insgesamt, dass eine Umsetzung dieses Konzepts nicht
von heute auf morgen möglich ist. Im Klinikum Bielefeld waren zwei Jahre
Vorbereitung und sehr viel persönliches Engagement der beteiligten Mitarbeiter
notwendig. Nicht übersehen werden darf zudem, dass Patienteninformation zwar
ein notwendiges, aber kein hinreichendes Element der Unterstützung im Behandlungsverlauf ist. In vielen Situationen wünschen sich Patienten und Angehörige
weniger Informationen, sondern wollen eher emotional unterstützt werden und
sich passiv verhalten dürfen.

Ein Ziel dieser Arbeit war es, Möglichkeiten zur Weiterentwicklung der
Patienteninformation im Krankenhaus aufzuzeigen. Dass dabei zahlreiche
Perspektiven bestehen, zeigen schon die unterschiedlichen Ansätze aus
amerikanischen Krankenhäusern. Mit der wissenschaftlichen Analyse des
Patienten-Informations-Zentrums in Bielefeld liegen nun auch Erkenntnisse für
die Umsetzung in Deutschland vor. Wünschenswert wäre es, wenn diese
Erfahrungen dazu beitragen können, dass auch an anderen Krankenhäusern ähn-
liche Konzepte realisiert werden.

Literatur

Abt-Zegelin A. Patienten- und Familienedukation in der Pflege. Österreichische Pflegezeitschrift 2006:16-21.

Abt-Zegelin A. Theoretische Konzeption der pflegebezogenen Patienten-/ Familienedukation. In: Abt-Zegelin A, Gossens J, Büker C, (Hrsg.). Patienteninformationszentren als pflegerisches Handlungsfeld. Hannover: Schlütersche Verlagsgesellschaft, 2007(a):14-17.

Abt-Zegelin A, Adler A. Edukative Unterstützung der Patienten im Krankenhaus. Die Schwester / Der Pfleger 2007;46:1074-1077.

Abt-Zegelin A. Evaluation. In: Abt-Zegelin A, Gossens J, Büker C, (Hrsg.). Patienteninformationszentren als pflegerisches Handlungsfeld. Hannover: Schlütersche Verlagsgesellschaft, 2007(b):59-65.

Abt-Zegelin A. Das Netzwerk Patienten- und Familienedukation in der Pflege e.V. In: Abt-Zegelin A, Gossens J, Büker C, (Hrsg.). Patienteninformationszentren als pflegerisches Handlungsfeld. Hannover: Schlütersche, 2007(c):91-94.

Adams E, Boulton M, Watson E. The information needs of partners and family members of cancer patients: a systematic literature review. Patient Educ Couns 2009;77:179-186.

Adler G, Loercks A. PIZ Krankenhaus der Barmherzigen Brüder Trier. In: Abt-Zegelin A, Gossens J, Büker C, (Hrsg.). Patienteninformationszentren als pflegerisches Handlungsfeld. Hannover: Schlütersche, 2007:77-79.

Albrecht A. Patienteninformationszentrum im Klinikum Essen Süd. In: Abt-Zegelin A, Gossens J, Büker C, (Hrsg.). Patienteninformationszentren als pflegerisches Handlungsfeld. Hannover: Schlütersche, 2007:80-84.

Allwinn S, Schneider-Harpprecht C, Skarke K. Psychosoziale Dienste und Seelsorge als vierte Säule im Krankenhaus. In: Schneider-Harpprecht C, Allwinn S, (Hrsg.). Psychosoziale Dienste und Seelsorge im Krankenhaus. Eine neue Perspektive der Alltagsethik. Göttingen: Vandenhoeck & Ruprecht, 2005:223-246.

Ashraff S, Malawa G, Dolan T, Khanduja V. Prospective randomised controlled trial on the role of patient information leaflets in obtaining informed consent. ANZ J Surg 2006;76:139-141.

Asselmeyer H, Kreye-Wagner U. Gesundheitsförderung als Prozess. In: Pelikan JM, Wolff S, (Hrsg.). Das Gesundheitsfördernde Krankenhaus. Konzepte und Beispiele zur Entwicklung einer lernenden Organisation. Weinheim: Juventa, 1999:233-246.

AQUA-Institut. Allgemeine Methoden im Rahmen der sektorenübergreifenden Qualitätssicherung im Gesundheitswesen nach § 137a SGB V. Göttingen: Institut für angewandte Qualitätsförderung und Forschung im Gesundheitswesen, 2010.

Badura B. Systemgestaltung im Gesundheitswesen: das Beispiel Krankenhaus. In: Badura B, Feuerstein G, Schott T, (Hrsg.). System Krankenhaus. Arbeit, Technik und Patientenorientierung. Weinheim, München: Juventa, 1993:28-40.

Badura B. Patientenorientierte Systemgestaltung im Gesundheitswesen. In: Badura B, Feuerstein G, (Hrsg.). Systemgestaltung im Gesundheitswesen. Zur Versorgungskrise der hochtechnisierten Medizin und den Möglichkeiten ihrer Bewältigung. Weinheim, München: Juventa, 1994:255-310.

Bartholomeyczik S. Kurze Verweildauer im Krankenhaus – die Rolle der Pflegenden. Pflege und Gesellschaft 2007;12:135-149.

Becker-Schwarze K. Kollektive Patientenrechte nach dem GMG. GesR GesundheitsRecht 2004:215-219.

Beier J. Patienten- und familienorientierte Information und Beratung in der "Häuslichen Kinderkrankenpflege". Ein Stiefkind pflegewissenschaftlicher Forschung. Pflege 2003; 16: 63- 65

Berendsen AJ, de Jong GM, Schuling J, Bosveld HE, de Waal MW, Mitchell GK et al. Patient's need for choice and information across the interface between primary and secondary care: a survey. Patient Educ Couns 2010;79:100-105.

Bergmann K. Patientenaufklärung im Spiegel der Rechtsprechung des Jahres 2008. Das Krankenhaus 2009;101:468-478.

Blanchard CG, Labrecque MS, Ruckdeschel JC, Blanchard EB. Information and decision-making preferences of hospitalized adult cancer patients. Soc Sci Med 1988;27:1139-1145.

Bleses H. Patientenorientierung als Qualitätsmerkmal. Berlin: Medizinische Fakultät der Charite, Dissertation, 2005.

Bode I. Der Zweck heil(ig)t die Mittel? Ökonomisierung und Organisationsdynamik im Krankenhaussektor. In: Endreß M, Matys T, (Hrsg.). Die Ökonomie der Organisation – die Organisation der Ökonomie. Wiesbaden: VS Verlag für Sozialwissenschaften, 2010:63-92.

Booth K, Beaver K, Kitchener H, O'Neill J, Farrell C. Women's experiences of information, psychological distress and worry after treatment for gynaecological cancer. Patient Educ Couns 2005;56:225-232.

Born A. Die Patienten wollen informiert werden. Ergebnisse einer repräsentativen Patientenbefragung: Qualität von Pflege und Medizin gilt als selbstverständlich. Führen und Wirtschaften im Krankenhaus 2001;18:276- 279.

Bortz J, Döring N. Forschungsmethoden und Evaluation: Für Human- und Sozialwissenschaftler. Berlin, Heidelberg: Springer, 2005.

Braun B. Gesundheitswissenschaftliche Hinweise auf Grenzen des Nutzens der NutzerInnenorientierung in Behandlungsprozessen. In: Mozygemba K, Mümken S, Krause U, (Hrsg.). Nutzerorientierung - ein Fremdwort in der Gesundheitssicherung? Bern: Huber, 2009: 31-40.

Braun v. Reinersdorff, A. Strategische Krankenhausführung - Vom Lean Management zum Balanced Hospital Management. Bern: Huber, 2007.

Brinkmann-Göbel R. Handbuch für Gesundheitsberater. Bern: Huber, 2001.

Bruhn M. Das Konzept der kundenorientierten Unternehmensführung. In: Hinterhuber HH, Matzler K, (Hrsg.). Kundenorientierte Unternehmensführung. Wiesbaden: Gabler, 2006:33-66.

Bruhn M. Kundenorientierung. Bausteine für ein exzellentes Customer Relationship Marketing (CRM). München: DTV, 2007.

Bruhn M. Kundenintegration und Relationship Marketing. In: Bruhn M, Staus B, (Hrsg.). Kundenintegration: Forum Dienstleistungsmanagement. Gabler: Wiesbaden, 2009:112-132.

Bruhn M, Staus B. Kundenintegration im Dienstleistungsmanagement. In: Bruhn M, Staus B, (Hrsg.). Kundenintegration: Forum Dienstleistungsmanagement. Gabler: Wiesbaden, 2009:4-33.

Brüggemann R, Osterbrink J, Benkenstein J. Pflegeüberleitung: Sicht der Patienten und notwendige Konsequenzen für die Organisation Krankenhaus. Pflege 2002;15:79-85.

Brzoska P. Patienteninformationszentren. Eine Expertise für die Städtischen Kliniken Bielefeld. Newsletter Gesundheitskommunikation 2006:3-6.

Bücker C. Das Patienteninformationszentrum in Lippstadt. In: Abt-Zegelin A, Gossens J, Büker C, (Hrsg.). Patienteninformationszentren als pflegerisches Handlungsfeld. Hannover: Schlütersche Verlagsgesellschaft, 2007:27-35.

Bühl A. SPSS 16. Einführung in die moderne Datenanalyse. München: Pearson Studium, 2008.

Büker C. Realisierung einer Idee. In: Abt-Zegelin A, Gossens J, Büker C, (Hrsg.). Patienteninformationszentren als pflegerisches Handlungsfeld. Hannover: Schlütersche, 2007:19-26.

Calabretta N. The hospital library as provider of consumer health information. Med Ref Serv Q 1996;15:13-22.

CAPHIS. The librarian's role in the provision of consumer health information and patient education. Medical Library Association. Consumer and Patient Health Information Section. Bull Med Libr Assoc 1996;84:238-239.

Cawthra L. Older people's health information needs. Health Libr Rev 1999;16:97-105.

Ching H, Burke V, Stuckey B. Quality of life and psychological morbidity in women with polycystic ovary syndrome: body mass index, age and the provision of patient information are significant modifiers. Clin Endocrinol (Oxf) 2007;66:373-379.

Chubaty A, Sadowski CA, Carrie AG. Typeface legibility of patient information leaflets intended for community-dwelling seniors. Age Ageing 2009;38:441-447.

Cleff T. Deskriptive Statistik und moderne Datenanalyse: Eine computergestützte mit Excel, SPSS und STATA. Wiesbaden: Gabler, 2008.

Colle F, Palese A, Brusaferro S. Continuity of care with written information and dedicated nurses: a literature review. Part 1. Assist Inferm Ric 2004;23:179-185.

Collins BW, Sasser AB. Medical self-managing – the hospital librarian's role. Med Ref Serv Q 1998;17:59-70.

Cosgrove TL. Planetree health information services: public access to the health information people want. Bull Med Libr Assoc 1994;82:57-63.

Corsten H, Gössinger R. Dienstleistungsmanagement. München, Wien: Oldenbourg Wissenschaftsverlag, 2007.

Coulter A, Entwistle V, Gilbert D. Informing Patients: an assessment of the quality of patient information materials. London: Kings Fund, 1998.

Coulter A. Evidence based patient information. is important, so there needs to be a national strategy to ensure it. BMJ 1998;317:225-226.

Coulter A, Entwistle V, Gilbert D. Sharing decisions with patients: Is the information good enough? BMJ 1999;318:318-322.

Coulter A, Jenkinson C. European patients' views on the responsiveness of health systems and healthcare providers. Eur J Public Health 2005; 15:355-360.

Currie K, Spink J, Rajendran M. Communicating with Consumers Series Volume 1. Well-Written Health Information: A Guide. Melbourne: Department of Human Services, 2000.

Devine E, Westlake S. Effects of psycho educational care provided to adults with cancer: meta-analysis of 116 studies. Oncology Nurses Forum 1995;22:1369-1381.

Dierks ML, Schwartz FW, Walter U. Konsumenteninformation und Patientensouveränität. In: von Reibnitz C, Schnabel P-E, Hurrelmann K, (Hrsg.). Der Mündige Patient. Konzepte zur Patientenberatung und Konsumentensouveränität im Gesundheitswesen. Weinheim, München: Juventa, 2001:71-82.

Dierks ML, Seidel G, Horch K, Schwarz FW. Bürger- und Patientenorientierung im Gesundheitswesen. Berlin: Robert Koch Institut, 2006.

Dierks, M.-L./Seidel, G. (2006): Nutzer der Patientenberatung. In: Schaeffer, D./Schmidt-Kaehler,S. (Hrsg.): Lehrbuch Patientenberatung. Bern: Huber, 2006:207-220.

Dunkel W, Voß GG. Dienstleistung als Interaktion. Beiträge aus einem Forschungsprojekt. München, Mering: Rainer Hampp Verlag, 2004.

Dunkel W, Szymenderski P, Voß GG. Dienstleistung als Interaktion. Ein Forschungsprojekt. In: Dunkel W, Voß GG, (Hrsg.). Dienstleistung als Interaktion. Beiträge aus einem Forschungsprojekt. München, Mering: Rainer Hampp Verlag, 2004:11-30.

Eckstein PP. Angewandte Statistik mit SPSS: Praktische Einführung für Wissenschaftler. Wiesbaden: Gabler, 2006.

Edwards A, Elwyn G. Shared decision-making in health care: Achieving evidence-based patient choice. In: Edwards A, Elwyn G (Hrsg.). Shared decision-making in health care: Achieving evidence-based patient choice. Oxford: University Press, 2009:3-10.

Edwards MH. Satisfying patients' needs for surgical information. Br J Surg 1990;77:463-465.

Edwards S, Campbell J. Eine Informationsstrategie für Bestrahlungspatienten. In: Schröck R, Drerup E, (Hrsg.). Der Informierte Patient. Beraten, Bilden, Anleiten als pflegerisches Handlungsfeld. Freiburg im Breisgau: Lambertus, 2002:132-139.

Eichhorn S. Patientenorientierte Krankenhausorganisation. In: Badura B, Feuerstein G, Schott T, (Hrsg.). System Krankenhaus. Arbeit, Technik und Patientenorientierung. Weinheim, München: Juventa, 1993:241-253.

Eiff von W, Hartmann B, Stocks H. Die Krankenhäuser verschenken Chancen am Telefon und reden in ihren Broschüren am Patienten vorbei. Führen und Wirtschaften im Krankenhaus 2000;17:40-44.

Eisenstein EF, Faust JB. The consumer health information library in the hospital setting. Med Ref Serv Q 1986;5:63-74.

Ertl-Wagner B, Steinbrucker S, Wagner B. Qualitätsmanagement und Zertifizierung: Praktische Umsetzung in Krankenhäusern, Reha-Kliniken, stationären Pflegeeinrichtungen. Berlin, Heidelberg: Springer, 2009.

Ferber von C. Patientenorientierung im Krankenhaus - immer noch ein Problem. Krankenhausumschau 1991:250-256.

Freimuth VS, Stein JA, Kean Thomas J. Searching for Health Information: The Cancer Information Service Model. Philadelphia: University of Pennsylvania Press, 1989.

Friedemann J, Schubert HJ, Schwappach D. Zur Verständlichkeit der Qualitätsberichte deutscher Krankenhäuser: Systematische Auswertung und Handlungsbedarf. Das Gesundheitswesen 2009;71:3-9

Fries JF, Koop CE, Sokolov J, Beadle CE, Wright D. Beyond health promotion: Reducing need and demand for medical care. Health Aff 1998; 17:70-84.

Friesacher H. Nutzerorientierung. Zur normativen Umcodierung des Patienten. In: Paul B, Schmidt-Semisch H (Hrsg.). Risiko Gesundheit. Wiesbaden: VS Verlag für Sozialwissenschaften, 2010:55-72.

Frommer J, Rennie DL. Methodologie, Methodik und Qualität qualitativer Forschung. Psychother Psych Med 2006;56:210-217.

Gates RA, Weaver MJ, Gates RH. Patient acceptance of an information sheet about cardiopulmonary resuscitation options. J Gen Intern Med 1993;8:679-682.

Gerlinger T. Nutzerorientierung im Gesundheitswesen - Probleme und Perspektiven. In: Mozygemba K, Mümken S, Krause U (Hrsg.). Nutzerorientierung - ein Fremdwort in der Gesundheitssicherung? Bern: Huber, 2009: 17-30.

Gläser J, Laudel G. Experteninterviews und qualitative Inhaltsanalyse als Instrumente rekonstruierender Untersuchungen. Wiesbaden: VS Verlag für Sozialwissenschaften, 2006.

Glockner B. Hospital patient libraries and information services in Australia. Aust Health Rev 2001;24:156-162.

Godolphin W, Towle A, McKendry R. Evaluation of the quality of patient information to support informed shared decision-making. Health Expect 2001;4:235-242.

Goldstein N. Patient learning center reduces patient readmissions. Patient Educ Couns 1991;17:177-190.

Gossens J. Zur Selbstkompetenz begleiten. Das Patienten-Informations-Zentrum Lüdenscheid. Der Pflegebrief 2001;54:5-7.

Gossens J. Vor fünf Jahren öffnete das PIZ erstmals seine Pforten. 2004.

Gossens J. Patienteninformationszentrum im Klinikum Lüdenscheid. In: Abt-Zegelin A, Gossens J, Büker C, (Hrsg.). Patienteninformationszentren als pflegerisches Handlungsfeld. Hannover: Schlütersche, 2007:35-58.

Gossens J. Das Patienten-Informationszentrum im Klinikum Lüdenscheid. Psychotherapie im Alter 2009;1:11-13.

Gramsch E, Hoppe J-D, Jonitz G. Kompendium Q-M-A: Qualitätsmanagement in der ambulanten Versorgung. Köln: Zentrum für Ärztliche Qualitätssicherung in der Medizin; Deutscher Ärzte-Verlag, 2008.

Gross P, Badura B. Sozialpolitik und soziale Dienste: Entwurf einer Theorie personenbezogener Dienstleistungen. In: Ferber Cv, Kaufmann FX (Hrsg.). Soziologie und Sozialpolitik. Opladen: Westdeutscher Verlag, 1977:361-385.

Hannika H. Patientencharta. Stärkung bei der Reform der Gesundheitssystem in Europa – Herausforderungen für Deutschland?! MedR Medizinrecht 1999:149-161.

Hansen E, Talab RS. Developing a self-directed learning center in a community hospital. Biomed Commun 1983; 11:20-23.

Harking M. Beratung in der Pflege – Annäherungen an einen für das Handlungsfeld der Pflege spezifischen Zugang. In: Schneider K, Brinker-Meyendriesch E, Schneider A, (Hrsg.). Pflegepädagogik. Berlin, Heidelberg: Springer, 2005: 59-77.

Hart D. Patientenrechte und Bürgerbeteiligung im Gesundheitswesen. Der Onkologe 2000:261-267.

Hart D. Patientenrechte und Bürgerbeteiligung. Bestand und Perspektiven. Bundesgesundheitsblatt - Gesundheitsförderung - Gesundheitsschutz 2002;45:13-20.

Hart D. Einbeziehung des Patienten in das Gesundheitssystem. Patientenrechte und Bürgerbeteiligung – Bestand und Perspektiven. In: Schwartz FW, Badura B, Busse R, Leidl R, Raspe H, Siegrist J, (Hrsg.). Das Public Health Buch. München: Elsevier, 2003: 333-339.

Hart D. Patientenrechte und Bürgerbeteiligung - Befunde und Perspektiven 2004. G+G Wissenschaft 2005:7-13.

Hart SL, Latini DM, Cowan JE, Carroll PR. Fear of recurrence, treatment satisfaction, and quality of life after radical prostatectomy for prostate cancer. Support Care Cancer 2008;16:161-169.

Hedtke R. Kundenorientierung in der Politikdidaktik? Eine sozialwissenschaftliche Skizze. Weingarten: Pädagogische Hochschule, 2000.Homan JM, McGowan JJ. The Medical Library Association: promoting new roles for health information professionals. J Med Libr Assoc 2002;90:80-85.

Holst J. Kostenbeteiligungen für Patienten - Reformansatz ohne Evidenz! Theoretische Betrachtungen und empirische Befunde aus Industrieländern. Berlin: WZB Discussion Papers, 2008.

Homburg C, Bucerius M. Kundenzufriedenheit als Managementherausforderung. In: Homburg C, (Hrsg.). Kundenzufriedenheit. Konzepte. Methoden. Erfahrungen. Wiesbaden: Gabler, 2006:53-90.

Horwitz A, Reuther L, Andersen SE. Patient information leaflets seen through the eyes of patients in a general practice. Ugeskr Laeger 2009;171:599-602.

Howells RE, Dunn PD, Isasi T, Chenoy R, Calvert E, Jones PW et al. Is the provision of information leaflets before colposcopy beneficial? A prospective randomised study. Br J Obstet Gynaecol 1999;106:528-534.

Howells RE, Lockett J, Dunn PD, Foden SJ, Redman CW. Do women referred for colposcopy receive adequate information from the primary care team? J Obstet Gynaecol 1999;19:59-60.

Huber F, Herrmann A, Braunstein C. Der Zusammenhang zwischen Produktpolitik, Kundenzufriedenheit und Unternehmenserfolg. In: Hinterhuber HH, Matzler K, (Hrsg.). Kundenorientierte Unternehmensführung. Wiesbaden: Gabler, 2006:67-84.

Hughes LC, Hodgson NA, Muller P, Robinson LA, McCorkle R. Information needs of elderly postsurgical cancer patients during the transition from hospital to home. J Nurs Scholarsh 2000;32:25-30.

Humphries AW, Kochi JK. Providing consumer health information through institutional collaboration. Bull Med Libr Assoc 1994;82:52-56.

Iconomou G, Vagenakis AG, Kalofonos HP. The informational needs, satisfaction with communication, and psychological status of primary caregivers of cancer patients receiving chemotherapy. Support Care Cancer 2001;9:591-596.

Imbery C, Sailer M. Patientenedukation strukturieren. Pflegezeitschrift 2009;62:150-153.

Iroka LA. Hospital Libraries in Patient's Education. Int Libr Rev 1988;20:114.

Jacobs B. Patienteninformationszentrum. Anlaufstelle für Wissensdurstige. Die Schwester / Der Pfleger 2007;46:312-315.

Jankisz E, Moosbrugger H. Planung und Entwicklung von psychologischen Tests und Fragebögen. In: Moosbrugger H, Kelava A, (Hrsg.). Testtheorie und Fragebogenkonstruktion. Berlin, Heidelberg: Springer, 2007:27-72.

Johnson M, Vogel C. Benefits of psychological preparation for surgery: A Meta-Analysis'. Ann Behav Med 1993;15:245-256.

Jones R, Pearson J, McGregor S, Gilmour WH, Atkinson JM, Barrett A et al. Cross sectional survey of patients' satisfaction with information about cancer. BMJ 1999;319:1247-1248.

Kabakian-Khasholian T, Campbell OM. Impact of written information on women's use of postpartum services: a randomised controlled trial. Acta Obstet Gynecol Scand 2007;86:793-798.

Kalitzkus V. Die Bedeutung von Reflexivität und Positionierung im Prozess Qualitativer Forschung in der Allgemeinmedizin. Z Allg Med 2005;81:243-247.

Kantz B, Wandel J, Fladger A, Folcarelli P, Burger S, Clifford JC. Developing patient and family education services. Innovations for the changing healthcare environment. J Nurs Adm 1998;28:11-18.

Kardorff von E. Kompetenzförderung als Strategie der Gesundheitsförderung. In: Bundeszentrale für gesundheitliche Aufklärung, (Hrsg.). Leitbegriffe der Gesundheitsförderung. Berlin: 2003: 134-137.

Keil A. Patientenorientierung - Aber wie? zph-info 2004;4:1.

Kennedy MG, Kiken L, Shipman JP. Addressing underutilization of consumer health information resource centers: a formative study. J Med Libr Assoc 2008;96:42-49.

Kerridge IH, Pearson SA, Rolfe IE, Lowe M, McPhee JR. Impact of written information on knowledge and preferences for cardiopulmonary resuscitation. Med J Aust 1999;171:239-242.

Klemperer D, Rosenwirth M. Erstes Hintergrundpapier zum SDM Chartbook: Was ist Shared Decision Making? Gütersloh: Bertelsmann, 2005.

Klemperer D. Qualitätssicherung durch informierte Patienten. In: Klusen N, Fließgarten A, Niebling T, (Hrsg.). Informiert und selbstbestimmt. Der mündige Bürger als mündiger Patient. Baden-Baden: Nomos, 2009:139-155.

Klinikum Bielefeld. Strukturierter Qualitätsbericht gemäß § 137 Abs. 3 Satz 1 Nr. 4 SGB V. Bielefeld: 2008.

Knapp C. Bronson Methodist Hospital: journey to excellence in quality and safety. Jt Comm J Qual Patient Saf 2006;32:556-563.

Kotler P, Bliemel F. Marketing-Management. Analyse, Planung und Verwirklichung. München: Pearson Studium, 2006.

Kovac JA, Patel SS, Peterson RA, Kimmel PL. Patient satisfaction with care and behavioral compliance in end-stage renal disease patients treated with hemodialysis. Am J Kidney Dis 2002;39:1236-1244.

Körner M, Schüpbach H, Bengel J. Berufsgruppenübergreifende Kooperation in der medizinischen Rehabilitation. Überblick zum Forschungs- und Entwicklungsstand. Zeitschrift für Gesundheitspsychologie 2010; 13:158-166.

Kranich C. Patientenkompetenz. Was müssen Patienten wissen und können? Bundesgesundheitsblatt - Gesundheitsförderung - Gesundheitsschutz 2004;47: 950-956.

Kranich C. Patientenorientierung - was ist das Eigentlich? Dokumentation 12. bundesweiter Kongress Armut und Gesundheit. Berlin: 2007.

Krämer KC, Pinkert C, Renneke S, Rutenkrüger A, Strohbücker B. Theoretische Konzeption einer pflegebezogenen Patienten-/ Familienedukation am Beispiel des Patienteninformationszentrums des Kreiskrankenhauses Lüdenscheid. In: Abt-Zegelin A, Gossens J, Büker C, (Hrsg.). Patienteninformationszentren als pflegerisches Handlungsfeld. Hannover: Schlütersche Verlagsgesellschaft, 2007:101-123.

Kuhlmann E. Im Spannungsfeld zwischen Informed Consent und konfliktvermeidender Fehlinformation: Patientenaufklärung unter ökonomischen Zwängen. Ergebnisse einer empirischen Studie. Ethik in der Medizin 1999;146-161.

Kühn H. Ethische Probleme einer ökonomisch rationalisierten Medizin. Berlin: WZB Discussion Papers, 1996.

Kuncel NR, Tellegen A. A conceptual and empirical reexamination of the measurement of the social desirability of items: implications for detecting desirable response style and scale development. Personnel Psychology 2009;62:201-228.

Kusterer S. Qualitätssicherung im Wissensmanagement: Eine Fallstudienanalyse. Wiesbaden: Gabler, 2008.

Lambremont JA. Consumer health information services in the hospital setting. Med Ref Serv Q 1997; 16:61-67.

Larson CO, Nelson EC, Gustafson D, Batalden PB. The relationship between meeting patients' information needs and their satisfaction with hospital care and general health status outcomes. Int J Qual Health Care 1996;8:447-456.

Lecher S, Satzinger W, Trojan A, Koch U. Patientenorientierung durch Patientenbefragung als ein Qualitätsmerkmal der Krankenversorgung. Gesundheitsbl Gesundheitsforsch Gesundheitsschutz 2002;45:3-12.

Lee JB. A hospital-based learning center. Nurs Manage 1989;20:74-75.

Luderer C, Behrens J. Aufklärungs- und Informationsgespräche im Krankenhaus. Pflege 2005;18:15-23.

Lüthy A, Buchmann U. Marketing als Strategie im Krankenhaus: Patienten- und Kundenorientierung erfolgreich umsetzen. Stuttgart: Kohlhammer , 2009.

Lüttecke H. Presse und Öffentlichkeitsarbeit im Krankenhaus. Stuttgart: Kohlhammer Verlag, 2004.

Maat PH, Lentz L. Improving the usability of patient information leaflets. Patient Educ Couns 2009;80:113-119.

Maio G. Und wo bleibt die Zuwendung? Der Onkologe 2009; 15(10):972-979.

Marsteller JA, Holzmueller CG, Makary M, Sexton JB, Thompson DA, Lubomski LH et al. Developing process-support tools for patient safety: finding the balance between validity and feasibility. Jt Comm J Qual Patient Saf 2008;34:604-607.

Martinez LS, Schwartz JS, Freres D, Fraze T, Hornik RC. Patient-clinician information engagement increases treatment decision satisfaction among cancer patients through feeling of being informed. Patient Educ Couns 2009;77:384-390.

Marx G, Wollny A. Qualitative Sozialforschung - Ausgangspunkte und Ansätze für eine forschende Allgemeinmedizin. Z Allg Med 2009;85:105-113.

Mattmüller R. Integrativ-Prozessuales Marketing. Eine Einführung. Wiesbaden: Gabler, 2010.

Mayring P. Einführung in die qualitative Sozialforschung. Weinheim: Beltz, 2002.

Mays N, Pope C. Qualitative research in healthcare: assessing quality in qualitative research. BMJ 2000; 7226:50-52.

McCracken LM, Klock PA, Mingay DJ, Asbury JK, Sinclair DM. Assessment of satisfaction with treatment for chronic pain. J Pain Symptom Manage 1997;14:292-299.

Meffert H, Bruhn M. Dienstleistungsmarketing. Grundlagen. Konzepte. Methoden. Wiesbaden: Gabler, 2006.

Meffert H, Bruhn M. Dienstleistungsmarketing. Grundlagen. Konzepte. Methoden. Wiesbaden: Gabler, 2009.

Melchart D. Das Propylaxecenter: Ein Demonstrationsprojekt für die Gesundheitsförderung, Krankheitsprävention und Patientenschulung im Krankenhaus. In: Hellmann W, (Hrsg.). Gesunde Mitarbeiter als Erfolgsfaktor: Ein neuer Weg zu mehr Qualität im Krankenhaus. Heidelberg: Economica, 2007:283-318.

Moosburger H, Hartig J. Klassische Testtheorie. In: Kubinger K, Jäger R, (Hrsg.). Schlüsselbegriffe der psychologischen Diagnostik. Weinheim: Psychologie Verlags Union, 2003:408-415.

Mühlhauser I, Berger M. Evidence-based patient information in diabetes. Diabet Med 2000;17:823-829.

Müller-Mundt G, Schaeffer D, Pleschberger S, Brinkhoff P. Patientenedukation - (k)ein Thema in der deutschen Pflege. Pflege und Gesellschaft 2000;5:42-53.

Nicholls S, Hankins M, Hooley C, Smith H. A survey of the quality and accuracy of information leaflets about skin cancer and sun-protective behaviour available from UK general practices and community pharmacies. J Eur Acad Dermatol Venereol 2009;23:566-569.

Nieder E, Nitsche S. Untersuchung des subjektiven Nutzens eines Besuches im Patienten-Informations-Zentrum (PIZ) am Klinikum Lüdenscheid. (studentisches Praxissemesterprojekt). Evangelische Fachhochschule Bochum, 2007.

O'Gorman T, Sivarajan S, Hollingworth T. Patient compliance with colposcopy information leaflets. Clin Exp Obstet Gynecol 2009;36:158-159.

Oliver G, Bidwell P. Hospitals and consumer health information in New Zealand: the role of the library. Health Info Libr J 2001;18:83-90.

Oppolzer A, Rosenthal T. Gesundheitsförderung als betriebliche Sozialpolitik. In: Pelikan JM, Wolff S, (Hrsg.). Das Gesundheitsfördernde Krankenhaus. Konzepte und Beispiele zur Entwicklung einer lernenden Organisation. Weinheim, München: Juventa, 1999:200-216.

Ose D, Hurrelmann K, Schaeffer D. Gesundheits- und Patienteninformationszentren an Krankenhäusern. Das Krankenhaus 2005;(6):495-500.

Ose D. Patientenberatung. In: Bals T, Hanses A, Melzer W. Gesundheitsförderung in pädagogischen Settings. Ein Überblick über Präventionsansätze in zielgruppenorientierten Lebenswelten. Weinheim, München: Juventa, 2008: 265-278.

Papenhoff M, Platzköster C. Marketing für Krankenhäuser und Reha-Kliniken. Berlin, Heidelberg: Springer, 2010.

Pardon K, Deschepper R, Stichele RV, Bernheim J, Mortier F, Deliens L. Preferences of advanced lung cancer patients for patient-centred information and decision-making: a prospective multicentre study in 13 hospitals in Belgium. Patient Educ Couns 2009;77:421-429.

Paul F, Jones MC, Hendry C, Adair PM. The quality of written information for parents regarding the management of a febrile convulsion: a randomized controlled trial. J Clin Nurs 2007;16:2308-2322.

Pecchioni LL, Sparks L. Health information sources of individuals with cancer and their family members. Health Commun 2007;21:143-151.

Pegg PO, Auerbach SM, Seel RT, Buenaver LF, Kiesler DJ, Plybon LE. The Impact of Patient-Centered Information on Patients' Treatment Satisfaction and Outcomes in Traumatic Brain Injury Rehabilitation. Rehabil Psychol 2005;50:366.

Pelikan JM, Halbmayer E. Gesundheitswissenschaftliche Grundlagen zur Strategie des Gesundheitsfördernden Krankenhauses. In: Pelikan JM, Wolff S, (Hrsg.). Das Gesundheitsfördernde Krankenhaus. Konzepte und Beispiele zur Entwicklung einer lernenden Organisation. Weinheim, München: Juventa, 1999:13-36.

Perry GJ, Kronenfeld MR. Evidence-Based Practice: a new paradigm brings new opportunities for health sciences librarians. Med Ref Serv Q 2005;24:1-16.

Petermann F. Patientenschulung und Patientenberatung: Ein Lehrbuch. Göttingen: Hogrefe, 1997.

Petterson T, Dornan TL, Albert T, Lee P. Are information leaflets given to elderly people with diabetes easy to read? Diabet Med 1994;11:111-113.

Pfaff H. Das lernende Krankenhaus. Zeitschrift für Gesundheitswissenschaften 1997;5:323-342.

Philipp R, Hughes A, Wood N, Burns-Cox C, Cook N, Fletcher G. Information needs of patients and visitors in a district general hospital. J R Soc Health 1990;110:10-12

Pinquart M, Duberstein PR. Information needs and decision-making processes in older cancer patients. Crit Rev Oncol Hematol 2004;51:69-80.

Pittman TJ, O'Connor MD, Millar S, Erickson JI. Patient education - Designing a state-of-the-art consumer health information library. J Nurs Adm 2001;31:316-323.

Pope C, Ziebland S, Mays N. Qualitative research in health care. Analysing qualitative data. BMJ 2000;320:114-116.

Pope C, van Royen P, Baker R. Qualitative methods in research on healthcare quality. Qual Saf Health Care 2002; 11:148-152.

Raspe H-H, Siegrist J. Zur Gestalt der Arzt-Patient-Beziehung im Stationären Bereich. In: Siegrist J, Hendel-Kramer A, (Hrsg.). Wege zum Arzt. Ergebnisse medizinsoziologischer Untersuchungen zur Arzt-Patient-Beziehung. München, Wien, Baltimore: Urban & Schwarzenberg, 1979:113-138.

Raspe H-H. Aufklärung und Information im Krankenhaus – Medizinsoziologische Untersuchungen. Göttingen: Verlag für Medizinische Psychologie, 1983.

Rees CE, Sheard CE, Echlin K. The relationship between the information-seeking behaviours and information needs of partners of men with prostate cancer: a pilot study. Patient Educ Couns 2003;49:257-261.

Rees CE, Ford JE, Sheard CE. Patient information leaflets for prostate cancer: which leaflets should healthcare professionals recommend? Patient Educ Couns 2003;49:263-272.

Risse G, Strohbücker B. Patienten-Informations-Zentrum. Dr med Mabuse 1999;119:20-22.

Rittersma J. Patient information and patient preparation in orthognathic surgery. The role of an information brochure a medical audit study. J Craniomaxillofac Surg 1989;17:278-279.

Rogler G. Der Arzt als Dienstleister - der Patient als Kunde. In: Kingreen T, Laux B (Hrsg.). Gesundheit und Medizin im interdisziplinären Diskurs. Berlin, Heidelberg: Springer, 2008: 69-87.

Rutten LJ, Arora NK, Bakos AD, Aziz N, Rowland J. Information needs and sources of information among cancer patients: a systematic review of research (1980-2003). Patient Educ Couns 2005;57:250-261.

Sachverständigenrat für die Konzertierte Aktion im Gesundheitswesen (SVR). Gutachten 2000/2001: Bedarfsgerechtigkeit und Wirtschaftlichkeit. Berlin: 2001.

Sachverständigenrat für die Konzertierte Aktion im Gesundheitswesen (SVR). Gutachten 2003: Finanzierung, Nutzerorientierung und Qualität. Berlin: 2003.

Salfeld R, Hehner S, Wichels R. Modernes Krankenhausmanagement. Berlin, Heidelberg: Springer, 2009.

Sandford J. Accessing health information in a hospital setting: a consumer views study. Aust Health Rev 2003;26:138-144.

Sänger S, Lang B, Klemperer D, Thomeczek C, Dierks ML. Manual Patienteninformation. Empfehlungen zur Erstellung evidenzbasierter Patienteninformation. Berlin: ÄZQ, 2006.

Sänger S, Kirschning S, Schaefer C, Follmann M, Ollenschläger G. Prozesse in der onkologischen Versorgung. PatientenLeitlinien. Der Onkologe 2009;11:1101-1109.

Schaeffer D. Neugestaltung der Pflege: Innovations- und Professionalisier-ungschancen in einem sich ökonomisierenden Gesundheitswesen. Pflege und Gesellschaft 1998;3:6-10.

Schaeffer D. Patientenorientierung und -beteiligung in der pflegerischen Versorgung. In: von Reibnitz C, Schnabel P-E, Hurrelmann K, (Hrsg.). Der Mündige Patient. Konzepte zur Patientenberatung und Konsumentensouveränität im Gesundheitswesen. Weinheim, München: Juventa, 2001:49-60.

Schaeffer D. Geschichte und Entwicklungsstand qualitativer Gesundheits- und Pflegeforschung im deutschsprachigen Raum. In: Schaeffer D, Müller-Mundt G, (Hrsg.). Qualitative Gesundheits- und Pflegeforschung. Bern: Huber, 2002: 13-34.

Schaeffer, D. Bedarf an Patienteninformationen über das Krankenhaus. Eine Literaturanalyse. Herausgegeben von der Bertelsmann Stiftung. Gütersloh: Bertelsmann Stiftung, 2006.

Schermelleh-Engel K, Werner C. Methoden der Reliabilitätsbestimmung. In: Moosbrugger H, Kelava A, (Hrsg.). Testtheorie und Fragebogenkonstruktion. Berlin, Heidelberg: Springer, 2007:113-134.

Schenk S. Entwicklung eines Patienten-Informations-Zentrums am Klinikum Bielefeld. Universität Bielefeld, Bachelorarbeit, 2005.

Schenk S. Aufgaben und Ziele des Patienten-Informations-Zentrums am Klinikum Bielefeld. Unveröffentlichtes Arbeitspapier. Bielefeld: 2006.

Schlömer-Doll U, Doll D. Information und emotionale Unterstützung. Deutsches Ärzteblatt 2000; 97:A3076-A3081.

Schlüchtermann J, Sibbel R, Prill MA. Die deutschen Kliniken beherrschen den Internet-Auftritt - Eine Evaluation der Web-Sites von knapp 500 Krankenhäusern. Führen und Wirtschaften im Krankenhaus 2002:366.

Schnell R, Hill PB, Esser E. Methoden empirischer Sozialforschung. München: Oldenbourg, 2008.

Schoen C, Osborn R, Doty MM, Bishop M, Peugh J, Murukutla N. Toward higher-performance health systems: adults' health care experiences in seven countries, 2007. Health Aff (Millwood) 2007;26:w717-w734.

Schönherr R. Prozesscontrolling im Krankenhaus - Anforderungen und Umsetzungsmöglichkeiten. Dresden: TUDpress, 2006.

Schott T. Patienten(re)orientierung: Elemente einer Standortbestimmung. In: Badura B, Feuerstein G, Schott T, (Hrsg.). System Krankenhaus. Arbeit, Technik und Patientenorientierung. Weinheim, München: Juventa, 1993:254-269.

Scott JT, Thompson DR. Assessing the information needs of post-myocardial infarction patients: a systematic review. Patient Educ Couns 2003;50:167-177.

Shaw A, Ibrahim S, Reid F, Ussher M, Rowlands G. Patients' perspectives of the doctor-patient relationship and information giving across a range of literacy levels. Patient Educ Couns 2009;75:114-120.

Sheard C, Garrud P. Evaluation of generic patient information: effects on health outcomes, knowledge and satisfaction. Patient Educ Couns 2006;61:43-47.

Shepperd S, Charnock D, Gann B. Helping patients access high quality health information. BMJ 1999;319:764-766.

Shipman JP, Kurtz-Rossi S, Funk CJ. The Health Information Literacy Research Project. J Med Libr Assoc 2009;97:293-301.

Siedhoff C. Das Patienten-Informations-Zentrum in Lippstadt. In: von Reibnitz C, Schnabel PE, Hurrelmann K, (Hrsg.). Weinheim, München: Juventa, 2001:241-248.

Smith S, Duman M. The state of consumer health information: an overview. Health Info Libr J 2009;26:260-278.

Spatz MA. Providing consumer health information in the rural setting: Planetree Health Resource Center's approach. Bull Med Libr Assoc 2000;88:382-388.

Stark W. Empowerment. In: Bundeszentrale für gesundheitliche Aufklärung (Hrsg.). Leitbegriffe der Gesundheitsförderung. Berlin: 2003:28-31.

Stewart DE, Lickrish GM, Sierra S, Parkin H. The effect of educational brochures on knowledge and emotional distress in women with abnormal Papanicolaou smears. Obstet Gynecol 1993;81:280-282.

Stock-Homburg R. Der Zusammenhang zwischen Mitarbeiter- und Kundenzufriedenheit. Direkte, indirekte und moderierende Effekte. Wiesbaden: DUV, 2007.

Stratmeyer P. Das patientenorientierte Krankenhaus : eine Einführung in das System Krankenhaus und die Perspektiven für die Kooperation zwischen Pflege und Medizin. Weinheim, München: Juventa, 2002.

Suchner U, Dormann A, Hund-Wissner E, Shang E, Senkal M. Anforderungen an Struktur und Funktion eines Ernährungsteams. Anaesthesist 2000;49:675-684.

Suhonen R, Nenonen H, Laukka A, Valimaki M. Patients' informational needs and information received do not correspond in hospital. J Clin Nurs 2005;14:1167-1176.

Sumpmann M. An education center for patients' high-tech learning needs. Patient Educ Couns 1989;13:309-323.

Tarby W, Hogan K. Hospital-based patient information services: a model for collaboration. Bull Med Libr Assoc 1997;85:158-166.

Terwee C, Bot S, de Boer M, van der Windt D, Knol D, Dekker J et al. Quality criteria were proposed for measurement properties of health status questionnaires. J Clin Epidemiol 2007;60:34-42.

Thompson JD. Organizations and output transactions. Am. J. Sociol. 1962;68:309.

Timmins F. A review of the information needs of patients with acute coronary syndromes. Nurs Crit Care 2005;10:174-183.

Tong A, Sainsbury P, Craig J. Consolidated criteria for reporting qualitative research (COREQ): a 32-item checklist for interviews and focus groups. Int J Qual Health Care 2007;19:349-357.

Travis SS, Bethea LS, Winn P. Medication administration hassles reported by family caregivers of dependent elderly persons. J Gerontol A Biol Sci Med Sci 2000;55:M412-M417.

Trojan A, Nickel S. Gesundheitsförderung im Krankenhaus. Darstellung des europäischen WHO-Projektes und Ergebnisse der Entwicklung und Anwendung eines Fragebogens zur Evaluation patientenorientierter Qualität im Krankenhaus. In: Röhrle B, Sommer G, (Hrsg.). Prävention und Gesundheitsförderung. Tübingen: DGVT, 1999:315-344.

Truccolo I, Bianchet K, Capello F, Russell-Edu W, Dal Maso L, Colombatti A et al. A pilot project of a cancer patient library in Italy: results of a customer-satisfaction survey and its products. Health Info Libr J 2006;23:266-274.

Ullrich G, Dressler F, Thon A, Mattuseek A. Informationsbedürfnisse von Eltern rheumakranker Kinder und ihre Wünsche hinsichtlich der Förderung von Krankheitsmanagement und Krankheitsbewältigung. Prävention und Rehabilitation 2003;15:34-46.

Urban D, Mayerl J. Regressionsanalyse: Theorie, Technik und Anwendung. Wiesbaden: Verlag für Sozialwissenschaften, 2008.

Valerie A, Arthur VA. Written patient information: a review of the literature. J Adv Nurs 1995;21:1081-1086.

van der MB. Relating information needs to the cancer experience: 1. Information as a key coping strategy. Eur J Cancer Care 1999;8:238-244.

Veenstra M, Moum T, Garratt AM. Patient experiences with information in a hospital setting: associations with coping and self-rated health in chronic illness. Qual Life Res 2006;15:967-978.

Vinker S, Eliyahu V, Yaphe J. The effect of drug information leaflets on patient behavior. Isr Med Assoc J 2007;9:383-386.

Voß GG, Rieder K. Der arbeitende Kunde. Wenn Konsumenten zu unbezahlten Mitarbeitern werden. Frankfurt a.M.: Campus, 2005.

Weaver M, Patrick DL, Markson LE, Martin D, Frederic I, Berger M. Issues in the measurement of satisfaction with treatment. Am J Manag Care 1997;3:579-594.

Weber A. Soziale Dienste im Krankenhaus unter dem Blickwinkel von Angehörigen und medizinischem Personal. München: Grin Verlag, 2007.

Wechsler-Fördós A, Rattay B, Schmidbauer A, Nowak P. Gesundheitsförderung als organisatorische Strukturentwicklung. In: Pelikan JM, Wolff S, (Hrsg.). Das Gesundheits-fördernde Krankenhaus. Konzepte und Beispiele zur Entwicklung einer lernenden Organisation. Weinheim, München: Juventa, 1999:217-232.

Wellenreuther M. Quantitative Forschungsmethoden in der Erziehungswissenschaft: Eine Einführung. Weinheim, München: Juventa, 2000.

Weng HC. Consumer empowerment behavior and hospital choice. Health Care Manage Rev 2006;31:197-204.

Wiesing U, Bürger M, Faul C, Garmer H, Göth M, Kamps H et al. Die Aufklärung von Tumorpatienten. Informationen und Empfehlungen für das betreuende Team. Sudwestdeutsches Tumorzentrum, Universitätsklinikum Tübingen, 2008.

Willis CD, Stoelwinder JU, Cameron PA. Interpreting process indicators in trauma care: construct validity versus confounding by indication. Int J Qual Health Care 2008;20:331-338.

Wottawa H. Psychologische Methodenlehre. Eine orientierende Einführung. Weinheim: Juventa, 1993.

Wright J, Franks A, Ayres P, Jones K, Roberts T, Whitty P. Public health in hospitals: the missing link in health improvement. J Public Health Med 2002;24:152-155.

Ziegler L, Newell R, Stafford N, Lewin R. A literature review of head and neck cancer patients information needs, experiences and views regarding decision-making. Eur J Cancer Care 2004;13:119-
126.

Zink KJ, Esser C, Palm J, Blaudszun A. Restrukturierung von Krankenhausprozessen unter Berücksichtigung einer verbesserten Patientenorientierung. Zeitschrift für Arbeitswissenschaft
2005;59:134-141.

MIX
Papier aus verantwortungsvollen Quellen
Paper from responsible sources
FSC® C105338

FSC
www.fsc.org

If you have any concerns about our products,
you can contact us on
ProductSafety@springernature.com

In case Publisher is established outside the EU,
the EU authorized representative is:
Springer Nature Customer Service Center GmbH
Europaplatz 3, 69115 Heidelberg, Germany

Printed by Libri Plureos GmbH
in Hamburg, Germany